本书获澳门基金会出版项目资助

微型社会与澳门高等教育发展研究

张红峰 著

广东高等教育出版社
Guangdong Higher Education Press

·广州·

图书在版编目（CIP）数据

微型社会与澳门高等教育发展研究/张红峰著. —广州：广东高等教育出版社，2019.1

ISBN 978-7-5361-6267-9

Ⅰ. ①微… Ⅱ. ①张… Ⅲ. ①高等教育－发展－研究－澳门 Ⅳ. ①G649.286.59

中国版本图书馆 CIP 数据核字（2018）第 198895 号

出版发行	广东高等教育出版社
	社址：广州市天河区林和西横路
	邮编：510500　营销电话：（020）87554153
	http://www.gdgjs.com.cn
印　刷	广州市穗彩印务有限公司
开　本	787 毫米×1 092 毫米　1/16
印　张	14
字　数	267 千
版　次	2019 年 1 月第 1 版
印　次	2019 年 1 月第 1 次印刷
定　价	42.00 元

（版权所有，翻印必究）

序　言

澳门高等教育的历史可以追溯到16世纪末的圣保禄学院，但是具有现代意义的澳门高等教育体系却形成于20世纪90年代。回归以来的澳门高等教育经历了起步晚、跨度大、起点低、跳跃高的发展过程。由于办学历史较短、教育环境特殊以及认识取向不同，澳门的高等教育呈现出一些值得关注的特点和问题。

第一，交汇融入广，自我特色和规范不明。在过去的400多年里，澳门一直就是中西文化交流的"十字路口"，各种文化在澳门这块土地上交融汇聚，形成了澳门今天独特的文化氛围。在这样的背景下，澳门的高等教育也呈现多元的特征。然而，在多元的拼装下，澳门高等教育遗失的是自我的特色和统一的规范。如果要问澳门高等教育的特色是什么，"多元"是一个很好的代名词，但是深入学科、教学、科研等具体方面，每一所高校恐怕很难形成自己的特色。此外，类似机构评审、课程评审、学位评审、学术评审等基本上是靠高校自身的推动，如果高校自我约束力不强，就容易出现一些盲目发展的现象。

第二，移植借鉴快，自我成熟不足。澳门高等教育的发展也如经济发展一样是"自由贸易港"的状况，对国际上先进的办学经验和思想吸收很快，国际交流频繁、合作广泛。在这样的前提下，澳门高等教育的规模发展很快，已经进入马丁·特罗所说的普及化阶段。然而，澳门高等教育规模的扩张是在一种"无意识"的状态下完成的，其精英、大众、普及三个阶段的发展都不成熟。自发展之初起，就缺乏培养精英人才的机构和动力，整体的学术水平不高，教授对管理决策的控制力较弱，这些都与特罗教授所说的欧美国家有很大区别，属于典型的跨阶段压缩型发展模式。此外，澳门高等教育经过几个阶段的发展还出现了错位的现象，虽然在量上已经步入普及化，但在一些内部活动的形式上还停留在前大众化的阶段。与澳门经济发达的程度相比，高等教育发展却显得相对滞后，许多方面都需要进一步思考和"补课"。

第三，资金来源充足，使用效率较低。总体上看，澳门高等教育办学的资金来源非常充足，这也为澳门高等教育快速发展提供了良好的保障。但政府的拨款属于预算性拨款，院校财政的自由度较小，一些没有进入预算程序的项目无法进行，各种采购还要受到公共行政制度的约束。此外，缺少激励和竞争的拨款程序往往使高校产生惰性，缺少追求卓越的动力，院校的自主运作完全取决于市场的调控以及院校所拥有的价值观，政府的拨款模式也反映出其不作为的一面。

第四，土地资源稀缺，长远发展受限。澳门的高等教育自诞生之日就存在着"先天不足"，院校的土地空间狭小，人均教学行政用房面积不足。这种现象导致全日制学生也如兼读制学生一样，很多时间用于搞副业，根本没有安心读书、交流心得、锻炼身体的空间环境。当前，澳门大学已经搬迁到横琴的新校区，解决了这一制约澳门高等教育发展的瓶颈问题，接下来还需要进一步规划其余院校的土地、教学行政用房、图书、基本设施等资源问题。

无疑，以上的特点和问题都与澳门作为微型社会的典型特征密切相关。张红峰博士在近年来的研究中，紧密围绕着澳门微型社会的特点，从高等教育的发展规划、人才培养、质量保障、治理财政、文化制度等领域进行深入的剖析，发表了一系列的学术论文，这些成果对澳门高等教育的发展具有较好的理论价值和实践意义。以上研究涉及澳门高等教育的方方面面，相对自成体系，将这些成果按照五大范畴整理后出版，相信能够为进一步研究澳门高等教育提供系统、全面、翔实的素材和参考价值。受邀作序，本人欣然为之。

澳门回归祖国已近20年，对于澳门高等教育未来发展的图景，我们寄予期待。但是这些愿景与期待，必须依赖全澳社会的支持和高等教育参与者的共同努力才能实现。在政治走向开放民主、经济快速发展、产业结构不断转型、价值观念日趋多元的时代，高等教育更需要以积极的姿态应对各种变化。

为了使得今后高等教育的发展能够更好地适应多元社会发展的需求，首先，要加快法制化的进程。2017年，第10/2017号法令《高等教育制度》已在立法会获得通过，这必将为澳门高等教育实现全方位、快速的发展提供系统、全面的法律保障。同时，透过新法的颁布，需要形成规范化、专业化的澳门高等教育管理体制，建立澳门高等教育的认证、评价制度。其次，要确立高等院校自治的地位，其中包括在课程设置和调整、资源分配体制等各个方面给予澳门高等院校充分的自主权，使得每一所高校都能够按照自己的雄图大略来建立目标，利用自己的资金使用方案来促进实现发展愿景，抵御仅仅依附于外部利益相关者，而不去考虑学校发展诉求的文化。最后，除澳门大学以外，还要全面思考高等院校空间资源的问题，真正为澳门高等教育的可持续发展提供保障。

对于每一所高校来说，做出长远的发展规划和具备对自身合理的定位，并能有效地分析自身的优势和劣势，才能较好地应对外部环境中的机遇和挑战。澳门的市场较小，单从与经济的适应角度出发，很容易出现高校开设的课程与市场需求不匹配、人才培养趋于饱和的现象。所以澳门高等教育要有有效的协调机制，通过差异化战略的实施，避免高校之间出现无序竞争。每所高校要有定向、定位的目标，研究型院校着重以提升学术水平、培养原创精神为目标，把学术上的探索追求作为促进在更广阔领域中成功的推动因素，成为跻身世界知名大学的先行者。应用型院校则更应强调服务的理念，塑造城市型大学的整体形象，以推动澳门政治、经济、文化等方面的建设为己任。单科型院校需要找准市场的需求，发挥特色优势，培养顾客对学校品牌的认可，从而在竞争中取得先机。只有这样，澳门高等教育才能得以高效、有序地发展，从根本上促进澳门经济社会的发展变革和竞争力的提升。

张红峰博士新著付梓之际，祝愿他进一步为深化澳门高等教育研究做出更多的努力和贡献。

谢安邦

2018 年 1 月 17 日

前　言

澳门高等教育起源于1594年由耶稣会教士创办的圣保禄学院。虽然这所中国最早的西式大学在1762年因耶稣会发展受挫而过早地关闭了，[①] 但它在东学西渐、西学东传中所起到的作用依然为后人称道，在东西文化交流史上也留下了璀璨的一笔。其后，澳门高等教育经历了百余年的沉寂，直到1981年，香港西岛发展有限公司（Ricci Island West Limited）出资，并在澳门政府的鼎力支持下，创建了澳门第一所具有现代意义的大学——东亚大学。正如其名字体现的那样，东亚大学将生源目标定位在中国香港、中国澳门、中国内地、马来西亚、新加坡等远东还没有发展私立大学的地区和国家，开设的课程也偏向于实用型，重点开设管理、金融、银行、会计和语言等方面课程，充分考虑大学发展的开放性和国际性特征。[②] 随着1987年《中葡联合声明》的签署，澳门开始进入过渡期。为了适应回归期间"中文官语化、公务员本地化和法律本地化"的要求，急需培养大量澳门本地人才，但当时的东亚大学主要以招收澳门本地以外的学生为主。所以，在与东亚大学投资方协商后，澳门政府与大学创办人于1987年12月19日共同签署了收购东亚大学的协议，将大学交给重组以后的澳门基金会负责管理。1991—1992年，公立东亚大学又一分为三，成立了澳门大学、澳门理工学院、亚洲（澳门）国际公开大学。东亚大学为权

[①] 李向玉. 汉学家的摇篮：澳门圣保禄学院研究 [M]. 北京：中华书局，2006：42-46.

[②] MELLOR B. The University of East Asia：origin and outlook [M]. Hong Kong：UEA Press Ltd.，1988：5-6.

利人的一切权利在豁免任何手续下转至澳门大学①；而东亚大学工学院的课程与澳门政府公共行政机关开设部分课程合并，成立了澳门理工学院；原澳门东亚公开学院与葡萄牙公开大学合作成立了亚洲（澳门）国际公开大学。在回归前后，澳门高校的数量很快就增长到10所，形成公立私营多元化、科类层次多样化的办学格局。

澳门是一个地域面积微小但又情况复杂的地区，有着自身特点和发展规律。总体而言，澳门微型社会的特点体现在以下几个方面。

第一，开放多元。作为中葡文化的交汇之地，特殊的地理环境和长期的文化融合使澳门在任何时候都能体现出开放、多元的特征。澳门社会与外部环境之间不断互动，不但能够吸取外部先进的经验做法，而且能够将自身的特色传递出去。自葡萄牙人登陆澳门定居以来，澳门就逐渐形成多元、包容的社会文化。在教育领域，文化多元、语言多元、学制多元、办学主体多元、教材多元……至为关键的是，如此多元之下仍然能够呈现出和谐共融的景象，这不得不令人感叹澳门小城所具有的无限包容性。

第二，对外依赖性强。开放的氛围使得澳门较易与外部环境发生联系，但是也更容易对外部产生依赖。这一点在经济发展方面体现得尤为明显。然而，教育具有不确定性、长效性等特性，外部的影响未必很快体现，所以在教育领域，对于外部的依赖体现在政策、课程、技术、任务等方面的推行上，即马克·贝磊教授所说的推广效应快的特点。开放的氛围使高校易于接受外部先进的理念和经验，而快速反应的特点则让每一所高校都能够在外在环境的迅速变化中捕捉到急需的信息，并由此形成适合于自身特点的体制机制。

第三，敏感度高。在一个方方面面可以被描述得比较清楚的社会，任何一个细微的变化都可能引起高等教育的关注。小而微地区的特点就是产业相对集中，就业市场的容量很小。如果高等教育专注于

---

① 澳门特别行政区第50/91/M号法令第八条［EB/OL］．（1991－09－16）［2014－09－02］．http://bo.io.gov.mo/bo/i/91/37/declei50_cn.asp．

为澳门社会培养人才，那么在任何一类职业范畴，不用多久就会出现人才供应饱和，整体边际效应呈现加速递减趋势。当然，敏感度高也有不少的益处，教育中出现的一些问题能够很快得到改进，高等院校亦能把握政策机遇，在课程、教育、研究、服务等方面予以积极的配合。

第四，利益保护。澳门是个熟人社会，抬头不见低头见。熟人社会中，所有的利益需求都可能无处隐藏，很容易被激发出来。此外，澳门是高度自治的特别行政区，所有的利益需求又只会在澳门本土范围内呈现出来。社会各界人士都有普遍的共识：任何事情都要首先满足澳门本地的利益需求，这也是制定绝大多数政策的潜在前提。然而，边际效应的加速变化与利益上的自我保护一旦结合起来，又容易使澳门高等教育陷入两难之地。

以上微型社会的典型特征无疑会对澳门高等教育的发展产生显著影响。从东亚大学创立以来的近40年间，澳门高等教育发生了巨大的变化，尤其在回归以后的近20年间，澳门高等教育在人才培养、战略规划、科学研究、文化制度、质量保障、治理财政等许多方面都已经焕然一新，成就显著。例如，澳门理工学院在2014年通过英国高等教育质量保证署的评审，成为澳门首个通过国际机构院校核证的高等学府；澳门科技大学、澳门大学在2018年海峡两岸暨港澳地区的大学排名中分别排在第21名、第38名；2017年，在QS世界大学排名榜中，澳门旅游学院在全球提供款客及休闲管理学科的顶尖大学中被列为亚洲区第2名和全球第18名。这些成就的取得一方面和院校的努力进取密切相关，另一方面也是受到澳门小而精、精而灵、灵而通等特点影响的结果。尽管成就斐然，我们依然不能忽视微型社会特征可能对澳门高等教育发展所带来的负面作用。

2017年8月7日，期盼已久的新的《高等教育制度》终于获得通过并颁布于政府公报上，这对澳门高等教育未来的发展具有非常重要的意义。新高教法中可以看到课程和学位方面的革新、学分制的规定、未来的高等教育资助机制、任教资格的最低标准、学生及其流动规定、保障高等教育素质的准则及机制框架，尤其是相应的评鉴制度，以及开办和认可私立高等院校的具体规范。[①] 这些制度层面的规范填补了原来法律设计上的空白和灰色地带，使澳门高等院校在学位颁授、教育教学、课程开设、素质保证、基金资助等许多方面获得了法律上的根本依据。然而，制度设计是对文化的规范，其具体的落实要受到多方因素的影响，而无论是政治、经济、文化、社会等方面的影响，又都无法脱离微型社会的特征而独立看待。

濠镜之巅汇多元，观音岩畔谱新篇。东亚大学的创立是澳门现代高等教育的起点，而随后的30余年，澳门所有高等院校亦是不忘初心、砥砺奋进的。在微型社会典型特征的影响下，澳门高等教育恰如一朵盛开的莲花，娇小玲珑而又璀璨似锦。我们相信在2017年《高等教育制度》法律的指引下，澳门高等教育一定能够不断提升自身的质素与竞争力，实现中央和特区政府所期盼的"教育兴澳""人才建澳"的发展战略目标。

---

① 澳门特别行政区高等教育辅助办公室法律组.《高等教育制度》法律框架重点［J］. 澳门高等教育杂志，2017（19）：12－16.

目录 / CONTENTS

第一章　发展规划篇 / 1

　　第一节　回归前澳门现代高等教育的发展历程 / 3

　　第二节　回归近二十年以来澳门高等教育的回顾与展望 / 13

　　第三节　澳门高校战略规划设计的路径选择 / 24

　　第四节　粤澳高等教育联动发展的战略思考 / 30

　　第五节　澳门回归以后高等教育发展的成就 / 37

第二章　人才培养篇 / 41

　　第一节　微型社会与澳门高校人才培养 / 43

　　第二节　澳门教师教育的发展历程研究 / 53

　　第三节　学习共同体与澳门高校学生认知能力的培养 / 64

　　第四节　美国文理学院的培养模式及其对澳门的启示 / 78

　　第五节　澳门高等教育人才培养的适应与引领 / 83

第三章　质量保障篇 / 87

　　第一节　微型开放系统中澳门高等教育质量的保障 / 89

　　第二节　澳门高等教育评鉴须以生为本 / 96

　　第三节　澳门高等教育评鉴体系的发展与展望 / 100

　　第四节　高等教育质量保障模式的国际比较与澳门抉择 / 106

　　第五节　澳门高校内部教育质量保障体系的建构

　　　　　　——以澳门理工学院为例 / 112

第四章 治理财政篇 / 123

　　第一节　澳门回归后高等教育治理的回顾与展望 / 125

　　第二节　内地与澳门高校内部治理的比较 / 133

　　第三节　英国高等教育治理模式及对澳门的启示 / 145

　　第四节　澳门高校内部治理的多视角探析 / 151

　　第五节　对澳门高等教育经费投入的思考与展望 / 155

　　第六节　澳门高等教育生均成本的理论分析 / 159

第五章 文化制度篇 / 165

　　第一节　澳门东亚大学转型与变迁考述:利益博弈与文化传承 / 167

　　第二节　澳门东亚大学章程的变迁及启示 / 182

　　第三节　澳门高校组织变革中利益博弈的聚点效应分析 / 193

　　第四节　澳门升大制度:困境与对策 / 202

参考文献 / 208

后记 / 211

第一章 发展规划篇

第一节 回归前澳门现代高等教育的发展历程

澳门高等教育发端于1594年建立的西式圣保禄学院。这所远东第一所高等学府成也风光，去也匆匆，因受葡国王唐约瑟驱逐耶稣会教士之命令的影响，于1762年关闭。① 圣保禄学院虽然在历史上为中西文化的交融做出过卓越的贡献，但却未能使大学的精神气质在澳门得以完整地保存。

德国存在主义哲学家雅斯贝尔斯曾言，大学是实现人类基本求知意志的一种法团组织。② 历史上的圣保禄学院作为一所沿袭了欧洲中世纪高等教育传统的大学，自然也有探求真知的目标。然而，耶稣会在澳门创办圣保禄学院的真正原因，它开设的初衷，是着眼于日本的传教活动③，这不能不说，澳门虽然拥有了中华土地上第一所西式大学，但办学的宗旨与内涵却未能与中世纪诞生的大学相一致。缘何如此？因为澳门这样一个微型地区有着自身的特点，并且这些特点也同时影响着澳门政治、经济、文化、教育等方面的发展，所以，在澳门产生的大学也必然会有自己的特点。

在圣保禄学院消逝以后，经历了200多年的沉寂，到了1981年，东亚大学的建立开创了澳门现代高等教育的先河。然而，东亚大学的创立并非如哈罗德·珀金所言之"独特的社会的偶然产物"④，其发展过程中又经历了从私立到公立的转型过程，大学发展的价值取向同时决定着澳门现代高等教育的发展历程。

一、东亚大学与澳门现代高等教育的肇始

历史上，葡萄牙管治下的澳门经历了一个颇为动荡的时期。鸦片战争以前，葡萄牙利用澳门形成了海上贸易的网络，并且针对世界经济不断变化的市场环境做出反应⑤，那时澳门被视为一个特殊的对外贸易港口，再加上公民社会的崛起，"澳门的居民可以自由进行贸易，通过货物的交易，赚取了

---

① 桑托斯. 澳门：远东第一所西方大学［M］. 孙成教，译. 澳门：澳门基金会，1994：56.
② 雅斯贝尔斯. 大学之理念［M］. 邱立波，译. 上海：上海人民出版社，2007：21.
③ 李向玉. 汉学家的摇篮：澳门圣保禄学院研究［M］. 北京：中华书局，2006：21.
④ 克拉克. 高等教育新论：多学科的研究［M］. 王承绪，等译. 杭州：浙江教育出版社，2001：27.
⑤ 冈恩. 澳门史［M］. 秦传安，译. 北京：中央编译出版社，2009：47，205-207.

巨额利润"①，整体经济发展处在较为繁荣的阶段。而在鸦片战争以后，尤其是1842年香港开埠以来，澳门的港口便相形见绌，逐渐被拥有天然良港的香港所取代。在这种形势下，澳门弹丸之地自然资源贫乏，又无重工业作为支撑，所以不得不依赖于一些特殊行业的发展，先前就已存在的苦力贸易、娼妓、赌博、鸦片等行当又开始在澳门泛滥起来。这些并不光彩的行业虽然一度使澳门的经济有所起色，但却并没有让澳葡管治的政府增添许多信心。20世纪七八十年代，政府将重点放在出口导向型的制造业（主要是纺织、服装、玩具、电子产品等）上，同时在逐渐增大的压力之下，启动一大批计划，以应对不断变化的经济形势，其中有一个重要任务即发展现代化的公共服务和培训相应的人才。②

20世纪70年代末，中国内地开始实行改革开放的政策，澳门更加看到了伴随而来的商机。当时的澳门总督李安道（José Eduardo Martinho Garcia Leandro）实施了与建立现代化服务业相配套的一系列措施，包括环境规划、土地扩张与利用，以及开发城市文化遗产等具体内容。恰恰在这个转折的关键时期，澳门工务局在与时任政府发展顾问的香港土地工程师黄景强博士进行有关土地规划方面的咨询时，获知黄博士等在香港注册的西岛发展有限公司（Ricci Island West Limited）有意开办一所教育机构，却一直没能寻找到合适的地点。而当时的澳门正需要开设一所高等教育机构，以配合当时澳葡政府大发展的计划。这一看似偶然的机会立刻转化为澳门发展高等教育的机遇，双方一拍即合，由澳门政府在凼仔岛的沿海半山上批给10万平方米的土地，西岛发展有限公司筹资，于1981年3月28日创办了东亚大学。

创校典礼当日，盛况空前。来自五大洲的140多位世界各地大学校长和代表，多位国际学术团体的代表，以及澳门政、商、文、教界的重要代表近2 000人出席典礼，鸿儒硕彦，云集一堂③，正如当时媒体所报道的那样，"仿佛置身于学术的辉煌殿堂中"④。也许正是落成典礼时的宽阔胸襟，东亚大学一开始就以长远发展的眼光引导学生探求真知。大学的创办人之一吴毓璘教授就曾谈道："学校应该具备大学应有的品质。尽管澳门很小，但是却有国际化的视野，这样在不久的将来，当大学回顾过往的时候，能够发现我

---

① 龙思泰. 早期澳门史：在华葡萄牙居留地史 [M]. 吴义雄，等译. 北京：东方出版社，1997：154.
② 冈恩. 澳门史 [M]. 秦传安，译. 北京：中央编译出版社，2009：47，205-207.
③ 佚名. 东亚大学成立 盛况空前 [N]. 澳门日报，1981-03-29.
④ University of East Asia comes into being [N]. South China Morning Post, 1981-03-28.

们已经在很短的时间,实现了一所真正的大学所应该拥有的——大学的品格。"① 大学在创立之初,聘请了香港、英国的学术专家作为顾问,基本上按照盎格鲁-撒克逊的传统筹建,分成五个学院:本科学院、预科学院、公开学院、研究生院以及持续教育学院(后改为理工学院)。本科学院中又分为文学院、社会科学学院、工商管理学院,教学语言为英文,学制三年,并且每个教学年度分为三个学期,这一切都遵循着英国的模式。东亚大学在1981年设定的办学宗旨是兼容并包,既涵盖了大学的基本职能,又充分体现出澳门自身的特色,以自为的办学理念引领教与学的发展。大学的创办者始终持有一种强烈的信念:"正因为澳门很小,所以东亚大学要具备更加宽广的胸怀,要致力于吸引除澳门以外的东亚地区,甚至世界上其他国家的优秀学生,而且这样的大学应当反映出澳门多语言、多文化的社会特色。"② 于是,大学的章程中不无例外地说明了这一点:"与亚洲和世界其他地区的大学建立友好的合作关系""在学术人员和学生中培养国际化的意识"。③

当然,东亚大学的宏大目标在一定程度上受到了学制、学费、语言、入学水平等实际情况的限制,本科学院的生源主要集中在香港地区,1985—1987年还招收了大量的中国内地学生,相反,澳门本地及其他国家的学额虽也有所增加,但对比之下,还是稍显不足。而大学在很大程度上还需要思考有关经营效益以及持续生存的话题。黄景强博士对于办学有这样的形容:"管理一间学校,就得学会搞经济,如何平衡教学上的要求和财政上的限制,是最大的难题。而办学也离不开政治。就因为办学如此复杂,我们的见识亦随之增长,眼界高了,层次也高了。"④ 所以,东亚大学本科学院入不敷出的局面,也通过研究生院和公开学院招生力度的加强得到缓解。1986—1987年度,研究生院(主要是 MBA)和公开学院共招收学生 5 083 人,是当年本科学院的 5 倍之多。⑤ 正因为过程的复杂性,东亚大学已经不能单纯地生活在象牙塔内,"它将成为澳门凼仔岛上一个显著的地标,生活在东亚大学的时

---

① MELLOR B. The University of East Asia: origin and outlook [M]. Hong Kong: UEA Press Ltd., 1988: 117.
② 许国辉,潘丽雯. 高等教育、帝国主义和殖民过渡 [M] // 贝磊,古鼎仪. 香港与澳门的教育与社会:从比较的角度看延续和发展. 台北:师大书苑有限公司,2005: 103 – 119.
③ University of East Asia. The charter (1981) [R]. Macao: Ricci Island West Limited, 1981 – 03 – 27.
④ 开启基业 弦歌不辍 [N]. 时事新闻报,2013 – 09 – 26.
⑤ MELLOR B. The University of East Asia: origin and outlook [M]. Hong Kong: UEA Press Ltd., 1988: 187.

代学子不仅要提供公共服务，而且毕业以后，也将在商业、政府、教育、金融、财会和语言研究中大展宏图"①。而在学科方面，东亚大学本科学院在1984年之前受到资源方面的限制，仅涉及人文社会学科内部较小范围的课程。② 作为多元文化的交汇地，中文、英语、葡语、日语、法语等语言文学自然是学习的重点。在办学的前几年，五分之四的学生都选择了工商管理课程，不断增长的压力迫使人文、社会领域的资源受到消减，但校长却坚决予以反对，认为一所大学应该保持各个学科的平衡发展，并且要寻找机会拓展新的领域，为眼前和未来谋求利益。

可以说，任何学校在创办之初所经历的艰辛都是无可言状的，尤其在澳门这样一个孤零零的小岛上，东亚大学克服了许多自然条件和社会因素的限制，艰难地谱写出澳门现代高等教育的崭新篇章。

二、政治博弈与学术自治：东亚大学转型期的困惑

私立东亚大学成立的时间虽然不长，却以独特的姿态屹立于澳门这个滨海小岛，这不仅是由于她为澳门高等教育的发展带来勃勃生机，更因为她的诞生处在港澳地区的过渡时期。

1987年，《中葡联合声明》的签署标志着澳门开始进入过渡期，需要为"三化"（中文官语化、公务员本地化、法律本地化）培养澳人治澳的人才。为了实现这样一个紧迫的目标，澳葡政府决定通过重组独立运作的澳门基金会收购东亚大学。正如当时澳门的总督文礼治（Carlos Montez Melancia）解释的那样："为了保证各种条件，使（东亚大学）在过渡时期和以后时期在教学、科研领域，尤其在法律研究领域，以及其他与培训公务员有关的领域为澳门的利益服务……东亚大学是一个事实。如果我们不做明智的计划保证其未来，历史将不能原谅我们。"③ 1987年12月19日，澳葡政府与东亚大学的创办人签署了一份以1.3亿收购私立东亚大学的协议书。④ 1988年2月，澳门基金会公布了章程，正式设立信托委员会、行政委员会、咨询委员会以及监事会，全面接收东亚大学物业以及管理和财政权。

---

① MELLOR B. The University of East Asia: origin and outlook [M]. Hong Kong: UEA Press Ltd., 1988: 52.
② MELLOR B. The University of East Asia: origin and outlook [M]. Hong Kong: UEA Press Ltd., 1988: 71.
③ MELLOR B. The University of East Asia: origin and outlook [M]. Hong Kong: UEA Press Ltd., 1988: 110-116.
④ 佚名. 澳督昨与创办者签协议书 澳门基金会正式收购东大 [N]. 华侨报，1987-12-20.

当然，澳葡政府在东亚大学转制的过程中，一方面制定了"本地化"的发展目标，另一方面亦想让葡萄牙的语言文化留下印迹。早在 1987 年 10 月，葡萄牙总统苏亚雷斯的夫人玛利亚在访问澳门的时候，就曾经对懂葡语的澳门人太少而表示惊奇，希望澳门回归中国以后仍保留葡国文化。① 澳门基金会行政委员会主席黎祖智（Jorge Rangel）博士在东亚大学葡萄牙语研究中心的讲辞中也谈道："葡萄牙在澳门能留下的最杰出的传家宝，应当是一所按照现代模式建立的大学。这所大学将是知识传授的集散点，并且是东西方交流的桥梁。多年来，我一直为此提倡建立葡萄牙东方学院和东亚大学。……这一机构（东亚大学）专责传播葡萄牙文化价值观，促进葡萄牙文化与那些跟葡国多个世纪以来保持文化关系或仅是商业和共处关系的东方民族的文化对话，研究澳门和葡萄牙居民的文化、政治和经济问题。"② 澳督兼东亚大学校监文礼治在阐明大学未来发展方向的时候强调："葡萄牙人在一个世纪以前（1865 年）有能力在华南沿岸兴建第一座灯塔，而为沿岸航行服务，他们必然有能力在二十世纪将东亚大学转变为一座二十一世纪的文化灯塔。"③ 然而，澳葡政府的目的并非仅仅传播葡国语言文化如此简单，更多的还是希望东亚大学能够扭转英语授课的形式，希望"以葡语教授或葡国学术参与的更多的新课程能够推出"④，使葡萄牙文化在回归以后能根植在澳门这块土地上。正如时任东亚大学校长林达光教授所言，葡国人希望凭借大学教育培养澳门人在感情上对葡国的依附，以及在过渡期前把澳门建成为一个受葡国文化、政治及经济影响的基地。⑤

澳葡政府为了通过东亚大学达到文化渗透的目的，采取了一系列具体措施。首先，澳门基金会内部的各个委员会行使本应由东亚大学校董会、理事会、学术委员会、监事会等行使的治理职能，并且东亚大学的原创办人以及校长仅可以列席基金会各委员会会议，但不具有表决权。虽然澳门基金会在接管东亚大学时声称只是负责行政和财政管理，校方在学术方面依然拥有自主权，但是，脱离了行政和财政支持的学术权力也变成了空谈，例如，大学转制期间法律与行政课程的招生即由澳门政府法律及公共行政课程办公室负

---

① 佚名. 葡总统夫人盼本地培养更多葡语人才［N］. 澳门日报，1987 - 10 - 29.
②④ 黎祖智. 澳门在与东方的文化交流中的角色［J］. 行政，1989，2（1，2）：201 - 210.
③ 文礼治（澳门总督）. 在东亚大学七周年校庆暨第十二届颁授学位典礼上的致辞［R］. 澳门：东亚大学，1988 - 03 - 26.
⑤ 佚名. 政府收购东大 建立葡国文化经济政治基地［N］. 信报，1988 - 01 - 22.

责,而并没有与校方商议,时任校长的林达光教授对此竟毫不知情。① 此外,校长也无权参与基金会信托委员会任何会议的讨论,丧失了就东亚大学学术发展方向发表意见的权力。② 其次,以研究为载体,澳葡政府向东亚大学派遣大量葡国的专业教师,开展与葡国学术机构的广泛联系。"透过加入国际葡语大学协会和其他学术及教学团体,加强与其他大学和学术机构的交流。在此范围内,开展了联合国大学、葡国科研学会、基金会以及其他中葡机构的合作,这些机构将向澳门派遣合格的教师,协助东亚大学的研究工作。葡国科研学会还准备在东亚大学设立一个中心,本地技术员可在葡国专业人士的指导下在中心里从事研究工作。"③ 最后,改变原有东亚大学的英式体系,建立适合葡国教育体系的各项制度。通过重组学术单位,使原来的学院制(college)改变为完全以学科为基准的院系制(faculty),学制变为四年。将葡国的法律课程纳入学科规划,同时开设葡语公共行政学士学位课程。可是,在东亚大学开设的法律课程全部以葡语授课,主要以招收葡国或者外来学生为多,本地学生难以直接就读,而需要到葡国进修葡语,进而在葡国当地升读法律课程,浪费了政府资源。其后,单独设立葡文学院,这是"一个肩负着对葡萄牙的语言、文化、社会和历史进行研究和教学的一个学术单位"④,20世纪90年代初,葡文学院已经设有三个学士班,一个硕士班,一个研究中心,近200名学生。以上构成了东亚大学转制以后的首批架构。澳门基金会在大学转制期间,也积极推进为过渡期培养人才的政策,但同时认为,"巩固人才培训的课程和活动应作为葡国和西方文化遗产在1999年以后继续存在。……葡文学院开设的课程是最高成果、最值得尊敬的工具"⑤。从某种角度而言,澳葡政府在大学内所积极推行的本地化政策是一种改头换面的葡式的"澳人治澳",而非真正的"澳人治澳"。

澳葡政府对大学的直接治理以及看似对学术自治的侵犯并没有使东亚大学在学术进程中停止前进的脚步。葡人在长达400年的时间里,一直疏于对澳门教育的治理,因此,想在短短的12年过渡期内,在澳门根植葡文化显然是达不到预设的目的的。1988年2月,东亚大学校长林达光教授因不满

---

① 大学不应成为政治工具 [N]. 信报,1988-05-27.
② 权力被削 培养人才之志招忌 [N]. 澳门论坛周报,1988-02-23.
③ 黎祖智. 东亚大学在"本地化"过程中的角色 [J]. 行政,1989,2(4):819-823.
④ BARRETO L F. 澳门大学葡文学院的道路 [J]. 行政,1993,6(4):1 001-1 006.
⑤ DE OLIVEIRA DIAS L. 澳门高等教育的现实及前景 [J]. 行政,1993,6(4):977-982.

学术权力的削弱而宣布辞职,并在摆脱个人利益的半年留任期内,"为东亚大学积极争取一个独立于所有权之外的管理权,建立独立的研究澳门的学术机构,同时在校内建立学术委员会,实行民主管理"①。澳葡政府在东亚大学所推行的院系制、四年教学学制等制度也在很大程度上符合了大学作为学术机构本身的发展需要,而唯一有所区别的是:发展葡萄牙语言文化是必需的,但是应该作为文化交流以及学科建设来对待,而不是一种葡式"澳人治澳"的工具。所以,以葡语作为教学语言的模式在20世纪90年代中后期没有得到进一步的推广,而中文的公共行政学士学位课程亦按需设置;葡文学院也因课程范围与其他学科建设的交叉性而并入人文社会科学学院,成为以葡萄牙语言文学为主要发展方向的学科。即便如此,东亚大学在自然科学、人文社会科学等课程中还存在着一些空白点,迫切需要按照学科建设的规律来思考发展。"一所真正的大学必须履行寻求真理的最基本任务,不应该依附任何政治或经济势力,因而有必要具备足够的管理自主权。"② 如果说东亚大学也要为利益服务,那么一定是符合澳门本地区的利益,而不是满足葡萄牙的利益诉求。澳门人口的97%是华人,葡萄牙的行政管理只是历史遗留下来的现状,东亚大学应该为澳门的将来而不是为它的过去而努力。③

三、适应与提升:回归前澳门高等教育的多元发展

经过近三年的转型期,东亚大学无可置疑地承担起为澳门回归培养本地行政经济人才的重任。截至1990年,公立东亚大学已经按照新的学术体制,较大幅度地调整了学术组织单位,新增设了教育学院——为培养澳门中小学及学龄前教育的师资而建立,科学技术学院——为澳门工业培养工程技术人才,葡文学院——专业方向为葡萄牙文学、语言、社会和历史的研究,并开设翻译中心、法律课程、公共行政课程。以上增加的设置与原有的文学院、工商管理学院、社会科学学院、理工学院以及三类预科课程共同构成公立东亚大学后期的学术架构。④ 为了适应过渡期的需求,东亚大学提供了一系列能够满足本地区人才培训迫切需要的多元化课程,比转型前的课程增加一倍之多。尤其让政府、大学和社会称道的是,澳门东亚大学在建校十周年

---

① 施华. 林达光校长离任前谈感受 [J]. 九十年代月刊, 1988 (7): 60 - 62.
② 林达光校长在东亚大学七周年校庆暨第十二届颁授学位典礼上的致辞 [R]. 澳门: 东亚大学, 1988 - 03 - 26.
③ LIN E C, LIN P T K. In the eye of the China storm: a life between east and west [M]. Montreal & Kingston: McGill-Queen's University Press, 2011: 242 - 246.
④ 东亚大学学院 [C]. 1990 年东亚大学年册, 1989/1990: 8 - 9.

(1991年3月)时的全日制学生人数已经大幅增加,澳门本地学生约占80%,比五周年校庆(1986年3月)时的27.3%多出近两倍[①],较好地实现了为澳门本地培养人才的目标。

1991年9月,继澳门第一部高等教育法颁布以后,理工学院从东亚大学脱离出来,根据第49/91/M号法令成立了澳门理工学院;同时根据第50/91/M号法令设立澳门大学,将除理工课程外的东亚大学所有高等教育课程转至澳门大学,东亚大学为权利人的一切权利在豁免任何手续下转至澳门大学。[②]而原未转入公立东亚大学的澳门东亚公开学院和葡萄牙国立公开大学于1992年合作组成亚洲(澳门)国际公开大学。至此,东亚大学一分为三,完成了以"东亚"命名的学术发展使命,在澳门本地高等教育法的指引下,进入一个新的发展阶段。由于转型期内东亚大学基于学术本身所产生的诉求,1991年的澳门《高等教育制度》(简称"1991年高教法")特别提出"公立高等教育是公共法人,并享有制订章程以及学术、教学、行政和财政的自主权"[③]。澳门大学和澳门理工学院也在1992年起草的章程中规定了这一点,但两所高校的章程在确保行政、学术及财政自主的同时,也在组织架构(university organs)上订立澳门总督为大学的校监(chancellor),并享有任免学校校长、副校长、秘书长及主持大学校董会的职权,从实质上规定了政府对于大学的直接控制权。1993年3月31日,《中华人民共和国澳门特别行政区基本法》获全国人大常委会通过,自1999年12月20日起实施。基本法明确规定"澳门特别行政区政府自行制定教育政策,包括教育体制和管理、教学语言、经费分配、考试制度、承认学历和学位等政策,推动教育的发展"[④]。"澳人治澳"、高度自治的方针在基本法中得到具体的体现,澳葡政府关于澳门大学的发展策略也开始有了明显的转向,认为"长期与社会密切联系,与人力资源培训需求联系,和满足那些想在这个学府提升自身价值及想在其专业活动范围取得实用资格的人士的需要,是澳门大学的本质所在"。并且,澳门大学"在专责推动求知者与教师做学术和科学活动交流的

---

① 具体数字和内容参见澳门政府统计暨普查司教育调查(1985/1986)以及校长薛寿生教授在大学十周年校庆暨第二十届颁授学位典礼上的致辞。
② 设立澳门大学. 澳门第50/91/M号法令,第8条. http://bo.io.gov.mo/bo/i/91/37/declei50_cn.asp.
③ 关于订定在澳门地区从事高等教育活动的一切公立及私立教育机构的组织和运作. 澳门第11/91/M号,第三章,第8条. http://bo.io.gov.mo/bo/i/91/05/declei11_cn.asp.
④ 中华人民共和国澳门特别行政区基本法,第六章,第121条. http://bo.io.gov.mo/bo/i/1999/leibasica/index_cn.asp.

工作上，借观念、知识及信息的交流，使澳门与世界联系，发挥澳门独特的个性，屹立于世界大学之林"①。20 世纪 90 年代中期的澳门大学已经开始逐渐显示出建立一所国际性大学的目标。与澳门大学相比较，澳门理工学院承担的任务和使命有所不同，澳葡政府主要是将理工学院定位在为澳门当地服务以及加强与葡萄牙高等教育的联系上。"澳门理工学院 1993 年获接纳为葡语大学国际组织成员，并积极参与葡国理工高等学院协调委员会的工作。……今天的澳门是世界上经济增长最高的地区之一，这些俱有赖于理工学院。学院除在技术、专业、工业、商业及服务与世界有紧密联系外，亦在过渡期内具体及专门地负责为公共行政当局培养高质素人员。"② 无疑，澳葡政府把理工学院的成立看成是将葡萄牙高等教育双轨制在澳门有效移植的创举，是使高校更能服务于政府和社会的一个新的窗口。加之亚洲（澳门）国际公开大学的远程教育以及 1988 年为培养本地化的警官和消防官而设立的澳门保安部队高等学校，20 世纪 90 年代初期的澳门已经在不同的教育理念下形成高等教育人才培养的架构，也适应了过渡期为澳门本地培养人才的要求。

　　澳门高等教育的整体框架初步形成以后，各所高校的发展逐步进入提升阶段。以澳门大学为例，提升的一个方面在于加强研究生的培养力度。1993 年以前，澳门大学仅有工商管理一个专业的硕士学位课程。1994 年，第 15/94/M 号法令颁布，规定了在澳门大学取得硕士及博士学位的方式，及至澳门大学五周年（1996 年）校庆之时，已经在工商管理、公共行政、法学、电机与电子、土木工程以及电脑软件等领域设置了合共 22 个硕士学位课程③，并于 1995 年启动了博士课程计划，将 1997 年定为澳门大学的"博士年"，全力发展在文学、经济、教育、工程、工商等领域的博士学位课程。提升的另一个方面是积极开展科研工作。早在东亚大学时期，科研工作一直处于零散、自发的阶段，而澳门大学在发展教学和科研两个中心的进程中，开始系统地组织实施科研工作，一是鼓励教师参加本地和国际学术交流，以及拟订硕士、博士课程计划；二是选择优先研究课题，组织人员申报，如中葡英语计算机辅助翻译系统，澳门的节电和污水处理等。同时，开展与本地

---

① 澳门总督韦奇立在澳门大学 1994 至 1995 学年开学礼上的致辞［R］. 澳门：澳门大学，1994-10-29.
② 葡萄牙高等教育国务秘书菲力亚（PEDRO LYNCE DE FARIA）博士在澳门大学 1994 至 1995 学年开学礼上的讲话［R］. 澳门：澳门大学，1994-10-29.
③ 澳门大学校长马里奥·费利纳教授在澳门大学五周年校庆暨 1996/1997 年度开学典礼上的致辞［R］. 澳门：澳门大学，1996-10-11.

以外的大学和科研机构合作，拓展研究的深度和广度。

如果说澳门大学的发展目标是将学术的成功作为促进其在更广阔领域成功的推动因素，那么澳葡政府对于另一所公立院校——澳门理工学院的定位亦很明确。"学术上的努力发展是有助于升华，超越学术计划内简单的教学，而事实上，我们仍未达此阶段。'存在是首要的'，首先要接受培训，然后才可以在更高、更深层次的知识领域内展翅高飞。"① 澳门理工学院院长致力于在电脑、翻译、酒店管理、旅游、社工、商贸、体育、视觉艺术等领域紧密配合澳门的需求，使各专科培训课程符合社会现况，其中一个富有价值的成果是"学院的课程及学历在葡国得到认可"②。1993 年，随着澳门旅游博彩业的快速发展，澳门总督韦奇立签署了第 48/93/M 号法令，将澳门理工学院的酒店管理课程及旅游课程转移到旅游高等学校筹设委员会，并在 1995 年建立了澳门第四所公立高等教育机构——澳门旅游学院。此后，澳葡政府接受了一些私立机构和教会提出的动议，认为澳门是一个"开放及有开办高等教育前景的城市"，就如 16 世纪耶稣会开办的圣保禄学院那样，需要私立高等教育机构的平衡发展。于是，1996 年 8 月 12 日，澳葡政府批准在天主教大学高等教育基金会的监管下设立澳门高等校际学院。1999 年 11 月 16 日，又在原镜湖护士助产学校基础上设立了澳门镜湖护理学院。到 1999 年 12 月 20 日回归以前，澳门高等教育逐渐形成了以公立为主、私营为辅的多元化办学格局。澳门高等教育也在适应和提高的氛围中不断延续和拓展，成为"非常历史时刻一起承担的责任"③。

高等教育是一朵奇葩，需要每一个参与者细心的呵护和培育。澳门现代高等教育则是在特殊环境下孕育而成的花蕾，娇小玲珑而又璀璨如锦。人们对于高等教育的理解常常来自于中世纪的大学，"出于寻求真理的唯一目的而群居于此。……人们可以不受任何限制地探求真理，并且是为真理而真理"④。但与此同时，国家和社会对于大学又有一种现实的预期，从历史和大学的职能中都可以看出，大学并不能仅仅为了自身而存在，"从地理上还是心理上都正在与外部世界相融合"⑤。所以，大学既需要通过一种"自为"的追求去实现求知的意志，也要在"依附"的过程中体现出其

---

①② 澳门理工学院院长狄韦立教授在澳门理工学院一九九四／九五学年度开学礼上的致辞［M］．澳门：澳门高等教育辅助办公室，1994：39 - 43．
③ 韦奇立．高等教育一起承担的责任［M］．澳门：澳门高等教育辅助办公室，1992：15 - 22．
④ 雅斯贝尔斯．大学之理念［M］．邱立波，译．上海：上海人民出版社，2007：20．
⑤ 克尔．大学之用［M］．高铦，等译．北京：北京大学出版社，2008：51 - 52．

功用的利益。

　　澳门高等教育的起源可以追溯到16世纪的圣保禄学院，但直到东亚大学的创立才开启了澳门现代高等教育的先河。东亚大学自诞生之日起，就承担了东西文化交流的重任，并以此为使命鼓励学生探求真知。然而澳门是一个微型地区，是一个在诸多方面都能描绘得比较清楚的社会，高等教育需要对它任何一个细微的变化予以关注，并且要对快速产生的结果负责。所以，东亚大学从诞生到转型，再到回归前高等教育的多元发展，所有的一切都无法脱离政治、经济和文化的影响，尤其在回归过渡期这样一段关键时期，政治博弈以后的均衡结果，使得"为澳门本地培养急需人才"成为高等教育发展的重要使命。应该说，澳门高等教育在回归过渡期间的使命是毋庸置疑且必需的，但是服务于实际目的必须依靠一种特殊精神的努力，这种精神来自于院校自治、学术自由的支持，并且能够超越实际目的，能够更加清晰、冷静地瞄准这些目标。同时，大学的"依附"价值理想应当成为澳门社会发展的动力所在，但是，一旦这样的价值观念成为澳门地区高等教育的核心价值，那么势必导致真理和价值的相对主义，所谓学术上的"优秀"只不过是在功用的范畴内更令政府或者社会机构满意而已。此外，澳门的市场很小，如果仅仅在澳门地区的范围内思考人才培养和科学服务的议题，那么，不出几年在任何一门学科范围都会出现人才供应饱和的现象。所以，跨入21世纪的澳门需要认真思考高等教育价值取向的议题，要首先思考大学学术知识本身的事情，然后以纯粹的学术发展作为引领和推动社会发展的有效前提，从而在根本上促进澳门高等教育的可持续发展。

第二节　回归近二十年以来澳门高等教育的回顾与展望

　　东亚大学转型与变迁之后，到回归以后不久，澳门高等教育的体系中已经拥有10所高等院校（见表1），逐渐形成公立私营并存、学科生源多样化的办学格局。

表1　澳门高等院校概况

院校名称	成立年份	性质、依据、办学主体
澳门保安部队高等学校	1988	公立、第57/88/M号法令、政府
澳门理工学院	1991	公立、第49/91/M号法令、政府
澳门大学	1991	公立、第50/91/M号法令、政府
亚洲（澳门）国际公开大学（现澳门城市大学）	1992	私立、第196/92/M号训令、公司
澳门旅游学院	1995	公立、第45/95/M号法令、政府
澳门高等校际学院（现圣约瑟大学）	1996	私立、第206/96/M号训令、天主教澳门教区和葡萄牙天主教大学
澳门镜湖护理学院	1999	私立、第418/99/M号训令、慈善会
澳门科技大学	2000	私立、第19/2000号行政命令、公司
澳门管理学院	2000	私立、第45/2000号行政命令、协会
中西创新学院	2001	私立、第34/2001号行政命令、公司

一、回归近二十年以来澳门高等教育的阶段回顾

（一）固本延续阶段（1999—2005年）

1999年12月20日，澳门回归祖国，特区政府秉持着"固本培元，稳健发展"的策略，确保各个领域的平稳过渡，努力解决过渡期所遗留的许多现实问题。在社会文化领域的高等教育范畴，政府基本延续了回归以前的各项制度策略。尤其是在1991年高教法的指引下，一方面保持原有的文化多元、国际开放的特色，另一方面则进一步发展紧密贴近社会的课程与科研领域。

澳门特区政府采用"固本培元"作为保持社会经济稳步发展的施政理念，意在继续巩固、扶植、强化本地以现有支柱产业发展为主体的经济发展模式，同时还要有计划地培植、探索新的经济增长模式，作为长远发展战略的探索。① 基于这样的理念，特区政府回归初期所批核的课程及科研项目，基本上都紧密围绕澳门社会发展的实际需求。如2002—2005年高校被批准的科研项目中，就包括"澳门汽车尾气污染评价和控制策略""澳门体育的

---

① 李钢．基于"固本培元"的多元化高等教育发展战略：对回归祖国十年澳门特区高等教育发展战略的辨析［J］．中国高教研究，2010（3）：19-21．

发展""本澳陶瓷资源调查与旅游产品设计""澳门非营利社会服务组织的行政管理研究""如何定位澳门为会展项目目的地的策略""中葡文电子翻译系统"等,并且成立了多个研究中心,深入开展澳门本地的经济、政治、文化研究。课程开设上,为配合旅游博彩业的发展,由澳门理工学院和旅游学院共同成立的旅游博彩技术培训中心开设了更多课程,如"庄荷"、前堂服务、餐饮服务、角子老虎机维修、视频监控技术等,以满足相关行业的人才需求,同时,增办有关历史与遗产研究、文物管理、体育教学、环境科学、知识产权等方面的新课程。①

澳门是一个多元文化的聚集地,早在东亚大学成立初期,其创办人吴毓璘教授就曾言道:"在澳门办大学,就是为了体现出澳门多文化、多语言的特征。"② 因此,在一些院校设有中英、中葡翻译专业的基础上,澳门大学还成立了英语中心,统一筹办英文系以外的英语课程;理工学院的理工贝尔英语中心也开始正式运作,以加强学生的英语培训,并筹划适合公务员修读的英语课程;旅游学院则继续为出入境事务厅、巡逻警员和文化局开办英语培训班,加强有关部门接待游客的英语能力。③ 这一时期,高等教育在课程发展、师资水平、科研项目、社会合作等各方面都进一步向纵深发展。

(二)调整拓展阶段(2006—2009年)

2006年3月,在澳门高等院校依然沿用1991年高教法,而新修订的高等教育法却迟迟未能出台的同时,《澳门大学法律制度》(以下简称《澳大法》)率先在立法会获得通过,新的《澳门大学章程》及《澳门大学人员通则》也获得行政长官核准并公布。这次法律修改的重要方向在于一方面确立大学的自主及灵活性,另一方面亦加强了社会及政府对校务的监督,增加大学运作的透明度及问责性。④ 在《澳大法》和新章程下,澳门大学先行一步,突破了澳门现有的一些制度约束,如可以在校董会的批准下自主开设课程;新增加的"讲座教授"的职级、薪酬由校董会订定,不受公共行政工作人员的报酬上限所约束等。而澳门其他院校则依然遵从1991年高教法。两

---

① 澳门特别行政区政府社会文化司. 2005—2006年度社会文化领域施政方针政策 [EB/OL]. (2005,2006) [2014-09-02]. http://portal.gov.mo/web/guest/govinfo/policy-address.
② MELLOR B. The University of East Asia: origin and outlook [M]. Hong Kong: UEA Press Ltd., 1988: 117.
③ 澳门特别行政区政府社会文化司. 2004年度社会文化领域施政方针政策 [EB/OL]. [2014-09-02]. http://portal.gov.mo/web/guest/govinfo/policy-address.
④ 通讯编辑部. 立法会通过《澳门大学法律制度》及行政长官颁布新的《澳门大学章程》[J]. 澳门大学通讯, 2006 (23).

种法规在 2006 年以后同时存在，也体现出政府对于澳门大学优先发展的战略考虑。

从历史的角度看，专业教育和职业教育这些与经济社会密切联系的学科，对于大学而言，明显具有后生性。[①] 当专业和职业教育进入大学时，亦通过通识教育的发展与之调和。澳门现代高等教育在初创阶段，一直有着较为功利的取向。尽管针对澳门社会经济的现实，课程与科研的实用性方向无可厚非，但从政府的角度而言，也需要总体予以平衡调整。2007 年，特区政府以《澳大法》的通过为契机，支持院校"调整课程设置，加强外语训练，以及增补哲学性、通识性的教学范畴，并提倡人文精神教育，以培育具有国际视野、创新思维及具备人文素养的高素质人才"[②]。部分院校还调整了学术单位结构，开设新学系。

政府与高校不断地拓展对外交流与合作，提升院校的国际声誉。仅 2008 年，澳门各院校共履行 434 份与外地有关机构签署的合作协议，其中与公立院校建立合作关系的外地著名院校包括：美国加州大学伯克利分校、约翰逊威尔士大学、日本帝京大学、中国复旦大学等。此外，各院校积极参与国际高等教育组织年会及国际组织的活动，例如世界大学校长联合会、葡语大学联会、亚太区大学联会、亚太旅游教育及培训院校网络、亚太高等教育科研网络等。这一阶段，在特区政府人才培育的整体部署下，以《澳大法》出台为契机，各院校不断调整和拓展教育策略，致力于高等教育的稳定发展。

（三）特色提升阶段（2009 年至今）

2009 年在澳门高等教育历史上是具有重要意义的一年。2009 年 6 月，经全国人大常委会批准，澳门特别行政区政府以租赁方式取得横琴岛澳门大学新校区的土地使用权。这一重大决策很好地解决了澳门土地资源紧缺、办学受限的困境。与此同时，多所高等院校都相应提出了长远发展规划，本着以特色求生存、以特色促发展的信念，不断提升办学质量。

各院校在课程开设及对外合作上，以澳门"一个中心，一个平台"的定位为指引，加强与内地及葡语系国家的合作，进一步发挥澳门作为中国与葡语系国家联系的平台作用。与国家汉办达成共识，为外派到葡语系国家孔子学院的教师提供专业培训；为体现粤澳高教的紧密合作，推行对广东学生的鼓励政策；有院校则与内地及葡萄牙的院校合作，计划共建葡语培训联盟；还开办了多项与旅游相关的获国际认可的专业培训和社区课程，并开展旅游

---

① 张楚廷. 论大学与经济的关系 [J]. 高等教育研究，2010，31 (6)：1-7.
② 澳门特别行政区政府社会文化司. 2008 年度社会文化领域施政方针政策 [EB/OL]. [2014-09-02]. http://portal.gov.mo/web/guest/govinfo/policy-address.

政策的研究项目，为特区政府制定相关政策提供参考；也有院校与联合国教科文组织及国际文化遗产相关的组织合作，推动有关文化遗产管理的培训和认证工作。①

在科学研究上，主力发展重点研究项目。经科技部同意，澳门院校与内地院校联合筹建的两个国家重点实验室揭牌成立，研究领域为微电子及中医药。实验室的建立，标志着澳门在这两个领域的研究进入了新的发展阶段，并且这两个领域所获得的地区或国际性专利累计已达 8 项，其中 4 项为美国专利。澳门大学因微电子研究入选国际固态电路会议论文数量最多的前 10 名大学。澳门大学某些研究领域的论文，如中药、物联网等在国际重要会议和核心期刊的论文数量在大中华地区均居领先地位。也有院校主要开展旅游博彩等专业的研究项目，与澳门及内地院校合作，进行澳门博彩业的相关研究，并举行博彩科研成果发布会。2018 年，澳门科技大学、澳门大学在海峡两岸暨港澳地区的大学排行榜上分居第 21 位、第 38 位，可谓是进步迅速。

质量永远是高等院校的生命线，澳门的高等院校亦始终将质量发展和质量特色放在第一位。2014 年年初，澳门理工学院以"充满信心"的评级顺利通过了英国 QAA 的质量评审，获得国际认可，在提升高等教育办学质量方面起到了表率作用。2017 年，澳门旅游学院在 QS 世界大学排行榜的款客及休闲管理学科中排名为亚洲第 2 位和全球第 18 位。澳门特区政府社会文化司司长谭俊荣博士直言旅游学院的办学质量"不比瑞士差"，可以和酒店旅游教育的翘楚相媲美。② 澳门大学在搬迁至横琴岛新校区以后，开始实施全新的"四位一体"人才培养理念。至 2017 年年末，澳门大学已经启动 10 所书院，设立了一套非常系统化的制度，促成澳门大学育人为重的教育特色。特区政府更是从总体上贯彻"教育兴澳"的指导方针，启动制定高等教育中长期发展规划的工作，同时明确要求构建本地人才培养的长效机制。2017 年 7 月 27 日，新的《高等教育制度》法律（简称"2017 年高教法"）经各方努力，获澳门立法会通过并于 2017 年 8 月 7 日刊登政府公报。这些重大的举措为澳门高等教育的发展带来了更好的机遇和更大的挑战。

---

① 澳门特别行政区政府社会文化司. 2011 年度社会文化领域施政方针政策 [EB/OL]. [2014-09-02]. http://portal.gov.mo/web/guest/govinfo/policy-address.
② 特约记者. 澳门高等教育的治理和发展需要良好法律规范的支撑：专访社会文化司司长谭俊荣博士 [J]. 澳门高等教育杂志, 2017 (19): 20-23.

二、回归以来澳门高等教育发展存在的问题

(一) 推广效应快,高等教育发展受限

澳门是一个典型的微型社会,20世纪90年代一些澳门学者曾对"微型经济体"提出了标准,其中重要的一条则是"对外部的高度依赖"[①]。香港大学的马克·贝磊教授在给澳门特区政府所作的高等教育发展策略报告中也指出,微型社会的典型特点是"推广效应快"[②]。引申而言,在澳门这样的微型地区,其高等教育经常会受到外部的影响,而且对这些影响都反应敏感,并且要对快速产生的结果负责。

澳门的高等教育发展规模,在回归以后不久曾有过一段跌宕起伏的时期(见图1)。回归初期,由于政府对私立高校的管治没有统一的规范,导致个别院校出现"学店"行为,一度泛滥招生,使高等教育规模异常增长;又因为赌权开放,赌场集聚效应的影响,很多高中毕业生或在职人士弃学从商,造成学生规模的大幅缩小。而特区政府适时地调整政策,实施宏观调控,各所院校订立未来规划、有序发展的同时,高等教育规模又回升到正常的轨道。[③]

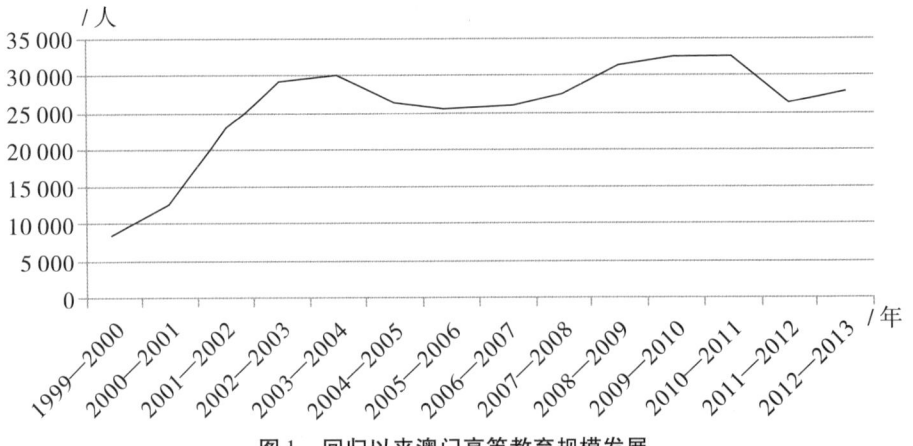

图1 回归以来澳门高等教育规模发展

资料来源:澳门特别行政区政府高等教育辅助办公室,http://www.gaes.gov.mo.

---

① 郑华峰. 微型经济体的产业比较及其对澳门发展启示 [J]. 亚太经济,2010 (3): 127-132.
② BRAY M, et al. 澳门高等教育新纪元策略性发展咨询研究报告 [EB/OL]. [2014-09-01]. http://www.gaes.gov.mo/big5/files/report_cn.doc.
③ 从2011—2012年度开始,统计数据已扣除本地院校与内地院校合作办学的学生人数,故从该年度开始,人数出现较大幅度下降,但这并不代表澳门高等教育规模出现非正常滑落。

目前，对澳门高等教育影响最大的应属人口变化。澳门的婴儿出生人数在2002年左右达到低谷，仅为3 162人（见图2）。高等教育辅助办公室统计的数据显示，澳门大约有一半高中毕业生在本地以外的高校就读，而且高三之前的辍学率也不低。考虑到人口的迁入与迁出，到回归20周年的2019年前后，澳门10所高等院校的入学人数将不足1 600人，加上政府对公立院校招收外地学生的限制，澳门高校未来十年内将面临严重的生源危机。而这一切，对于巨型国家和地区而言，都不会存在任何问题，但对于澳门却是寸辖制轮。由此可见，微型社会特点所带来的影响不容忽视，必须采取相应的举措加以调控。

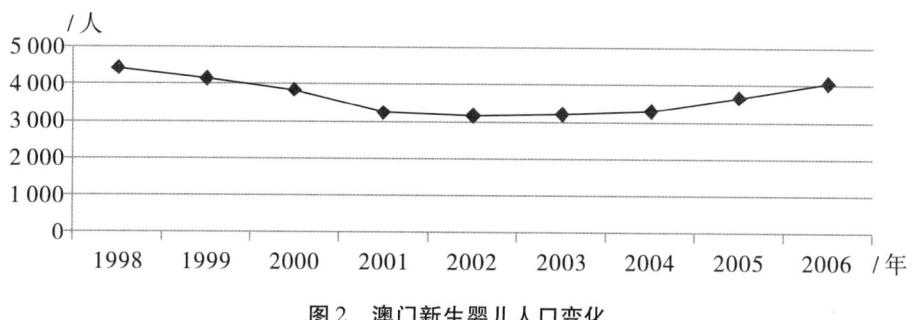

图2　澳门新生婴儿人口变化

资料来源：澳门特别行政区政府统计暨普查局，http://www.dsec.gov.mo/.

（二）制度陈旧呆板，整体办学受限

国际上，在高等教育系统的政府、市场和院校所形成的三维关系中，院校自主权将不断增加，不受到外部（政府）直接控制，强调高等教育的责任制，即行为活动要对政府和其他利益关系人负责。[①] 政府的角色应当转变成协调者和质量控制者。

长期以来，澳门政府对于高等院校的监管仍然依据1991年高教法，而2017年高教法自2004年起草以后，直到2017年8月才得以通过颁布。除澳门大学以外的其他高等院校的章程已经运作十余年，在2017年以前因为没有新的高等教育法的支撑，修改起来也是步履维艰。所以，2017年高教法的出台是澳门高等教育发展的里程碑，新的高等教育法在规范澳门高等教育的运作，引领澳门高等教育的发展等方面发挥了应有的作用。此外，在澳门高等教育的环境中，公立高等院校是"公法人"，在遵从高等教育法的同时，还要遵守所有关于公共行政的制度规范。所以，澳门高校的自治仅仅是公共

---

① 范富格特. 国际高等教育政策比较研究［M］. 王承绪，等译. 杭州：浙江教育出版社，2001：9-10.

行政意义上的自治，公立高校本质上依然是政府行政机构。正是因为如此，高校在人事、财政、行政等方面才受到公共行政制度、法规的限制。例如，高校在公共行政制度的约束下，能够批准资金的上限仅为 50 万，财政运作上极不灵活，且上年度的盈亏不能带到下一年度，缺乏财务上的连续性；在人事方面，聘请澳门以外的专家、学者必须要经过行政长官批准，导致手续烦琐，影响人才的引进；等等。

（三）产业比重失衡，课程设置有限

众所周知，澳门的产业发展主要以博彩业为主。曾忠禄等学者的研究发现，澳门并不是所谓的产业结构单一，而是各产业在澳门整个经济活动中的比重不均衡，即所谓的博彩业"一业独大"。[①] 澳门统计暨普查局 2015 年的数据显示，博彩业已经占到澳门整个产业结构的 48%，而第三产业更是占到产业结构的 92.2%，按年呈上升趋势。这样的产业结构模式同样制约着澳门高等教育的专业课程设置。从澳门高等教育的学科布局来看，一些基础的学科尚未形成，其他人文社会学科分布较为零散，工程类课程更是鲜有开设。事实上，根据高等教育辅助办公室统计的资料显示，2016—2017 学年度，澳门本地生修读所有高校的学士学位课程总人数为 17 423 人，而仅注册商务及各类管理服务、行政、法律课程的本地生就达 9 836 人，占比近 60%。[②] 这与整个澳门产业结构的发展趋势是相吻合的。在这样的背景下，产业结构带动着高校的专业课程发展，学生与社会人士也都理所当然地认可只有选读上述课程，才更容易在澳门获得就业机会。长此以往，高等教育发展的学科根基受到了影响，一些学科自然而然地出现萎缩，专业课程设置有限，学生在狭隘的产业和教育环境中寻求各自的出路，产业适度多元也变得很难实现。

（四）移植融入广，合作创新不足

澳门是一个开放、包容的小社会，在漫长的历史进程中形成了独特的个性，积淀了深厚的文化底蕴。澳门高等教育在发展过程中具有很强的适应性和主动性，这不仅因为澳门对外部的依赖性较强，外部先进的文化和理念能较好地融入其中，而且微型社会的快速反应机制也使院校更容易在开放的环境中捕捉到有利于自身发展的信息。

---

① 曾忠禄，张冬梅. 产业多元化：微型经济体国际比较 [J]. 经济地理，2012，32 (9)：15 – 20.

② 澳门特别行政区政府高等教育辅助办公室. 高教统计数据汇编 2016 [EB/OL]. [2017 – 10 – 02]. https://www.gaes.gov.mo/doc/2016/2016statistics.pdf.

基于这样的特点，开展国际合作已经成为澳门高等院校发展的必由之路。实际上，从回归至今，澳门的多所院校都已经与汉语地区、葡语国家以及英语国家的高等院校和研究机构建立了广泛的合作关系，也基于"一个中心，一个平台"的战略构想，在中葡国家之间起到中介枢纽的作用。然而，从整体上看一些合作还处在零散、自发的阶段，尤其缺少基于地区特色的创新型合作模式。当前，澳门应该有一种敢为人先的精神，积极抓住现阶段面临的良好机遇，逐步从少数方面的合作转向全方位的合作，从短期的合作走向长期、可持续发展的合作，从限于成人教育的合作到包含高层次人才培养在内的多层次合作，从以应用型学科为主的合作到学科覆盖面更大的、跨学科的合作，从象牙塔里学究式的研讨逐渐迈向以服务社会、产业为主的合作。更为重要的是，交流合作的内涵、理念、组织等方面也要不断创新，以促进澳门高等教育的快速发展。

三、澳门高等教育未来发展的展望

从16世纪末的圣保禄学院到1981年的东亚大学，及至当前多元化高等教育体系的形成，虽然澳门的高等院校曾一度消逝沉寂，但是极具澳门微型地区鲜明特色的教育理念却从来不曾被磨灭。展望未来，在澳门特殊环境所带来的机遇和挑战下，须从以下几个方面深入思考，以期更好地解决高等教育发展中所存在的问题。

（一）总体规划

澳门现代高等教育起步较晚，但发展迅速，仅仅10余年的时间，就建立了10所高等院校。澳门大学作为澳门高等院校的龙头，更是被赋予了"五个一流"的发展使命和重任。时值澳门大学已经搬迁至可容纳一万名学生的横琴新校区，而当前所有高校又面临着严重的本地生源危机，何去何从，需要从总体上进行规划。

首先，澳门大学作为澳门最具综合性的一所大学，应当抓住当前的发展机遇，努力创建具有国际影响力的知名学府。为达成这个目标，澳门大学已经提出了长远发展规划：在教育教学方面，提出专业教育、通识教育、研习教育、社群教育的"四位一体"教育模式，引入住宿制书院、师友制等全人教育的形式；在研究方面，拟构建开放式的科研基地，以微电子、中医药等国家重点实验室为标志，促进大学的创新性研究进程。总体而言，澳门大学的定位是以全人教育理念为指引，学士学位教育为基础平台，促进大学重点研究创新的发展模式。其次，澳门大学应重点发展2~3所应用型高等院校，具体模式可有所不同：私立高校可以向着专业型大学的方向发展，与通识教育相结合，同时开展研究生教育和积极拓展外地生源；公立高校在较难扩充外地生源，而本地生源又受限的情况下，可以着力发展应用型研究生教育；凭借葡语、英语、卫生、体育、电脑等优势学科以及作为中葡、中英语言培训枢纽的契机，从国际上广纳优秀的师资力量，打造远程教育电子平台，面向世界充分展示学科优势和特色，从而大力发展以外地生源为主的研究生教育。最后，已有的单科型院校应以市场为方向，形成卓有特色的职业型或行业型院校，主要通过获取国际认可或专业认证，培养消费者对于学校品牌的忠诚度，以特色求生存。特区政府须在高等教育的中长期发展规划中体现出各院校的发展定位，通过质量评审、经费拨发等方式进行宏观调控，从整体上促进全澳高等院校错位、有序、可持续发展。

（二）制度建设

回归之后，特区政府依然延续了许多澳葡政府时期的法律制度，其中也包括1991年高教法。时过境迁，这一法律已经无法适应当今高等教育快速发展的需要。2017年高教法的通过，无疑是澳门高等教育发展史上的一个里程碑，实在是可喜可贺。在此基础上，特区政府颁布了高等教育规章、高等教育素质评鉴制度、高等教育学分制度等法规，通过这些法规完善高等教育体制，统筹澳门高等教育的全面发展。

正如前面所言，澳门高等教育制度建设中的一个关键问题在于，公立院校的"公法人"身份限制了高校在行政、财政和人事等方面的自主性。值得借鉴的是，这种"公法人"制度在其来源地葡萄牙已经进行了有效变革。葡萄牙政府针对部分公立高校实施了"私法制度下的公共基金会"运作模式，允许部分公立院校通过拓宽资金来源渠道脱离"公法人"身份。[1] 此种模式的优势在于扩大了以下几个方面的自主权：第一是大学固定资产的所有权，第二是独立于政府的财政制度，第三是与公务人员制度脱钩的人事管理制度。[2] 令人遗憾的是，2017年高教法仍然没能很好地解决这个问题，公立高校依然是"公法人"的身份。所以，澳门未来的发展应未雨绸缪，认真考虑是否可以从高一层法律的角度，重新对"公法人"性质进行分类、解释，或者学习葡萄牙的模式，鼓励公立院校多渠道募集资金，允许院校申请享有"私法制度下的公共基金会"地位，同时接受社会的问责。无论如何改变，其根本目的都是为了真正扩大院校的办学自主权，提升高等教育运作的效率

---

[1] 澳门大学. 与时俱进 因校制宜：大学管治成功之道 [J]. 澳大新语，2012（6）：4-13.

[2] 澳大修章小组. 各地区高等教育改革概况摘要 [J]. 校董瞭望台季刊，2012（5）：15-24.

和质量。

(三) 引领社会

高等教育需要引领社会并非一个崭新的命题。因为大学是由学者和学生共同组成的追求真理的社团,是探寻和传授高深学问的机构,对终极价值和绝对真理的虔诚与追寻是高等教育的本质,引领社会是大学热爱思考、追寻真理、教化心灵的本性使然。[①]

从澳门这个微型社会的特征考虑,如果仅仅为了针对澳门的经济社会特征而培养人才,那么在任何一门学科范畴,不出几年人才的市场供应就会出现饱和现象。所以,澳门要想跳出博彩一业独大、产业比重失衡的怪圈,实现中央政府和特区政府对澳门产业发展的期望,就必须认真思考高等教育引领社会这一议题。首先,针对特区政府对于澳门的"一个中心,一个平台"的战略定位,中央支持澳门建立"三大中心"的目标,以及2017年粤港澳大湾区建设框架协议,超越性地思考人才培养的问题。例如,高校课程的目标可以立足于外向型人才的培养,尤其要培养大量国际化经济发展进程中所迫切需求的国际贸易、金融、法律等方面的外向型经济人才。其次,加大创新型人才培养的力度,通过将创新中心、创业课程作为创新人才培养的孵化平台,打造澳门本土创新人才培育基地。最后,以高校的学科优势,促进跨学科融合,实现复合型人才培养。政府可以在政策上施加影响,高校在中医药、微电子和创意设计等高新技术的人才培养方面,加强文化和语言方面的教育,使这些优质资源能通过中葡合作平台、珠江三角洲区域合作平台辐射出去,这样不仅能为国家做出贡献,还可以打造区域产业高地,促进传统产业的技术改造和优化升级,为澳门的平台建设、湾区建设培养复合型人才。

(四) 国际合作

澳门的对外合作和交流非常广泛,但在合作项目的覆盖面以及特色创新等方面仍需加强。一方面,需要拓宽合作范围。从仅仅满足于学生之间的交换到教师之间的互换交流,着手开展学分互认、合作培养研究生、优质教育资源的共享、共同推进学术研究方面的合作、教育科研服务的合作以及在产学研上的合作等。这些合作可以通过举办交流论坛的形式,也可以通过共同申报项目的形式等产生良性互动。相关合作可以在智慧城市构建、科技应用实践、金融科技平台等方面,促使教育界专家进一步合作研发和扩大在护理健康、人工智能、科技金融等产业领域的研究成果。另一方面,推动中葡高

[①] 袁广林. 引领社会:大学第四职能 [J]. 现代教育管理, 2011 (1): 8-11.

校在内地或澳门合作办学，从根本上创新合作培养人才模式。由于历史的原因，澳门的中葡交流平台作用具有不可替代性，所以要在现有中葡教育合作成果的基础上，扩展跨文化培养人才的思维。澳门特区政府可以争取国家政策的支持，多方共同协作，提供合作办学的软、硬件资源。以澳门高校葡语专业的成功经验为参照，在合作办学的教学理念、培养方案、教学模式、管理机制和质量保障等方面，全面推进创新合作培养人才模式的示范效应，从根本上拓展跨文化国际合作的空间。

第三节　澳门高校战略规划设计的路径选择

在国际化背景下，战略规划是一种面向未来的管理方式。它力图做好应对各种困难的准备，迅速抓住和利用新的机遇与可能的变化，实现预定目标。从根本上说，战略规划之所以能够在高校起作用，主要因为它是协调高校组织与环境的磨合剂。然而，随着当前世界环境变得不确定，尤其是对于具有微型地域特征的澳门而言，人们已经很难对未来高校的发展做出精准的预见。正如明茨伯格所言："战略规划能起作用，但它不是一件容易的事。"所以，当澳门高校试图探讨究竟什么对我们最重要，我们在做什么以及我们如何前进的时候，必须认真审视外部环境的变化，以及清晰认识澳门战略规划设计的路径。

一、战略规划的历史由来与理论内涵

"计划"一词在社会组织中的使用由来已久，而对教育组织来说，直到20世纪二三十年代才真正运用科学的方法制订课程教学等方面的计划。第二次世界大战以后，在联合国等国际性组织的推动下，科学性的教育规划得以蓬勃发展。早期的教育规划是通过预算和时间安排（budgeting and scheduling）的形式控制计划的执行，利用线性规划、优化理论等方法提出一套明确客观的操作模式。其后，教育理论专家借鉴商业组织的经验，开始研制短期的行动计划（short-range tactical planning），这个层次的计划通常是针对学生的入与出、专业课程设计、人事安排、校园布局等具体问题提出解决方案。高校早期的计划措施经常采用这种形式，它对于解决常规和实时的问题是颇为有效的方法。20世纪60年代以后，针对短期规划缺乏统整效果和长效机制的弊端，有学者提出了长期计划（long-range planning）的概念，即根据组织的内部环境特征提出为期五到十年的发展计划，通常包括检视、预测、目标设定和执行四个关键步骤。这一计划基本上属于一种封闭式的计

划模式，应该说，这个模式在传统稳定的社会中比较可行，而对于现代社会急速变迁的环境而言，它的预测和判断往往失去应有的效果。20世纪70年代以来逐渐兴起的战略规划则是为了弥补长期计划的不足而采用的一种计划模式，它体现了组织深处于环境之中所应具有的开放性特征。与长期计划相比，战略规划更加考虑到环境的影响因素，将组织当作有"生命"的个体，通过量化与质化的方法充分发掘组织中存在的各种现实状况。因此，在战略规划制定的过程中，研究者是以参与者的姿态投身其中，特别注重组织研究的整体效应，反对割裂地看待组织的各个组成部分。战略规划的最终结果是以未来的各种形势为导向，做好现在的各种决策，而不是以今天的现况帮助未来做决策，这也是两种计划在理念上的差异。

目前，在商业组织盛行的战略规划已经发展出许多切实可行的理论模式，比较常见的是以过程为导向的策略管理理论。它将策略规划看作一个连续发展的过程，具体包括：①环境的分析诊断、了解机会和威胁；②根据环境评估结果，决定组织内在优势和劣势；③战略方案的发展评估选择；④建立适当的计划政策（资源分配、组织结构、管理机制等）；⑤评估控制和适时反馈。从上述五个步骤中可以看出，战略规划是将组织看成处在各种关系中的开放系统，正如贝里和韦克斯勒所言，战略规划是管理组织的系统性过程，而组织的未来方向、周遭的环境和利益关系人的需求皆产生关系。

从商业组织移植到高校中的战略规划在很多方面都体现出类似的特点，最主要的是，大学校长也需要规划出一幅对学校教师、行政人员、学生以及外界环境具有吸引力的蓝图，对于如何治理、管理和引导一个学术机构，必须有一个更加敏锐的、清晰的认识。然而，高校毕竟是有着自身特点的组织机构，它所体现的有组织无序状态、模棱两可的目标、强调自由的理念都左右着规划的实施。面对信息时代各种变化的冲击、微型地理环境的限制，澳门高校需要更好地审时度势，以积极的姿态掌控自身的发展。

二、澳门高校制定战略规划的外部因素分析

（一）规划设计所面临的机遇

首先，澳门具有"一国两制"的制度优势。一方面，澳门作为中国主权领土的一部分，在招生、科技和文化交流上具有很大的优势。澳门高校可以在内地广泛招生，生源的数量和质量能得到保证，同时也利于加强与内地高校的交流与合作；另一方面，澳门高等教育的办学模式、管理体制、经费拨款、学科发展、课程开设、教师聘用等方面都具有相对独立性，高校可以依据澳门自身的发展特点和实际需要进行选择。

其次，产业适度多元发展的战略定位。这一战略可以分成三个方面：第一，产业结构优化的方向要走"垂直式"路线，即做大做强优势产业链，将新兴产业看作博彩优势产业的补充和发展。例如，以博彩业推进综合旅游业、会议展览业，进而发展航空运输及物流业。第二，经济产业在一定范围内"横向式"发展。借助澳门的区位优势和枢纽优势，在澳门建立"三个商贸服务平台"。例如，澳门的离岸服务业或中介性商贸服务业具有广阔的发展前景。第三，孕育和扶植根植于澳门本土资源之上的"根基式"产业发展。澳门不仅有世界文化遗产，还有由欧陆文化传统衍生出的与世遗有关联的澳门文化，有很大的发掘潜力。所以，在产业创造财富的价值链条不断升级以及竞争的压力下，本土人力资本和科技活动也会随之提升。此外，《珠江三角洲地区改革发展规划纲要（2008—2020年）》的颁布，也将为粤港澳合作、大珠江三角洲区域合作提供新的平台，建立全方位、多层次、宽领域、高水平的开放型合作格局。从长远来看，澳门的高校在人才培养、科学研究、社会服务等方面大有作为。

最后，文化的交融与汇聚。自古以来，特殊的环境造就澳门成为东学西渐、西学东传的桥梁和枢纽，各种文化在这方土地上交流碰撞，形成澳门今天独特的文化氛围。在这样的背景下，澳门高等教育注入了多元文化的色彩：办学主体多元、教育中的"三文四语"、四种学制体系并存、国际交流与合作频繁等。配合高等教育发展国际化的趋势，澳门独特的文化枢纽地位和开放性特征，澳门必将成为高校发展的平台，这是高校规划设计过程中所必须考虑的特征。

（二）规划设计所面对的挑战

首先，澳门是一个土地面积很小的地区，人口的绝对数字较少。根据统计暨普查局网站收集的数据显示，澳门新生婴儿人数自1992年起开始呈线性下降趋势。截至2002年，出生婴儿人数最低，仅为3 162人，这也意味着2010—2020年，澳门本地居民高等教育入学的适龄人口数量将逐渐减少。虽然澳门高校获准在内地招生，但同时也会有将近一半的澳门高中毕业生到本地以外就读大学，澳门高校在今后的一段时间将面临巨大的生源压力。随着澳门大学横琴校区的开发，也会面临着广招学生的任务，所以生源问题已经把澳门高校推到了风口浪尖上。这也是每所高校设计规划时必然要面临的问题。

其次，高校外部控制的影响较大。曾经有学者言道："就像战争意义太重大，不能完全交给将军们决定一样，高等教育也相当重要，不能完全留给教授们决定。"一直以来，澳门政府都将公立高校视为公共行政机构。甚至有些监督机关在对高校行使监督权的时候，也依据的是"确保公共行政的公正、合法性与效率"。在许多方面，澳门高校都体现了政府行政机构的特点，如财务、人事等方面。然而，高校中的教师毕竟是为难以确定价值的长远目标工作的，忠实于真理以及探索真理过程中的不确定性表达了自治与自由的合法性。高校并不仅仅是政府部门的知识之翼，否则它在追求真理的过程中会受到过多的限制。

最后，澳门高校的市场空间小，竞争激烈。高等教育的发展要为本地区的经济社会发展服务，但是澳门地方小、人口少，产业结构较为单一，主要是以围绕博彩为主的产业链在发挥作用。如果仅仅为澳门培养人才，在任何一个课程范畴内，不出几年市场就会出现供应饱和现象。在微型社会中，澳门 10 所高等院校在生源、师资、专业、学科、项目等各项资源方面的竞争将会非常激烈。所以，澳门高校制定规划时必须思考向外扩大市场的可能性和必要性，在困境中寻找机遇，在变革中求发展。

三、微型地区高校规划设计的路径选择

制定战略就是把自己的智慧、远见和意志掌握在自己手中，而不是由外力所掌控，或陷入无序的关注。澳门高校制定战略的起点是要对自身和所处的微型社会有清醒的认识，搞清楚对于高校发展、质量而言，什么是最关键的。

（一）善于把握微型社会转化效应快的特点

马克·贝磊教授等所作的《澳门高等教育新纪元策略性发展咨询研究报告》中认为，微型社会的优势有：一是通常较易识别问题和判断问题，二是策划者可较清晰地了解其决策对于人的影响，三是革新"推广效应"快。澳门高校处在特殊的地理环境中，面临的形势也是复杂多变的，事情与事情之间没有明显的分界。就像我们观察一头大象一样，从不同的角度看到的大象是不一样的，这就是常说的"盲人摸象"的典故。如果对澳门的高校进行深度分析，或许能使你对旧的东西产生新的认识。比如，澳门高校面临着生源压力，这似乎不应该成为扩大学生规模的理由。但如果换一个角度，就会耳目一新。正是因为澳门小和其特殊的制度才使得它的开放度更大，况且澳门高校有"一国两制"的制度保障和政府强大的财政后盾，属于大资源基础的类型。一般而言，这样的高校风险程度低，它几乎不用担心生存问题。所需要考虑的是，院校哲学究竟是消费者导向？还是提供者导向，或者二者兼具？而不论哪种考虑，都需要有一定的生源基础。为此，要尽量地着眼于向澳门以外拓展生源空间，努力做到小地区、大视野。

在课程发展上，可以借助网络平台，积极推广"互联网+"。如在葡萄牙语言文化、中医药、微电子、旅游管理和创意设计等专业内部开设一批网

络课程,这不仅可以使澳门高校的教育教学模式发生变革,而且能够让澳门高等教育的优质教育资源通过网络平台快速辐射出去,为国家乃至世界高等教育发展提供有力的支持。

(二) 战略规划设计与高校内部质量保证紧密结合

高校战略规划的最终目的是为了完成组织目标和使命,提高教育的有效性。所以,战略规划与教育质量联系在一起。如果战略规划是有效的,就应提高院校办学品质;如果院校办学质量不能得到提高,则证明战略规划是低效甚至无效的。在质量和绩效责任的关键点上,战略规划与质量保障的目标是一致的。

长期以来,澳门高校关于战略规划的研究重点在于执行上,也就是通过规划作为学校发展的引导。澳门高等院校开放性特征较为明显,很多信息的流通比较快,在课程开设、教学方法使用、科学研究、师资建设等方面很容易吸引本地以外先进的理念和做法,而且雇主对于人才培养的成效也表现出极大的关注。在这样的背景下,如果战略规划仅仅止步于执行,而缺少适时的检讨和自我评价,则会使规划出来的"产品"与实际效果不符,从而丧失了规划的效力。

在规划评价方面,国际上有些成熟的经验是值得参照的。比如,美国六大区院校认证机构在其认证文件中明确要求高等教育机构制定战略规划,并会在认证中对高校战略规划本身及实施情况进行评估,同时,他们还要求高校自评也必须以认证标准为基础,对战略规划进行全面审查。正是由于此,美国高校将学校发展战略规划与质量保障活动结合在一起,通过外部认证和校内自评完成对学校战略规划的评估。

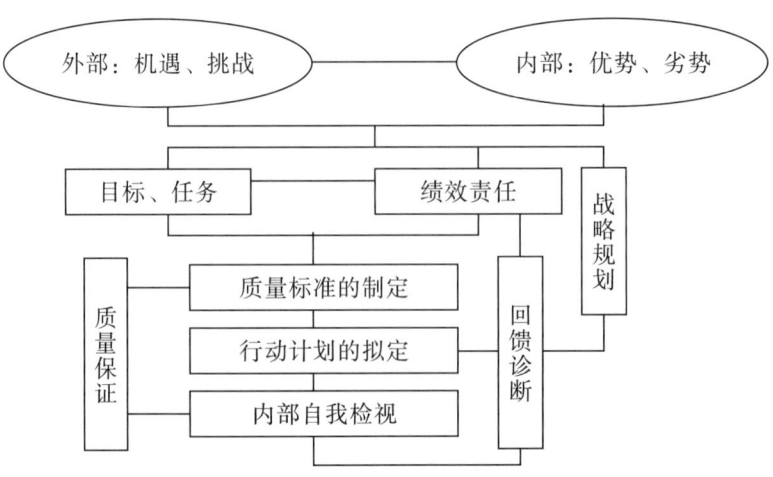

图 3 高校战略规划与质量保证结合的模式

澳门高校的外部认证目前还处在酝酿阶段，新的高等教育评审法规尚未出台，相关的学术标准也无法确立，所以澳门高校战略规划设计应该适时与内部质量保证紧密结合。质量保证中的评价制度应是一个整体性与综合性的过程，除了高校产出以及服务的表现评估外，还应包括高校自我检视中的表现及适应变化的机制。图3展示了把战略规划与质量保证结合起来的一种路径。

高校首先应该对所要提供的产品或服务（教学、科研、服务）的质量做一界定，作为绩效责任的依据。而在规划部分除了加入常规理解的机遇挑战、优势劣势、目标任务、行动计划以外，还要与质量保证的手段有效结合起来，并通过内部自我检视所提供的回馈信息，诊断高校的问题并确定绩效责任，最终形成一个循环往复的系统模型。

（三）认真思考高校内部机构建设和机制完善的问题

澳门高校的发展面临许多不确定性，这不仅体现在经济产业多元发展以后带来课程模式的转变，而且也受到制度、文化的影响。然而，未来的不确定性越大，规划失当或失宜的概率也就越大。任何高校都会受到外部形势的影响，如果仅仅以被动的"反应者"姿态来面对形势的变化，只能是人云亦云，规划也就变成了"墙上挂挂、纸上画画"。所以，要想使规划设计变得更加行之有效，就必须建立相应的职能机构，赋予其一定的使命。并且，无论是建立新机构，还是对旧机构进行改造，都需要高校对其各自的职责和相互关系进行清晰的界定，建立起适合这些机构发挥效能的新机制。

美国的高校，一般依据各自办学规模、文化、传统和特色，采用不同的组织形式来完成战略规划设计和规划的追踪评估。其组织发展趋势呈现出两方面的特点：一是机构职能综合化，如前述将规划与质量保障相结合；二是不同的机构之间相互协作，信息传递较快。此外，美国许多高校还考虑从多个方面完善运行机制，以期用最小的资源最大限度地发挥这些机构的作用。因此，澳门高校可以结合自身小而精的特点，将规划设计和追踪职能并入相关教与学研究部门，如教与学策略发展中心、院校发展研究所等。这些机构同时可以将相关院校研究、内部质量保障、规划发展等职能整合起来，通过和其他相关部门、外界环境密切配合，积极寻找和开拓新的契机，确保规划设计的可持续性。

世界高等教育已经进入一个关键时期，几乎所有的高校都在改革、创新，追求质量的提升。在这样的环境下，澳门高等教育同样面临着不同寻常的挑战。为了能使澳门高校做出重大而有意识的选择，就必须在制订战略规划时不断关注外在环境的变化以及微型地区的一些特殊要求，有效地帮助高校最终实现它们的目标和远大理想。

第四节 粤澳高等教育联动发展的战略思考

从地理位置上看，广东和澳门唇齿相依。自澳门回归祖国以来，双方的合作和交流不断，尤其是国家在《关于建立更紧密经贸关系的安排》（Closer Economic Partnership Arrangement，CEPA）、自由行等宏观发展政策上给以澳门巨大支持，引发了粤澳双方在高等教育合作和交流上的进一步加深，这也对两地经济社会的进一步发展提供了动力源泉。

一、粤澳高等教育交流与合作的现状

从大教育范围来看，多年来粤澳之间的交流与合作从未间断，具体表现在互派互访、交流经验、合作研究、专家讲学、学生交换、教师培训等多个方面。2005年，澳门特区政府教育暨青年局与广东省教育厅分别代表粤澳双方签署了《粤澳教育交流与合作意向书》，以进一步推动两地在教育领域的合作。根据合作意向书，粤澳双方将积极推动在教育行政、课程与教学、学生交流等各个领域的合作。2006—2008年每年召开的粤澳合作联席会议，对双方在教育上的合作与交流高度重视，2008年12月在涉及社会、经济、文化等诸多领域的合作机制建设上取得一系列实质性成果，《粤澳教育交流与合作协议》是具体体现在教育合作领域上的纲领性文件。2014年粤澳合作联席会议在澳门举行，会议签署了6份合作协议，其中包括《加强粤澳高等教育交流合作备忘录》，使粤澳在高等教育方面的合作更加紧密。

高等教育作为教育领域的重要组成部分，与经济社会的发展联系更为密切。从某种程度上讲，粤澳双方在高等教育上的合作更能够为双方经贸合作的加强起到推波助澜的作用。从高等教育的职能上看，目前粤澳双方在高等教育中合作与交流的具体范围体现在人才培养、科学研究、教育服务以及经验交流等方面。在人才培养方面，澳门和广东的高校可以相互招生。作为"华侨最高学府"的暨南大学2005年在校的澳门学生就达到近2 800人；广东的其他高校，如中山大学、华南师范大学、广州中医药大学、华南理工大学、广州体育学院等，每年都有澳门学生报考。自回归以来，澳门部分公立、私立高校得到教育部、国务院港澳办公室和公安部的批准和协助，扩大向内地包括广东在内的10个省市招生，及至2007年招生范围进一步扩大到25个省市，粤籍在澳门高校就读的学生呈现上升趋势；此外，澳门大学、澳

门城市大学等高等院校均与广东的高校合作招收内地在职研究生。粤澳在科学研究合作方面也取得了丰硕的成果：一方面，澳门的学科结构适应于其产业结构的发展，覆盖面不大，所以在一些较为薄弱的方面不断加强与广东省一流大学的合作。如2008年澳门社会文化司就通过澳门理工学院将"澳门高等教育发展策略研究"的课题委托给中山大学港澳珠三角研究中心完成。另一方面，在双方重视的学科发展领域进一步加强交流与合作。如在2006年、2007年两次粤澳合作联席会议上提出的在中医药现代化等重点领域关键技术的科技攻关、粤澳中医药产业合作框架的指引下，粤澳双方高校在一些具体方面进行了实质性研究合作。暨南大学历史系、经济学院在澳门基金会资助下也与澳门大学合作开展了多项研究；2009年澳门理工学院与中山大学合作建设"博彩研究基地"等。在服务及交流方面，粤澳高等教育界相互参观访问，交流经验，开办学术讲座、研讨会，往来频繁，形成互利互助的交流氛围。如澳门高等教育辅助办公室于2005年协调澳门高等院校的教务主管人员和师生近百人次访问广州大学城；暨南大学、中山大学等高校的专家学者前往澳门开办形式多样的学术讲座、研讨会、工作坊等。

  2013年，澳门大学横琴校区的正式启用标志着粤澳高等教育合作在办学及空间拓展方面有了新的突破。在2011年《粤澳合作框架协议》的指引下，澳门特区政府有关部门向就读澳门大学等澳门高等院校的广东学生提供奖学金，并扩大互招学生规模，推动高校学分互认，共建实验室和研究中心，打造粤澳产学研合作平台。2017年，澳门大学与珠海中科先进技术研究院开展合作，重点打造健康理疗医疗器械平台、智能城市平台、无人船科技应用平台、金融科技平台，促使两地专家、教授在大健康、智能制造、智能产业、科技金融等产业领域进一步研发和扩大各类研究成果。

  应该说，当前粤澳高等教育之间的交流与合作总体上呈现出可喜的趋势，双方都能够充分理解并主动践行高等教育的合作与交流。在经济发展不断加强互动与沟通的同时，粤澳也愈来愈关注在高等教育方面的联系，政策的倾向性、利益的共享、共同的需求已经成为双方展开多方联系的基础条件。

二、粤澳高等教育联动发展面临的机遇

（一）"一国两制"的制度优势

  自1999年澳门回归祖国以来，在政治上实施"一国两制"。这样的制度特征在世界上属于独一无二的模式，也为澳门健康稳定的发展试探出一条新路。同时，"一国两制"为澳门和广东高等教育的发展与交流也带来巨大的

机遇。一方面，国家所制定的有关珠江三角洲地区的政策措施开始将澳门、香港地区涵盖其中，使特别行政区与广东得以协调、共融发展。2008年12月31日，国务院审议通过并正式批准实施国家发改委牵头编制的《珠江三角洲地区改革发展规划纲要（2008—2020年）》，2009年8月14日国务院正式批准的《横琴总体发展规划》成为指导粤澳两地当前和今后一个时期改革发展的行动纲领。在高等教育方面，2009年6月澳门大学通过全国人大常委会审批获准在横琴扩建新校区并实施隔离式管理，为粤澳两地在高等教育方面的合作形式和手段提供了新的思路。此外，澳门作为中国主权领土的一部分，在招生和科技、文化交流等政策保证上具有独特的优势，如前面提到的相互之间招生的便利、彼此交流的通畅等。这些都充分体现了"一个国家"的优势为粤澳高等教育联动发展所带来的机遇。另一方面，在"两种制度"下，澳门高等教育的办学模式、管理体制、经费拨款、学科课程等方面具有相对独立性，可以依据澳门自身的发展特点和实际需要进行选择。相对独立的发展模式，使得粤澳双方都能够按照自己的特色需求进行发展，也能够很好地寻求对方的优势和特点，通过交流合作取长补短，促进彼此发展变革的实现。

（二）区域发展理论的不断深化

20世纪中期西方区域发展理论开始大量出现并且日趋完善，尽管这些理论框架主要以区域经济增长为核心，但是其所体现的思想也渗透在区域教育的发展合作之中。区域发展的均衡理论指出对少数区域的关注并不能改变整体结构的现状，认为在资金、管理等方面要考虑到全局的平衡问题，但是这样的观点同样也招致缺乏实用性的批评。而区域非均衡增长理论则考虑到了发展的实际特点，如佩鲁在产业发展中提出，一些主导产业部门或有创新能力的企业或行业集中分布于特定的地区或大城市，形成资本与技术的高度集中，具有规模经济效益，自身的经济增长速度加快并能对邻近地区产生强大辐射作用的增长极；而另一些专家则认为增长极的概念实际上等同于"马太效应"，区域优势的因果累加只会导致区域间发展的不平衡。在经济全球化进程中，中国区域发展的理论也在不断深化。以编制"主体功能区规划"为区域发展的核心理念，强调突出不同区域的不同主体诉求，通过错位发展、联动共建的途径，实现不同主体功能区之间的协调发展和功能互补，彰显各自的发展价值。从单一的、线性的发展走向多元的、复杂的合作是当前区域发展理论的主要趋势，实际上，在高等教育的发展进程中也一直受到区域发展理论的影响。正如管理学中强调的"木桶原理"一样，对于单一区域的高等教育发展，其教育能力的体现是由其短线资源（瓶颈资源）而非长线资源所决定的；而对于跨区域的高等教育发展而言，其学术发展的成就则是由长线资源决定的。在一个有着良性发展机制的区域高等教育合作共同体中，某一区域高等教育发展的优势无论是通过"强强联合"还是"以强扶弱"，都能够实现区域高等教育的跨越式发展。所以，在区域发展理论背景下，粤澳高等教育更需要以联动促发展。

（三）同源和各具特色的文化特征

粤澳两地蕴含着岭南深厚的历史文化传统，同根同源的文化特征使得两地在教育文化方面素有渊源，存在着文化上的认同感和使命感。两地居民在语言交流上的便利性加深了彼此之间的信任和沟通，在澳门的高等院校中用广东话授课也是主要的语言授课形式。相对于内地其他地区而言，粤澳高等教育之间的合作与交流明显存有得天独厚的基础和优势。此外，两地的文化还各具自己的特色。澳门受到西方文化的影响较大，在过去的400多年里，澳门一直就是东西文化交流的"十字路口"、"内外辐射"的接合部，各种文化在澳门这块土地上交融汇聚，形成了澳门今天独特的文化氛围。在这样的背景下，澳门整体高等教育都被注入多元文化的色彩。而广东高等教育作为中国内地高等教育的组成部分，在形式和内涵上受到国家整体高等教育办学体制、管理体制、文化的影响，讲求统一的规范，学生入学也是经过全国统一招生录取，体现出较强的整体性特征。应该说，粤澳高等教育之间的同源性和各具的特色都有助于双方之间的合作与交流，同源提供了便利，而不同的文化特色引发了学习、合作的动力。

（四）粤澳两地产业发展与合作带来的机遇

长期以来，粤澳两地的经济产业发展迅速。澳门自2002年博彩经营权开放以来，经济高速提升，2002年、2003年、2004年、2005年、2006年、2007年、2008年、2009年、2010年、2011年、2012年、2013年、2014年的本地生产总值分别为588亿、667亿、849亿、969亿、1 183亿、1 474亿、1 678亿、1 715亿、2 250亿、2 943亿、3 438亿、4 118亿、4 435亿澳门元（修订后数据），呈现跨越式增长趋势。2008年澳门人均GDP为3.9万美元，而到2014年，人均GDP达到惊人的8.9万美元，居世界第4位。广东省亦是中国内地经济总量最大和发展最快的省份，改革开放以来，按不变价格推算（以同期全国平均物价水平为基准），GDP年平均增长率为13.1%，增长速度居全国第1位。2017年，广东GDP总量（初步核实数）近9万亿元，比上年同比增长7.5%，GDP占全国的比重达到10.7%，连续28年位居全国第一。近年来，广东人均GDP也在中国内地范围内排在前列。从数据看，澳门和广东的经济基础和发展前景看好，这也为两地高等教育的联动发展打下坚实的基础。

在经济繁荣发展的同时,两地在经济产业结构方面还存在互补的一面。澳门的经济产业以博彩为主,虽然博彩业"一业独大"的趋势愈来愈成为制约其发展的瓶颈,但从总体上看服务业在澳门构成产业价值链的核心;而广东经济上的薄弱环节恰恰在于其第三产业的发展,服务产业发展滞后、产业结构急待优化,这与它在内地经济总量排名第一的位置不相称,所以双方的合作对推动产业结构的整体变迁将起到很好的作用。在横琴的发展规划中,亦将"建设珠江口西口岸科教研发平台""建设融合港澳优势的国家级高新技术产业基地"作为产业发展的重点。从双方合作的角度来看,粤澳合作的重点特别强调科技和教育的合作,也只有通过高等教育的功能渗透优势,才能一方面促进澳门产业发展的适度多元,另一方面使得广东高端服务产业的比重加大。

(五)粤港澳合作"三位一体"新模式带来的思考

国务院通过的《珠江三角洲地区改革发展规划纲要(2008—2020年)》所要求的是整个珠江三角洲区域的联动发展,联动发展的主要意向就是成为一个融合的整体。粤港澳应该如一个整体作战的团队,既要有分工,也要有合作,整体的默契配合才能达到共赢,珠江三角洲的整体利益与区内每个城市的局部利益需要整合而不是分割。高等教育方面,港澳在教育体制、方法、研究等诸多方面具有更为宽广的国际化视野,内地的优势则在于悠久的教育文化以及牢固的教育基础。在有些方面,香港和内地的合作走在了前面,在历经了萌芽、探索和稳定发展以后,2004年双方合作办学项目达到20个。2005年11月18日,全国首家由内地与香港两地高校合办的具有法人资格的高等教育机构(北京师范大学—香港浸会大学联合国际学院)在珠海成立,标志着双方的合作进入崭新的阶段。2017年,粤港澳大湾区合作框架协议的签署,不仅标志着三地在资讯科技、专业服务、金融及金融后台服务、科技研发及成果转化等领域的深度合作,更意味着高等教育需要加强合作培养创新型人才的力度,为上述产业提供孕育、孵化的平台和人力资源基础。以上无疑为粤澳高等教育的合作在"三位一体"的前提下提供了示范作用:更为实质性的合作能够为各方带来双赢的局面,全面丰富大学的教育、管理经验,充分利用资源以及弥补优秀师资力量的匮乏等。

三、粤澳高等教育联动发展的建议

粤澳高等教育的联动发展虽然在一定程度上取得了不少的成绩,但从总体来看还处在起步、自发、零散及低层次的阶段。当前,粤澳两地应该有一种敢为人先的精神，积极抓住目前两地面临的良好机遇，逐步从以民间为主的合作转向全方位的合作，从短期、一次性的合作走向长期、可持续发展的合作，从限于成人教育的合作到包含高层次人才培养在内的多层次合作，从以应用型学科为主的合作到学科覆盖面更大、跨学科的合作，从象牙塔内学究式的研讨逐渐迈向以服务社会、产业为主的产学研一条龙式的合作。更为重要的是合作交流的理念、内涵、组织等方面也要不断创新，以促进粤澳两地高等教育快速、健康地发展。

（一）创新思维观念，形成自下而上的合作引导和激励机制

在粤澳高等教育联动发展的进程中，需要不断更新思维观念，积极思考和研究"一国两制"政策方针的理论和实践，将"一国两制"作为促进粤澳双方利益、合作交流的更有力保障，而不是成为束缚自己思维的"紧箍咒"。在一些具体的政策实施环节，要充分考虑到围绕高等教育方面的政府、社会组织、学生、教师等众多利益主体的实际需要，这也是联动发展能够长期坚持下去的基础性条件。目前在珠江三角洲地区提出的联动发展还是建立在政府宏观层面，基层组织、群体对于此项政策参与的积极性尚没有完全调动起来。如粤澳高等学校之间在办学层面的交流还仅仅停留在合作招收在职研究生等方面，缺少更深层次的合作办学项目。澳门大学已经迁入横琴新校区，这是一件有利于澳门高等教育发展的好事，但是也使得粤澳双方实质性的合作办学难度加大。所以当前任务是要建立起基层院校迫切需求的资源共享、交流合作的推动和保障机制，将粤澳合作放在区域性合作的视野下，建立基层院校在合作办学、学生教师互派、资源共享、产学研合作等方面的利益互惠驱动机制，使双方的联动发展自下而上逐步推进。

（二）引入中介组织，建立实质性的交流与合作平台

现在粤澳双方的合作与交流呈现出松散的状态，各自为营，具体表现为高校之间或者政府教育部门之间的局部"会晤"。虽然高校之间的交往也能够促进粤澳整体联动的发展，但是交流合作的内容缺乏整体战略的考虑。从澳门的角度来看，澳门高校之间还缺乏一种有效的沟通机制，高校与高校之间很少有信息、经验上的往来交流，这对澳门高等教育自身的发展来说是一个遗憾，同时也对澳门高等教育整体对外的交往形成阻碍。当前，澳门虽然也存在一些中介性质的高等教育社团组织，如澳门高等教育人员交流协进会、澳门"一带一路"高等教育交流协会，但在促进内外交流以及协调澳门高等教育整体发展的走向等方面尚需进一步深入。在粤澳高等教育的未来发展中，还可以考虑通过两地政府制度方面的安排建立"粤澳高等教育联合会"的中介组织，将一些具体合作、交流项目纳入整体进行考虑，并且从整

合的视角思考双方未来合作发展的方向以及相关战略，对粤澳两地产业发展特点、高等教育学科专业分布特点、双方高等教育发展的优势和劣势定期做出全面的分析和评价。同时也可以着眼考虑、研究在联动发展中的利益补偿机制，建立优质的资源数据共享平台，引导、鼓励和吸引政府以及民间的社会资金投入高等教育联动发展项目中来，真正形成良性互动、开放融合的实质性交流平台。

（三）以项目为载体，加强联动发展的广度和深度

在现时粤澳高等教育的交流与合作中，很多还是以签署合作协议为主，在已经形成的协议框架下逐步推进合作、交流的范围。从全方位提高粤澳两地高等教育发展水平来说，粤澳之间的合作还要具体落实到每一个项目的承载中，应该有重点、分步骤地实施。首先，要强化共生共赢的理念，通过双方高校之间的互访，加强经验和办学思路的交流。其次，合作项目的覆盖面要更加宽广。从仅仅满足于学生之间的交换到教师之间的互换交流，着手开展学分互认、合作培养研究生、优质教育资源的共享、共同推进学术研究方面的合作、教育科研服务的合作以及在产学研上的合作等，这些合作可以通过举办交流论坛的形式，也可以通过共同申报项目的形式等产生良性互动。最后，两地的合作须进一步向纵深发展。合作的最终目标是促进两地高等教育的发展，以及通过合作推动两地经济的升级转型，实现跳跃式发展。而一般浅层次的交流合作往往流于形式，不能在实质意义上起到好的作用。如在两地高校的互访中，仅仅是到对方高校去走一走、看一看，听取一下对方的介绍，这样并不能取得好的效果，重要的是真正从对方的办学中吸取到为我所用的实在经验，在理念上予以升华，结合自身办学实际情况形成创新发展的思路；又如在产学研的合作中，要能够充分利用政策上的优势，在研发和创意设计等高新技术方面，广为吸纳粤澳优质的高等教育资源，不仅要能打造区域产业高地、促进传统产业的技术改造和优化升级，而且还要进一步拓展粤澳教育科研的空间。

（四）整合、互补优势资源，提升联动发展的层次

粤澳两地的高等教育发展各有优势。在粤澳高等教育联动发展上要能够将优势资源集中起来做大做强，这样一方面可以有效提高两地高等教育的质量和办学效益，另一方面也可以进一步对外弘扬中华的教育文化。在专业课程方面，可以有计划地组织两地高校的优势学科力量，比如汉语言文学教育，中国的哲学、历史、文学、音乐、绘画、书法等，体育中的武术，医学方面的如中医药、藏医药等具有中国特色的专业课程合作发展，进行课程建设，建立系统的考级标准，共同培养人才，合作开展研究，等等，使得两地

之间的合作交流转变成为共同面向国际的新视野。此外，要充分实现两地优势资源的互补利用。澳门高等教育的多元文化特色明显，其显著特点之一就是语言上的教育特色。如澳门理工学院培养中葡翻译人才至今已有超过100年的历史，专业师资力量雄厚，而葡语作为小语种非常受内地和澳门学生的欢迎。所以在学生交换和师资交流方面，广东可以寻求机会，充分实现资源的共享利用。而广东高等教育相对于澳门来说，高校学科门类齐全、研究力量强大，澳门由于历史、地域和经济等诸多因素影响，其高校的学科种类较少，且研究力量相对较弱，所以澳门高等教育可以凭借地理、文化的优势，借助于广东的力量，在一些发展薄弱的专业学科领域内与广东开展教育研究合作。在两地优势资源整合和互补发展方面，粤澳双方更应该适时调整合作框架和重点，充实联动发展的内涵。

第五节　澳门回归以后高等教育发展的成就

澳门现代高等教育自20世纪80年代东亚大学创立至今，已经历了风风雨雨的30余年。1999年12月20日，澳门回归祖国，在中央政府的大力支持下，特区政府秉持着"教育兴澳"的施政方向，大力发展高等教育，和衷共济、追求创新，取得了许多令人瞩目的成果。

一、固本延续拓发展

特区政府在回归以后，按照基本法的指引，坚持"一国两制""澳人治澳""高度自治"的政策原则，在首次施政报告中强调了"固本培元，稳健发展"的策略，确保各个领域的平稳过渡。在社会文化的高等教育领域，政府在1991年高教法的指引下，积极制定了课程标准、学历认可、质素评核等政策，拓展对内地招生的省市范围，批准各院校修订章程。这一方面保持了高校原有的多元、开放的文化特色，另一方面则提供了充足资源发展与经济社会密切相关的研究与课程。

澳门是东西方文化交汇的枢纽，在澳门办大学，就是为了体现出澳门多语言、多文化的特征。回归以后，澳门10所高等院校各显特色，不仅理念多元、语言多元、办学主体多元，而且在微观教学领域，也充分采用了不同的教学方式方法，向学生提供多样性的学习机会，不断增强其国际适应性。回归以后，澳门各院校教研人员数比回归前增长近3倍，累计培养毕业生近12万人，与回归前相比，毕业生人数增长近4倍，为澳门的社会发展培养了大量人才。

为了适应澳门自身的经济增长模式，探索长远发展战略，特区政府对高等教育的资源投入逐年增加，所批核的课程及科研基本上都是紧密围绕澳门社会发展的实际需求，如"澳门汽车尾气污染评价和控制策略""澳门非营利社会服务组织的行政管理研究""如何定位澳门为会展项目目的地的策略""中葡文电子翻译系统"等，各高校通过成立研究中心，密切配合澳门本地的政治、经济、文化研究。在课程开设上，为配合旅游博彩业的发展，由高校开办的商业经济、酒店管理、中葡和中英翻译、博彩技术培训等课程，亦为澳门经济社会培养了大量紧缺人才。2016 年，为配合粤港澳大湾区的发展规划以及澳门双语人才培养基地的施政方向，澳门理工学院联合广东外语外贸大学及中译语通科技（北京）有限公司共同建设中葡英机器翻译联合实验室，研发"中葡英机器翻译系统"，澳门大学则通过成立创新中心、开办创新训练营、与广东开展创新科技合作等形式，提升澳门大学在理念创新、知识创新、技术创新等方面的贡献。

2006 年 3 月，立法会通过了《澳门大学法律制度》，体现了特区政府对于澳门大学优先发展的战略考虑。基于此，澳门大学能够突破澳门现有的一些制度约束。同时，澳门大学提倡全人教育理念，自主调整课程设置，增补哲学性、通识性的教与学范畴，并开展人文精神教育，以培育具有国际视野、人文素养及创新思维的高素质人才，引领经济社会的发展。

二、横琴决策显特色

2009 年 6 月，经全国人大常委会批准，澳门特别行政区政府以租赁方式取得横琴岛澳门大学新校区的土地使用权，这在澳门高等教育历史上具有标志性的意义。澳门大学得以在横琴兴建校区，突破土地资源紧缺、办学受限的困境，充分体现了中央政府对澳门高等教育的全力支持，展示了"一国两制"的生命力及灵活性。此举将为澳门大学的发展、高等教育结构的进一步优化，以及澳门人才培养打开崭新的局面。在澳门大学横琴校区筹建前后，中央多位领导人莅临澳门大学视察，并对澳门高等教育的发展提出殷切期望。与此同时，多所高等院校都相应提出了长远发展规划，本着以特色求生存、以特色促发展的信念，不断提升院校的国际声誉。

政府与高校积极拓展对外交流与合作，近年来，澳门各院校共履行数千份与外地有关机构签署的合作协议，其中包括许多世界知名的大学。到目前为止，澳门高校已经和海峡两岸暨香港及葡语国家、英语国家建立了广泛的合作网络。此外，各院校积极参与国际高等教育组织年会及国际组织的活动，如世界大学校长联合会、葡语大学联会、亚太高等教育科研网络等。

在中央"十二五"规划的指引下，澳门特区政府以"一个中心，一个平台"的建设作为经济适度多元发展的政策目标,在高等教育方面进一步发挥澳门作为中国与葡语国家沟通平台的作用。2010年,有些院校与国家汉办达成合作共识,为外派到葡语国家的孔子学院老师提供专业培训;有一些院校与内地及葡萄牙的院校合作,计划共建葡语培训联盟;还有一些院校开办了多项与旅游相关的获国际认可的专业培训和小区课程;等等。在科学研究上,高校愈来愈重视研究工作,一方面加强对与旅游博彩相关的各类切合澳门经济发展的研究;另一方面,鼓励各类特色、重点科研项目,涌现出一大批研究成果。2011年,在科技部的支持下,中药质量研究国家重点实验室和仿真与混合信号超大规模集成电路国家重点实验室挂牌成立。科技基金也为这两所国家重点实验室提供三年合共6 200万澳门元的建设经费资助。截至目前,这两个领域所获得的具国际影响力的专利累计已达8项。从2011—2013年,每年都有院校团队或个人的研究项目获得国家科学技术进步奖二等奖。2017年,中药质量研究国家重点实验室和仿真与混合信号超大规模集成电路国家重点实验室在投入运作6年后,分别通过由澳门科学技术发展基金组织的中医药及集成电路实验室专家团队的第二次评估,肯定了中医药、集成电路研究上的国际学术影响力,彰显了澳门科学研究实力的提升。

三、制度规划谋长效

回归以来,澳门特区政府积极推进新的高等教育制度的立法进程,继续跟进配套法规的制定工作,包括高等教育学分制草案、高等教育行政部门组织及运作、高等教育基金、高等教育协调委员会法规草案等。2017年7月27日,澳门高等教育迎来了期盼已久的重要时刻——《高等教育制度》法规获立法会细则性表决通过,随后,第10/2017号法令《高等教育制度》于2017年8月7日刊登在政府公报上,为实现"教育兴澳""人才建澳"发展战略目标走出重要一步。在法律制度日趋完善的同时,特区政府高度重视高等教育质量发展和特色,跟进与高等教育质素保证相关的各项研究工作,经参考高等教育评鉴方面较为成熟的国家和地区的经验,结合澳门自身的特殊性,出台了高等教育评鉴制度,并就有关的评鉴原则及范围指明工作方向。澳门的高校自身也有着强烈的内在驱动力,几乎所有院校在没有外在推动力的前提下,主动通过各种方式接受来自外界的质量监督,有些院校还通过了国际权威高等教育质量保障组织的认可,这也自然切合了高等教育评估的真正内涵——从"要我评"到"我要评"的终极目标。

澳门现代高等教育的起步较晚,但能一直坚守具有微型地区鲜明特色的教育理念。当前，澳门高等教育正面临着严重的生源危机，2017 年高教法虽然已经通过，但在制度内涵方面亟待加强，人才培养模式也还有进一步发展的空间。机遇与挑战并存，澳门高等教育必须做出积极而主动的选择，充分把握微型地区的特征，发挥自身的优势，以崭新的姿态迎接未来的挑战。

第二章 人才培养篇

第一节　微型社会与澳门高校人才培养

一、引言

澳门是一个微型地区，在 1999 年以前的葡萄牙管治时期，澳葡政府对教育缺少足够的重视。在高等教育领域，自圣保禄学院于 1762 年关闭以后，一直到 1981 年，澳门才拥有第一所由港商出资筹建的具有现代意义的东亚大学。而后，东亚大学经历了公立化的转型和分立，逐渐演变成现在的澳门大学、澳门理工学院、澳门城市大学。回归以来，澳门特别行政区政府在"固本培元，稳健发展"施政目标的指引下，注重高等教育结构的均衡发展，一些私立大学相继成立。回归后仅仅两年的时间，澳门高校的数量就达到了 10 所。

不言而喻，高校结构的扩充为澳门赌城的形象额外增添了几分文化的色彩，外来人士也往往惊叹于微型澳门能够拥有数量如此之多的高校。然而，在澳门这样一个微型地区，又是在博彩业"一业独大"的背景下，高校结构的完善并不等于规模质量的良性发展。一个明显的悖论是：经济发展有赖人才支撑，高等教育是培养高级人才之所，经济理应与教育呈正比关系，可是，澳门在博彩产业"一业独大"的前提下，情况却并非如此，经济与教育的发展在较长一段时间里呈反比关系。2002 年博彩经营权开放以后，由拉斯维加斯金沙集团注资的金沙赌场于 2004 年开幕，开启了名噪一时的"金沙效应"，开幕仅 7 个小时就吸引了 25 000 名客人入场，可谓盛况空前。博彩业的兴旺让许多处在教育关键时期的青少年弃学从工，更关键的是，这一状况让不少青少年改变了"知识就是力量"的看法——即使没有学历，青年人依然可以通过跻身博彩业轻松地拿到高薪。

产业结构的严重失衡为澳门经济的可持续发展带来隐忧，虽然特区政府也在不断倡导经济产业适度多元发展的政策，但是博彩业仿佛一个巨大的漩涡，依然让产业结构失衡的趋势愈演愈烈。然而，"一业独大"及博彩的巨大利润并不能保证澳门经济永远顺风顺水。在内外部经济环境的影响下，2015 年，澳门博彩收入全年下跌 34.3%[1]，GDP 按年收缩 16.9%[2]。2016 年，博彩收入和 GDP 在下半年虽有所回升，但按年仍处于下跌态势。2017

---

[1] 澳门特别行政区政府博彩监察协调局，http://www.dicj.gov.mo/.
[2] 澳门特别行政区政府统计暨普查局，http://www.dsec.gov.mo/.

年，博彩业回升势头加快，仅7月单月，幸运博彩毛收入按年增加29.2%。[①]在博彩产业快速变动的背景下，特区政府一方面继续在经济产业适度多元上谋划方略，另一方面也不断地反思在这样的经济常态下，如何通过建立人才培养的长效机制，为经济产业的可持续发展提供动力之源。毋庸置疑，在新的发展阶段中经济和高等教育之间不可能再次陷入"反比"的魔咒，而应该以相辅相成的姿态呈现给世人。作为一个微型社会，澳门有着"小而精，小而全"的外在特征，同时也存在着许多影响社会、经济、文化及教育发展的内在特征。譬如，澳门博彩收入在短期内的大幅上升与下降就与微型社会的典型特征不无关系。所以，构建高校人才培养的长效机制，也要关注澳门作为微型社会的特点，结合有利于澳门高校发展的各种外部机遇、优势以及人才培养的一般规律，提出具有实际意义的举措。

二、微型社会特征对澳门高校人才培养的影响

（一）开放多元

澳门的多元文化并非与生俱来的。当葡萄牙人在16世纪初抵南中国海各港口时，由于长期被敌对民族占领以及认为本国的文化比亚洲其他民族的文化优越，中国人抱有某种与世隔绝的静止的态度，对待葡萄牙人的态度也是充满蔑视和敌对。[②] 澳门开埠的结果是外来文化的引入，一心实施殖民地统治的葡萄牙政府和澳葡当局并无真诚营造多元文化和谐共存的环境，反而如西方谚语所言"形势比人强"，澳门太小，对中国内地的依赖性太强，民族文化的影响力量得以亘古流传。[③]

西方文化与传统的中华文化在吸纳和排斥中交融汇聚而成澳门现有的文化特征。作为南中国的一个开放岛屿，特殊的地理环境和长期的融合文化使澳门在任何时候都能体现出开放、多元的特征。1594年，当探险家范礼安在澳门创办远东第一所西式高等院校——圣保禄学院的时候，学校内部的人才培养方式基本是围绕文化、教义、科学和语言的输入和输出进行的。这所学院不仅是东方传教士的摇篮，也是双语精英的培训之地，在东学西渐、西学东传中起到不可磨灭的作用。[④] 1981年，在东亚大学创始之初，其大学章程

---

① 澳门特别行政区政府博彩监察协调局，http://www.dicj.gov.mo/.
② 科尔特桑. 葡萄牙的发现：第一卷 [M]. 邓兰珍, 译. 澳门：纪念葡萄牙发现事业澳门地区委员会，1998：53-54.
③ 张国雄, 等. 澳门文化源流 [M]. 广州：广东人民出版社，2005：21-22.
④ 李向玉. 汉学家的摇篮：澳门圣保禄学院研究 [M]. 北京：中华书局，2006：149-222.

文本就将"国际的视野和意识""与亚洲、世界其他地区建立紧密和广泛的联系"等作为大学创立的目标。① 东亚大学的创始人之一吴毓璘博士也曾经说过:"东亚大学的创立就是要充分体现出澳门多文化、多语言的特征。"②

由此可见,澳门高等教育的人才培养一直没有离开多元、开放的特点。在澳门高校内部,"三文四语"是一种常态,师生也基本认可不同文化、不同思想观点在一起交流碰撞的氛围。尽管有的时候,文化语言的多元会带来效率的低下,但是每一个深处其中的人都会持久地信守这一属于澳门的特征。正是由于多元和开放,澳门高校内部的人才培养方式才能多种多样,不同的学科可以按照自身的特点寻求国际权威机构的质量认证,而并不是以所谓统一的、量化的、程序化的标准对专业人才培养质量加以衡量。开放的氛围使外部先进的教育理念、方法能很快为高校所接受,并且在高校之间迅速传播开来。

(二)外部依赖

澳门学者曾经对微型经济体做过精确的描述:"产业对外存在较大依赖性,外围经济的商业周期明显地影响着'微型经济'的发展。"③ 正因如此,当外部经济流动性发生变化的时候,澳门"一业独大"的博彩业必然受到规律性的影响。教育的规律与经济有所不同,由于教育的长远效应,其整体效果的变动不会在短时间内体现,所以教育的外部依赖性更容易体现在政策、任务、课程、技术等方面的推广上,也就是马克·贝磊教授为澳门特区政府所做高等教育策略发展报告时提及的"推广效应快"的特点。

开放的氛围使高校易于接受外部先进的理念和经验,而快速反应的特点则让每一所高校能够在外在环境的迅速变化中捕捉到敏感的信息,并由此形成适合于自身特点的培养机制。在质量保障上,高校能够主动接受国际权威机构的质量认证,加入国际质量保障网络,建立便捷易行的信息反馈网络。在课程建设上,学校更容易抓住当前政策的热点,开办适合于澳门经济文化发展的课程。例如,配合国家"一带一路"倡议及澳门"一个中心,一个平台"的发展定位,有高校很快就推出中国与葡语系国家经贸关系、国际汉语教育学士学位专业以及培养澳门中小学师资的葡语学士学位专业,走在经

---

① University of East Asia. The Charter (1981) [R]. Macau: Ricci Island West Limited, 1981.
② MELLOR B. The University of East Asia: origin and outlook [M]. Hong Kong: UEA Press Ltd., 1988: 117.
③ 杨允中,等. 微型经济与微型经济学 [M]. 澳门:澳门大学澳门研究中心,2006: 15.

济社会发展的前沿。在培养学生上，高校更容易发现学生的需求，在师生间、管理机构和学生之间建立互通有无的操作平台，让学生在课堂内外都可以获得丰富的学习体验。在政策推行上，一些符合社会迫切需求的政策诉求能够得到迅速的推广。例如在回归前，澳门大学承担了为本地培养高级紧缺人才的重任，在两年的时间里通过成立法学院、中葡课程、公共行政课程，改变学制和学术体制等措施迅速完成了这一紧迫的政策诉求，其革新推广之快在世界范围内也属罕见。

（三）边际效应与自我保护

边际效应是经济学上的概念，如果应用在其他社会科学中，是指行为的后一单位量与前一单位量相比所产生的效用。经济学通常认为，边际效应呈现递减规律。由于澳门是一个微型社会，所有与边际效应相关的行为都会被放大，有时甚至会产生根本性的影响。如果套用经济学上的效应递增或递减的说法，那么，将澳门任何一种社会行为的边际效应归因为"变化率高"，即很容易达到饱和或缺失状态。

澳门有10所高校，每一所高校都有自己的发展愿景和定位目标，但是这并不能保证澳门各所高校的人才培养课程能够完全错位发展，很多课程依然是重复开设的。对于澳门这样一个微型社会，市场的容量是一定的，高校培养的人才很容易达到饱和，边际效应呈现加速递减的趋势；而当发现一个新经济增长点的时候，高校也会立刻开设新的课程予以配合，此时教育的边际效应则是加速递增。同时，澳门是一个拥有高度行政自治权的微型社会，属于典型的"麻雀虽小，五脏俱全"。社会各界人士都有普遍的共识：任何事情都要首先满足澳门本土的利益，如公立学校仅能招收少量的外地学生，以避免对本地学生就学、就业的冲击。久而久之，教育、文化、经济、就业等方面都形成一种利益上的自我保护。边际效应的加速变化与利益上的自我保护相结合，其结果就是高校的人才培养更容易陷入两难之境。

前述提及，澳门的推广效应较快，但这是针对政府、社会迫切的利益诉求而言的，相反，那些没有直接摆在政府、高校及社会面前的矛盾、问题则会在自我保护的利益需求下被一再拖延。澳门从高校创立伊始，就习惯于关注社会的即时利益需要，而忽视长远的利益诉求。在当前经济步入新常态的背景下，高校的人才培养也应多从边际效应和长远利益的角度考虑未来的发展。

三、澳门高校人才培养的主要特色

澳门共有10所高等院校，每所高校都有自己的发展定位。在人才培养模式方面，高校之间有着一些共同之处，但在地域开放及文化融合的影响下，也形成了不少与众不同的发展特色。以下主要选取3所高校（2所公立、1所私立）为例，介绍澳门高校人才培养的特色所在。

（一）澳门大学："四位一体"的全人教育

2009年6月，经全国人大常委会批准，澳门大学得以在临近的珠海横琴岛新建校区，这一"横琴决策"无疑对澳门大学矢志成为"国际公认优秀学府"的目标起到极大的推动作用。搬迁至新校区之后，澳门大学高度重视本科学生的培养，提出以"自知"为本位的教育目标，适时启动了"四位一体"的全人教育模式。"四位一体"包括专业教育、通识教育、研习教育、社群教育，是将学科内外、课上课下、教学研究、生活学习、人与才的培养全面结合起来的一种教育模式。澳门大学在十年发展策略中提出："到2016—2017学年，将'四位一体'的教育模式全面制度化；到2021—2022学年，这种有效而独特的教育制度及已建立的校园文化将会实现。"

"四位一体"模式中的专业教育和通识教育是人才培养计划中的重要组成部分，是培养"既专且博"人才的学科保证。研习教育，顾名思义，指的是将研究和实习融入学生学习中的一种教育形式。研习教育的理念认为：人类的知识积累、发展不仅仅通过传承和解释，更重要的部分还有创新和实践。一般知识的创新通过学科教育也能获得，然而真正启发人类智慧、开拓人类思想的创新必须与研究、实践结合起来。所以，澳门大学研习教育的重点在于为本科阶段的学生提供一切可能从事科研和实习的机会，如本科学生加入教授研究的课题、提前选修研究生的专业课程、开设授予学分的实习课程等。在澳门大学的一些重点研究领域，如微电子学科，鼓励本科学生参与到高精尖的科研体系中来，学生的研究成果也在高级别学术刊物或顶尖国际学术会议上发表；在一些社会科学的专业改革中，针对研习教育的要求，专业学习计划也做出相应的修改，增加了"研究论文"及"研究与实习"等必修课程。

社群教育的平台来自澳门大学一直以来努力推行的住宿书院制度。住宿书院旨在为学生营造一个小型的、紧密互动的生活环境，不同年级、不同族群、不同课程的学生组织、生活、娱乐在一起，互相学习，互相激励，共同成长。2014—2015学年，澳门大学同时启动8所书院，包括曹光彪书院、郑裕彤书院、蔡继有书院、霍英东珍禧书院、吕志和书院、满珍纪念书院、绍邦书院及何鸿燊东亚书院。鉴于书院文化的形成需要一个循序渐进的过程，当前的书院制度要求学生完成住宿、高桌晚宴、书院活动、领导与服务、电子服务以及通识科目等要求，其中的书院活动"采取课程化的规划方式，为本科生提供体验式的书院学习,在设置课程及活动时包含五大能力要求:健康生活、人际关系和团队合作、领导与服务、文化参与以及具有国际视野和爱国情怀的公民"①。

澳门大学的全新教育模式是以体验为核心的,让学生无论在课上课下、学科内外、生活餐宿中都能将学术知识、能力、人际沟通技巧、多元化兴趣和社群归属感等方面紧密联系起来。书院采取课程化的规划方式为大学本科学生提供"体验式书院学习",亦即"做中学",将知识付诸实践,在实践中学习软实力。② 从 2015—2016 学年开始,澳门大学将星期三定为"Collegiate Learning Day"(博学日),鼓励学生投入各种社群活动,学习课堂以外的知识。澳门大学校长赵伟指出:每逢星期三不设正规课堂讲授,取而代之的是由学院、住宿式书院及相关部门携手举办的不同活动等,以实现澳门大学"四位一体"教育模式中的研习和社群教育,通过体验式、全天候、多角度的学习模式培养多元人才。

(二)澳门理工学院:多元认可的质量保障

澳门理工学院是 1991 年从东亚大学分立出来的 3 所高校之一,属于公立、多学科、应用型的高等学府。长期以来,澳门理工学院坚持"小而精、小而美、出精品"的发展理念,始终将本科学生数控制在 3 000 人左右,课程内容着重应用学科和行业技术,培养的学生多次在国际、国内及地区范围内获得大奖。

澳门理工学院的人才培养是以质量保障体系的建立为依托的。在澳门外部的院校评审机制尚未建立之时,澳门理工学院就已经开始对外寻求国际权威学术评鉴机构——英国质量保证局(QAA)对澳门理工学院的评审。经过多年的积累与努力,2014 年,学院在学术水平、学生学习机会、教育信息、教学质量提升等四个方面被给予"Confidence/充满信心"的评价,成为亚洲第一所成功通过 QAA 院校评鉴的高等学校。2015 年和 2017 年,澳门理工学院因为教学质量保障方面的突出表现,连续被亚太地区教育质量保障网络组织授予"亚太教育质量奖",在澳门高校质量保障方面起到表率作用。

按照 QAA 质量评审的要求,澳门理工学院人才培养始终坚持以学生为中心、以多元化认可体系为支撑。首先,保持院校发展目标、毕业生特质、专业预期成效及每一门课程预期学习成效的一致性,使学生对自己未来在知识、能力、技能及态度等方面的预期学习成效有着清晰的认识。其次,新专

---

① 澳门大学 2014—2015 学年工作报告。
② 程海东. 体验式学习模式培养学生软实力 [J]. 澳门新语,2015 (13):6-11.

业的开设须结合 QAA 公布的《学科基准声明》及专业规范，并在专业发展、课程检视、学生考评等多个范畴引入外部评审机制，保证各教与学环节符合国际标准。再次，提高学生的参与度。一方面在学科层面的教学检视委员会中要有学生代表的参与，另一方面在师生之间、学生与管理机构之间建立恒常的沟通对话机制。然后，提供高质量的学习机会。澳门理工学院遵循"中西融通、普专兼擅"的校训，重视工作实习、服务学习、研究学习、校企协作、海外交流等教育形式的作用，拓宽学生的学术视野，让学生获得真正能够配合其课堂学习的各种体验。最后，提倡学科专业的多元发展。在学科层面，澳门理工学院鼓励任何具有特色的人才培养形式，让有助于提升学术水平、优化学生学习机会的措施和做法更有效地得以推广。到目前为止，各学术单位的专业已经通过了诸如英国工程技术学会、澳洲会计师公会、英国公认会计师公会、美国电子商务协会、新西兰大学学术质量评鉴局、葡萄牙高等教育评估认可局、中国台湾高等教育评鉴中心和中国香港学术及职业资历评审局等多个国际或中华地区学术评审及专业组织的专业评鉴。正如有评鉴专家组给出的评价一样："澳门理工学院已建立管理架构及流程、质量保证系统及持续改善课程运作的机制。"①

澳门理工学院从成立发展至今，一直践行着服务澳门本土的信念，人才培养模式也非常贴近澳门微型社会的特点，尤其是面对学生的时候，能够具有回应学生的诉求、意见的灵活性和热诚，最终的学术经验也在学院及不同的课程层面获得了国际权威评审机构的认可。

（三）澳门科技大学：依托研究的培养体系

澳门科技大学是澳门回归以后设立的首间私立综合性高等院校。作为私立大学，澳门科技大学的招生范围不受限制，可以招收较大比例的本地以外学生。处在澳门这样一个微型地域，澳门科技大学一方面加大对澳门本土的服务力度，另一方面积极对外拓展生源空间，通过提升院校的科技、文化品位来吸引生源。

专业设置方面，澳门科技大学注意点与面结合的人才培养方式，既强化覆盖面广的专业人才培养整体效应，又注重依托强势学科构建的"首尾贯通"、一条龙式的教育培养体系。近年来，澳门科技大学将大学的品位定位在高水平的学术研究上，经科技部同意，在澳门设立全国中医药领域唯一的中药质量研究国家重点实验室以及粤澳于珠海的横琴岛共同推动创建"中医药科技产业园"，未来还考虑建立澳门中医药大学。研究上，澳门科技大学

---

① 理工课程通过国际学术评审［N］．澳门日报，2017 - 02 - 02．

致力于基础研究、临床研究、产品研发与生产等"一条龙"发展,大学基金会于 2006 年建立了"澳门药物与健康应用研究所",建立了适应中药新药及保健品研发的一系列研究设施,按照国际标准制定了一系列的中药制成品和食品安全性检定标准,获得澳大利亚及香港的权威认证,同时依托横琴产业园区推动中医药研究成果的产业化,特别是发展中药保健品生产。

卓越的研究必然反哺教学。建立在中医药学科发展的基础上,澳门科技大学继续打造中医药"卓越课程"及品牌专业,强化教学与研究领域的契合。澳门科技大学中医药学院具有完整的中医药人才培养体系,从中医学学士、中药学学士、生物医学学士到中医学硕士、中药学硕士、中西医结合硕士,再至中医学博士、中药学博士及中西医结合博士,整个体系不仅注重知识、理论、实践体系的连贯性,而且在夯实中医药理论的基础上,能够结合一定比例的西医学知识。澳门科技大学注重训练学生的临床思维、辩证思维和实践能力,在部分临床科目和实验科目增设了见习安排,创造机会让中医/药学的学生参加西医诊断学临床见习,在中医药人才培养领域适当地融入西医的元素。

从整体上看,澳门科技大学拥有一些具有国内外影响力的优势学科,而人才培养的重点也能够与研究有机结合起来。例如,依托中医药"一条龙"式的学科建设,中医药及中西医结合的人才培养体系已经趋于完善。这种将"质量"与"创新"相结合的发展理念使澳门科技大学的总体实力得以提升。

四、微型开放系统中澳门高校人才培养的几点思考

澳门高校处在微型社会中,无时无刻不受到微型社会特征的影响。澳门是一个开放及多元的社会,澳门高校与外界之间有着经常性的文化、人员、技术和信息方面的流通;澳门也是一个对外依赖的社会,高校习惯于吸收利于自身发展的外部有益经验;澳门还是一个敏感的社会,高校所发生的许多教育行为都可能为社会带来显著的影响。所以,构建澳门高校的人才培养体系,不仅要抓住人才培养的一般规律,而且要深入体会和研究澳门作为微型社会的特征。

(一)学习共同体:微型培养体系的想象之源

学习共同体(learning community)是学习者在价值认同下交流互动的一

种学习模式，其内涵是公共性、民主性及卓越性。① 实际上，高校之所以存在，并不仅仅是因为教学和研究的需要。教学可以通过网络和书籍，研究也只需要拥有人员、思想和设备，所以高校存在还有一个重要的价值就是提供了一个可供师生、生生之间交流的平台，并由此激发教师和学生的想象力和创造力。想象力使人们在面对新世界的时候，能够构筑出一个充满智慧的视角，并通过展示令人满意的效果而保持生命的热情。②

澳门高校整体规模偏小，开放灵活。澳门大学作为澳门高校中的领头羊，率先采取了社群教育的培养方式。在澳门高校内部构建学习共同体可以包含两个层面：一是要形成真正以学生为中心的校园文化，其中包括了关注学生长远利益，如为学科设立相应的标准，并让学生对所在课程的各项要求有着清晰的认识；关注学生的利益诉求并提供回馈渠道；为学生提供丰富的学习机会、实践保障；让学生能够充分体验多元文化的魅力所在，等等。二是要通过制度建设把好的学习共同体教育形式固化下来，如合作学习兴趣小组、师生共同申报科研课题并合作研究、班级导师制等。实际上，当前澳门某些高校已经存在少许学习共同体的形式和内涵，只是需要进一步将其制度化，尊重多样性，最终形成一切以学生为中心，让学生有着丰富想象力及不断追求卓越的文化氛围。

（二）资源共享：微型培养体系的强大之源

澳门高校的资源比较充足，尤其在中央提出澳门大学要争创世界一流大学的目标后，澳门特区政府的投入更是不遗余力。然而，微型社会有一个显著特征就是边际效应的变化率大，加上澳门产业的特征，几乎所有高校都开设了旅游、商业、管理等课程，导致高校内部的教育资源重复配置。此外，澳门高校的规模较小，从整体看来，每一所高校内部的服务、硬软件资源的配置容易出现浪费或不足。

当前，在世界范围内有着加强院校之间联合的趋势。以美国的文理学院为例，同样具有规模小、高选择性、寄宿制等小而精的特征，文理学院也在不断转型，寻求资源配置的最优化。比如，克莱蒙特学院就是由5所独立的本科学院和2所研究生大学组成的"独立联合体"。"各个学院之间开展十分灵活的合作和协调活动，主要集中在学术性的教学和研究方面。这些合作由克莱蒙特学院联盟予以协调。……克莱蒙特7所学院各有自己的价值观、课程和研究追求重点，但是7所学院在同一个校区协作发展，向世人展示了一

---

① 佐藤学. 学校的挑战：创建学习共同体 [M]. 钟启泉，译. 上海：华东师范大学出版社，2010：3.
② 怀特海. 教育的目的 [M]. 庄莲平，王立中，译. 上海：文汇出版社，2014：125.

个与众不同的、成就卓越的大学发展模式。"① 这种模式无疑为澳门高校的人才培养提供了一种参考。澳门地域狭小，完全可以在澳门大学之外建立一个由其他几所高等院校组成的"合作联盟"。联盟高校依然各自独立运作，并拥有自己的发展使命和愿景，但教育课程、资源信息、活动安排等可以共享，相当于每一所院校都同时拥有几所高校的资源。政府的作用则是建立由合作院校代表组成的协调委员会，在关键问题上协调统一意见。资源共享一方面可以使院校共同体内部资源配置更加合理，院校间优势互补；另一方面还可以通过强大的资源优势使其他院校和澳门大学比翼齐飞、相互竞争，培养卓越人才。

（三）特色引导：微型培养体系的创新之源

澳门拥有 10 所高校，每一所高校都将特色作为立校之本，从前面谈及的 3 所高校人才培养的特点也能够看出这一点。然而，无论是"四位一体"，还是国际认证和依托于重点学科的培养，都是在描述同一类教育模式，而针对微型社会的特点，课程方面的人才培养更需要以特色为引导。首先，人才培养既要"随行入市"，又要"仰望天空"。回归以来，鉴于澳门的产业特征，高校人才培养的适应作用远远超过了引领作用，专业培养人才只是定位于市场的需求，而当博彩业收入大幅滑落的时候，无疑让我们再一次思考产业多元的重要性。高校不仅要培养产业多元化的人才，更重要的是要以特色引领产业的发展，引导政策的走向。如果说人才培养的适应性让澳门经济快速增长了近 20 年，那么人才培养的特色引领则会创造性地拓展澳门经济的新局面。其次，要广泛开展国际合作人才培养。澳门拥有"一国两制"的制度优势，还有作为"一个中心，一个平台"的发展定位，高校应该充分利用这些优势和目标，探索与我国内地高校、葡萄牙高校合作办学的机会，在现有中葡教育合作成果的基础上，拓宽跨文化培养人才的思维。以澳门高校目前的葡语人才培养经验为参照，结合澳门作为中葡合作交流平台的优势地位，发挥出合作培养人才的创新示范效应。

当我们描绘澳门高等教育整体布局的时候，习惯上认为高校需要差异化、错位式发展。然而，澳门高校形成的过程既具有历史的因素，也有现实利益的诉求，每一所高校并不可能完全按照规划者理想的布局践行人才培养的方略。所以，即使各所高校开办同一个专业或者相近的专业，也一定要真正办出自己的特色，在专业引领和国际合作上多下功夫，从错位式、差异化人才培养转向

---

① 李延成. 克莱蒙特学院联合体：一种独特的联邦制高等院校模式 [J]. 外国教育研究，2002，29 (10)：52 - 56.

真正的特色型人才培养，为澳门高等教育的持续发展提供契机。

第二节　澳门教师教育的发展历程研究

澳门自 16 世纪中叶开埠至今，已有 460 余年的历史。长期以来，澳门的教育系统大体可以分成三个部分：公立的中葡学校、源自耶稣会的西式天主教私立学校以及华人于近现代创办或迁移而来的其他私立学校。近代以来，澳葡政府对于公立学校的教师，会强调一定的入职资格，而对于占澳门基础教育主体的私立学校，则采取"放任自流"的态度，缺少对师资系统化的培养。所以，澳门的教师教育经历了一段自主发展的过程，尤其是近现代以来，澳门教师的培养虽然长时间缺乏外部的滋润，但伴随着公民社会对于教育的期望，也在细微之处生根发芽。

一、澳门教师教育的发展历程

众所周知，传统的教师教育一般可以分成三个阶段：职前、入职和在职，其中职前和在职阶段又是教师教育的关键环节。在澳门，20 世纪 60 年代以前并不存在政府举办的师范培训，而在私立学校内部针对小幼教师职前和在职培养至今已有 80 年的历史。整个教师教育的发展历程也依次可以划分为以下几个阶段，需要说明的是，这几个阶段并非以明显的时间范围为节点，而是按照大体的先后顺序，以出现的教师教育形式和体系的构建作为划分标志。

（一）中学内部附设师范科培养教师

20 世纪中后期，世界各地中等学校发展迅速，但师资的供给却总是跟不上学生增加的速度，所以，很多学校不得不使用未经系统培训或者不具备资格的人士担任教职。[①] 澳门亦是如此，由于长期以来缺乏对教育的重视，政府对于中途兴办的学校常常忽视教师资格的要求。许多中小学教师一般由本地的中学毕业生担任，这些毕业生没有接受过师范训练，尤其是高等师范训练。[②]

随着教育事业的发展和教育实践的证明，大家普遍认为：教师不仅要具备良好的文理知识，而且还应具备教师职业方面的知识和能力，需要接受教

---

① DOVE L A. Teachers and teacher education in developing countries: issues in planning, management and training [M]. London: Croom Helm, 1986: 177.
② 傅洁玉，等. 教师教育的回顾与前瞻 [C] //古鼎仪，马庆堂. 澳门教育：抉择与自由. 澳门：澳门基金会，1994: 102.

师职业的专门训练，才能适应社会发展对培养合格师资的要求。① 澳门私立教育在发展进程中，也越来越感到教师来源的紧缺和师资培训方面的不足，从 20 世纪 30 年代开始，相继在中学内部开设了不少的师范课程。表 2 列出了不同学校首次设置的师范类课程。②

这些学校开设的师范课程一般要求入学资格为初中毕业，而德明中学开设的幼稚园特别师范科，则招收女高中毕业生。20 世纪 70 年代以前，中学附设的师范科大多以培养幼稚园教师为主，少数也开设普师类课程，培养小学教师。由于澳门属于微型地区，开放、流动性较大，1950 年以来，本地以外的教师（主要是来自中国内地）会移居澳门，这些教师大多本身已经具备相当资格，对澳门的中小学教育起到重要的补充作用。

澳门中学内部开设的师范科，大多参考本地以外师范科的办学经验，学习内容结合澳门的实际情况，由简易逐渐趋于正规化。以办师范科已有 60 余年历史的圣约瑟中学（1979 年改为圣约瑟教区中学，以下简称"圣中"）为例，1952—1953 学年开设的"幼稚师范科"课程已经比较成熟（见表 3）。

表 2　澳门不同中学内部首次设置师范课程情况

年份	师范课程	年份	师范课程
1938	协和女子中学幼稚师范课程	1953	德明中学幼稚师范科
1938	执信女子中学附设师范班	1965	官立葡文小学师范学校
1951	圣约瑟中学简易师范科	1966	圣约瑟书院中文部特别幼师科
1952	濠江中学简易师范班	1967	圣公会蔡高中学幼稚园师范班

表 3　1952/1953—1957/1958 学年"幼稚师范科"课程安排

学科	国文	算术	历史	地理	保育法	劳作	美术	体游	音乐	乐理	教学法	幼稚园行政	国音	教育概论	教育心理	体育	实习	理化	要理
年限	2	1	1	1	2	2	2	2	2	1	1	1	1	1	1	2	1	1	2
课时	5	2	2	2	2	2	3	2/3	3/2	2/3	3/2	2	3/2	3/2	2/1	6	2	1	

资料来源：老志钧. 澳门圣约瑟教区中学的师范课程［C］//张伟保. 澳门教育史论文集. 北京：中国社会科学出版社，2009：218.

---

① 罗正. 教师教育［M］. 长春：吉林教育出版社，2000：27 - 28.
② 刘美冰. 澳门教育史［M］. 澳门：澳门出版协会，2007：219 - 220.

圣中的师范课程因为其历史久远且中途从未间断，故在澳门教师教育的发展中独树一帜，也是中学内附设师范科培养小学、幼儿教师的典范。1988年，圣中与当时的教育暨青年局、澳门大学教育学院达成共识，圣中"夜间特别师范科"的师范毕业生按有关条件（如教龄、面试等）可修读澳门大学教育学院高等专科（小学教育）第三年增修课程。应该说，在澳门高等师范教育尚未出现的阶段，圣中及其他开办师范科的中学为澳门小学、幼儿教师的培养，以及在社会中形成教师教育的意识，起到了非常重要的作用。

（二）澳门内外高等教育机构开设师范课程

澳门中学内部开设的师范课程，主要培养小学、幼儿教师，最多是中等师范教育的层次，尚不能满足许多中学教师培训、提高、进修的要求，所以，澳门迫切需要提升本地教师的素质。从澳门教师教育发展的历史来看，高等教育机构开办师范课程也并非近30年的事情。据刘羡冰记载，1949年前后，多所大学迁到澳门开设了教育系或师范课程，例如，由内地学者跨港澳而创办的华南大学在澳门的文商学院中开设了社会教育系，应该是澳门高等教育专业课程之始。[①] 其后，1949年越海文商学院办教育学系；1950年中山教育学院开特别师范夜班；1950年华侨大学设高等师范科。几所高等教育机构限于生源和澳门特殊的社会条件，均属昙花一现，高等师范课程很快就已停办，对澳门师资培训影响较小。

1981年，澳门建立东亚大学，教育体系初步形成，但是澳门的高等教育师范课程却迟迟没有开设。许多在岗教师的学历和专业化程度较低，而先前培养和迁移来的中学、小学、幼稚园教师很多也在不断地流失。在这样的背景下，澳门教育暨青年局、澳门中华教育会与内地华南师范大学合作的教育专业（澳门地区）函授专科班于1985年3月开学，录取澳门中小学在职教师166人，实际注册141人，占全澳教师总数的6%。同年11月，华南师范大学与澳门业余进修中心合作开办中文专业函授本科班，招收在职教师及社会人士137人入学。[②] 以上两个课程后期都得到了延续，教育专业函授专科班又于1989年增办两年的本科补充课程以及于1990年直接开设了五年制的教育专业本科课程。截至回归前，华南师范大学教育专业（本、专科）课程合计为澳门培训中学、小学、幼儿教师近1 500人，占澳门教师总数的近50%。

1987年《中葡联合声明》的签署，标志着澳门开始进入回归过渡期，

---

① 刘羡冰. 澳门教育史 [M]. 澳门：澳门出版协会，2007：222.
② 冯增俊. 澳门教育概论 [M]. 广州：广东教育出版社，1999：232.

需要大批"澳人治澳"的专业人才，而培养人才的重任，又需要大批受过专业训练的教师去承担。于是澳门政府推动东亚大学在 1987 年 10 月开设了教师专业训练二年制课程，主要目标是培养澳门的幼稚园和小学教师，并致力于在 20 世纪 90 年代中期，使澳门中小学及学前教育的教师全部达到专业化。[①] 东亚大学的教师专业训练课程主要参照香港大学教育学院建议的模式，结合澳门的实际情况，课程体系分成四个部分：必修课、选修课、导修课和教学实习。其中，必修课（46 学分）包括教育理论科目及教学法科目；选修课包括专修葡文（10 学分）、普修基础学科及普修兴趣科组（10 学分）；另有导修课（8 学分）及教学实习（16 学分）。首两年的教师专业（文凭）课程分别于 1989 年、1990 年毕业，在职培养小学、幼儿教师共计 100 人。1988 年，澳门政府通过基金会收购了东亚大学，开启了公立大学的历史。1989 年 9 月，东亚大学正式成立教育学院，即期开设职前教育文凭课程（小、幼）和高级教育证书课程（小、幼），其中后者为一年补充课程（与圣中夜间二年师范科相衔接），获得证书的教师达 63 名。

（三）通过立法建立完善的教师教育体系

20 世纪 80 年代，澳门教师教育体系已经初步形成，圣中夜间特别师范科、华南师范大学教育函授班、东亚大学教育学院成为当时澳门教师教育的三支重要力量。进入 90 年代，澳门教育游离在法律之外的状况得到有效改善。1991 年高教法明确规定"教师培训应按照本地区的需求及资源，具备多种、灵活及多样的方式，并包括职前培训、在职培训及延续培训"，而且职前培训的"幼稚园教师及小学教育教师的培训在教师培训学校进行，入读者最低限度须具备高中毕业学历；中学教师的培训在透过给予学士学位课程的高等教育机构进行，入读者最低限度须具备高中毕业学历"。

澳门高等教育制度的颁布为澳门教师教育注入了活力。20 世纪 80 年代，华南师范大学、东亚大学教师训练课程仅仅为澳门教师提供专科课程，而 1991 年以后，东亚大学主体转为澳门大学，开始逐步提升澳门教师培养的层次，提供在职教育学士课程（小、幼）、教育学士课程（中、英、理）及学位后教育证书课程。华南师范大学也同时为原先的教育专业函授专科班补办两年的本科课程，后又直接开办五年制的本科课程。经过长期的培训，澳门教师短缺及不符合资历的状况得到明显改善。1996 年统计的符合基本资历的教师占全澳教师的比例分别为：幼儿教师 86.7%、小学教师 81.9%、中学

---

① 林达光. 林达光校长在东亚大学教师专业训练课程成立典礼上的致辞 [R]. 澳门：东亚大学，1987 – 10 – 14.

教师89.5%。① 并且伴随着1996年《私立教育机构之教学人员通则》的发布，全澳教育界逐渐形成一种"教育培训既是权利，又是义务"的意识。为了使澳门教师教育的多样、灵活趋于法制化，澳门政府又于1997年颁布了第41/97/M号法令，制定培训幼稚园及中小学教师的法律制度，在原有职前培训、在职培训、延续培训的基础上，增加专门培训的章节，完善了教师教育体系的内涵。20世纪90年代后期，政府在保证澳门大学教育学院、华南师范大学、圣中所进行的教师职前和在职培训以外，还重点与澳门大学、澳门理工学院以及高等校际学院合作举办一系列的教师延续培训活动，如教育暨青年局与澳门大学教育学院合作的"教师暑期延续培训活动"；对受欢迎的电脑普及培训广开渠道，为教师提供更多的学习机会；② 邀请本地和海外的专家学者举办讲座和研讨会。而在专门培训项目上，则连同高等院校开设诸如学校行政培训、普通话培训、学校辅导教师培训、成人教育教师培训课程等。③

澳门回归祖国以后，教师教育的发展步伐加快，四种培训并存的教师教育方式也已趋于成熟。2006年12月，澳门政府颁布了《非高等教育制度纲要法》，该教育法与世界教育制度接轨，在第八章第四十一条提出了"专业发展"的概念，认为教学人员需要"通过参与培训、自主学习、研究和实践等多种途径，以灵活的方式"实施专业发展；职前和在职培训则是帮助修读者获得专业资格、专业培训及证明的教育方式。回归前后，澳门承担教师职前与在职培养的高教机构又增加了3所：澳门理工学院、圣约瑟大学（原高等校际学院）、台湾天主教辅仁大学（与圣约瑟教区中学合作）。为了不断提升澳门非高等教育领域教师的专业素质，教育暨青年局又与各高等院校合作，资助本地在职教师修读教育学位及证书课程学费的80%，上限为每学年20 000元。资助院校课程见表4。

---

① 简燕萍. 澳门的教师培训 [C] //陈既诒. 澳门回归祖国后教育发展路向学术研讨会论文集. 澳门：澳门教育界庆祝澳门回归祖国活动委员会，2000：220.
② 杨凤玲. 澳门教师继续教育路向的探讨 [J]. 高等师范教育研究，1999（5）：74-80.
③ 简燕萍. 澳门的教师培训 [C] //陈既诒. 澳门回归祖国后教育发展路向学术研讨会论文集. 澳门：澳门教育界庆祝澳门回归祖国活动委员会，2000：222.

表4　澳门教育暨青年局所定的可接受学费资助的课程

院　校	课　程
澳门大学	学士后教育证书课程（日间）
	学士后教育证书课程（夜间）
	小学教育学士学位补充课程
	幼儿教育学士学位补充课程
澳门理工学院	音乐（教育专业）学士学位补充课程
	视觉艺术（教育专业）学士学位补充课程
	体育及运动学士学位补充课程
华南师范大学	一年半（中学教师）师范专业文凭课程
圣约瑟大学	学位后教育文凭课程（中学教育）
台湾天主教辅仁大学	培育中学教师师范专业文凭课程

资料来源：澳门教育暨青年局，http://www.dsej.gov.mo/.

经过推行一系列有效的政策、措施，澳门的师资状况有了较大幅度的改善。2012年3月，具有标志性意义的《非高等教育私立学校教学人员制度框架》（以下简称《私框》）法规出台，明确定义了幼儿、小学、中学、特殊教育教师的任职资格。《私框》的出台与澳门教师教育中的职前与在职培训紧密相连，也使得澳门教师的培养形式和资格以法律的形式呈现出来。以澳门大学为例，目前澳门大学教育学院的各类教师教育课程已经形成多层次、全方位、学历培养与资格培养相结合的体系（见表5）。

表5　澳门大学教育学院开设课程概况

课程/专业	目　标	修读年限
博士学位课程 教育学专业	培养教育学理论与实务的高级研究人才	3年
硕士学位课程 1. 教育行政专业 2. 教育心理专业 3. 学校辅导专业 4. 课程与教学专业 5. 体育教学及运动专业 6. 幼儿教育与人类发展专业 （教师专业/非教师专业）	为教育专业人员提供高阶培训	2年

续上表

课程/专业	目 标	修读年限
学士后教育证书课程（日间）	为持有非教育学学位的中学教师提供培训	1 年
学士后教育证书课程（夜间）	为持有非教育学学位的中学教师提供培训	2 年
学士学位课程（中文/英文/小学教育/学前教育）（日间） 1. 中文专业 2. 英文专业 3. 小学教育专业 4. 学前教育专业	1. 培养中学中文科/英文科教师 2. 培养小学/幼稚园教师	4 年
学士学位课程（二年制补充课程）（夜间） 1. 小学教育专业 2. 学前教育专业	为在职小学/幼稚园教师提供培训	1 年
教师延续培训课程 依实际需要开设全年/暑期培训课程	为在职教师及教育从业人员提供延续培训	—

资料来源：澳门大学教育学院，http://www.umac.mo/fed/.

在延续教育和专门培训的教师专业发展方面，澳门教育暨青年局每年都主办或协办大量的专业讲座和研讨活动，内容涉及专业修养、科学、生活、文体健康、文化遗产、资讯科技等，以及与内地合作，从 2004 年开始派遣各个学科的教师赴内地知名高校参加骨干教师培训班、校长培训班等；澳门理工学院亦与中华教育会、部分中学在师资培训、交流方面进行合作，提供普通话、英文、葡文和艺术等课程的培训；部分学校内部为本校教师进行校本培训。2006 年，北京师范大学教师教育研究中心课题组受澳门教育暨青年局的委托，开展澳门教学人员专业发展状况的研究，结果发现澳门教师专业发展的整体状况良好，但各个维度的发展不平衡，许多教师在教育理论如何与具体的教学实践相结合、把握教育本质、教学反思与教育研究能力等方面有待提升。① 《私框》则在制度上有力回应了当前教师专业发展的状况，提出教师的晋升必须具备相应的教师专业发展时数，并且鼓励教师进行教学研究，攻读高一级学位，以获取提前晋升。经过长期的努力，澳门教师教育在立法的过程中逐渐形成职前培训、在职培训、延续培训和专门培训相结合的教师专业发展体系。

二、澳门教师教育发展的特征

（一）教师教育发展的灵活性和多样性

澳门是一个多元文化的微型社会，在教育发展的任何一个方面都具备灵活和多样的特点。首先，从教师教育的主体来看，有着历史留存的中学主办之师范科、政府与外地高校（如华南师范大学）合作的教育课程、中学（圣约瑟教区中学）与外地高校（台湾天主教辅仁大学）合作的教育课程、本地高校主办的教育课程以及政府举办的大量的培训讲座和教育活动，这些琳琅满目的教育课程和活动至今仍然并存。其次，日间与夜间课程相结合。一般来说，职前教师培训基本上在日间进行，而在职教师培训则采取夜间授课的形式。澳门是个狭小的地区，拟修读教育培训课程的在职人士，往往喜欢夜间授课的形式，这样能保证工作和学习两不误。由于教师紧缺，中学内部也普遍存在类似的观点：为了不影响接受培训的在职教师任教学校的校务运作，应酌情考虑将日间进修改为夜间课余进修，采用周末面授并严格考试，以审定毕业资格。② 最后，教师教育机构的职能多样化。许多教师教育的培训机构既进行教师的职前培养，也针对教师在职培养，还有针对性地为教师举办专业培训，功能多元，充分发挥师资、设备资源的潜力。③

（二）通过立法保证教师教育的规范化

澳门基础教育是一个以私立为主体的教育体系，但是私立教育却长期徘徊在政府管治的视野之外，澳葡政府对教育的长期放任，使得澳门的教育得不到规范化的指引。1991 年高教法的颁布改变了这一状况。法规中不仅明确了教师培训的几种形式，而且界定了教师培训机构应具备的资格以及入学者的资历要求。其后，1997 年又制定了教师培训的法律，形成四类培训并存的教师教育方式。2006 年，《非高等教育制度纲要法》正式出台，新的教育法

---

① 北京师范大学教师教育中心课题组. 澳门教学人员专业发展状况之研究 [R/OL]. (2014 - 03 - 09) [2015 - 05 - 06]. http://portal. dsej. gov. mo/.
② 陈既诒. 澳门师资训练的回顾与展望 [C] // 黄汉强. 澳门教育改革研讨会文集. 澳门：东亚大学澳门研究中心，1991：171.
③ 冯增俊. 澳门教育概论 [M]. 广州：广东教育出版社，1999：247.

特别强调教师的专业发展，将职前与在职教育的概念延伸至促进教师资质可持续提高的终身教育。2012年的《私框》则针对教师专业发展以及教师培训的权利和义务，给出具体而翔实的规定，使得澳门教师教育的发展逐渐走向体系化。应该说，教育立法对澳门教师教育的发展起到良性的引导作用。正是因为在1991年高教法中明确提出，中学教师必须由可授予学士学位的高等教育机构培养，澳门大学教育学院才在随后的课程调整中，增设了中文科、英文科等学士学位的教育课程。而2006年新教育法中提出教师专业发展的概念以后，政府又开始从教师专业化的角度倡导教师教育的发展重心。由此可见，教育立法已经成为澳门教育发展中的重要一环，并且有效引导着澳门教师教育迈入规范化。

（三）学历教育与资格教育并存的教师教育模式

澳门的教师教育起点较低，最早的教师培训是从中学内部附设师范科开始的，开始的目标也只是为本校培养幼儿师资。[①] 而中学任教的师资力量很多是从澳门以外引进或者将资深的小学教师擢升到中学任教，还有就是任用刚毕业的高中毕业生为教师。[②] 直到20世纪80年代，教师的学历教育开始以后，历史的遗留问题慢慢凸显出来。未受专科以上学历教育的在职教师和职前的学生一部分接受了圣中夜间师范的资格证书教育，而另一部分则接受了华南师范大学、澳门大学教育学院的专科以上教育。尽管圣中与政府、澳门大学达成协议，圣中的夜师毕业生可以在澳门大学修读一年，取得高等专科学位。但是仍有一部分教师（包括先前在其他中学附属师范科接受教育的教师）在很长一段时间里只有资格教育的证书，而未接受专科以上学历教育。

另外，在职前培养方面，澳门的教师培训与内地不同，内地主要是由师范大学进行各个学科的师范教育，而澳门没有师范大学，澳门大学教育学院的分科师范教育只有中文和英文两科，澳门理工学院则承担音乐、视觉艺术和体育科的师范教育。所以，先前澳门中学其他各科教师的来源有一些是来自澳门内外非师范院校的毕业生，这些在职教师以及有志于从事教师行业的非教育学位毕业生一般还需要接受学位后的资格教育（如澳门大学教育学院的学士后教育证书课程），才能符合任职教师的基本要求。这样的状况和世界范围内学历教育、资格认证相分离的措施有相似之处，但内涵并不相同。两种教育形式并存是历史的产物，但也会带来不少问题，如20世纪90年

[①] 刘羡冰. 澳门教育史 [M]. 澳门：澳门出版协会，2007：225.
[②] 老志钧. 澳门圣约瑟教区中学的师范课程 [C] //张伟保. 澳门教育史论文集. 北京：中国社会科学出版社，2009：214.

代，一些非大学毕业的小学教师被迫重新修读华南师范大学开设的五年制专业课，兼读教育学学士课程，而先前他们修读的资格证书课程的科目和学分并未获得认可。①

三、澳门教师教育发展的未来展望

（一）多元文化价值观指导下的教师教育理念

教师教育要具有一种全球化的视野，因为教学是一种文化活动，不同的教学模式代表了不同的文化观，因此在培养教师时应该考虑到文化对教师教育的影响。② 而澳门既受到中国传统文化的熏陶，又受到西方文化的影响，长期以来，已经形成开放、多元、双向互动、兼容并包的文化特色。澳门教师教育的发展也已呈现出灵活性和多元化的特征，但是在如何适应多元文化的教育模式，在课程架构和课程内容上渗透多元文化的特点方面尚显不足。一项实证调查显示，"教师有必要接受多元文化教育的培训，因为在多元文化环境中执教和在单一文化环境中工作毕竟有所不同，如果不接受专门的培训，教师可能适应不了这样的环境，随之而来的必然遇到教学上的问题和困难。教师运用单一文化环境的经验来处理问题，效果往往不尽如人意"③。事实上，澳门的教师本身就来自四面八方，学生来源和去向也非常复杂，所以教师在教育工作上必须要存在多元的意识和思想。比如，对学生多元文化背景的了解，采用多元的教学方法，兼顾不同形态的班级文化，适应不同语言学生的特点，等等。而所有这一切，都需要在教师教育中渗透多元文化的价值取向，在职前教育、职中教育、教师专业发展中开设多元文化教育的培训课程，以培养教师多元文化教育的意识，拓展实践方面的认知和技能。

（二）完善学历教育、资格教育、专业发展相融合的教师教育体系

澳门的教师教育当前是一种资格教育和学历教育并存的模式，任何具有非教育学位的在职教师或社会人士都可以通过修读澳门大学、澳门理工学院、圣约瑟大学、华南师范大学、台湾天主教辅仁大学相应的学位后补充课程，获得任教资格。这样的模式是为了适应历史遗留下来的问题，保证教师依法应该具备的资格和质量。而随着澳门教育的进一步发展，高等院校应该

---

① 李小鹏，过伟瑜. 师资培训教育 [C] // 贝磊，古鼎仪. 香港与澳门的教育与社会：从比较角度看延续和发展. 香港：香港大学比较教育研究中心，2002：62.
② 康晓伟. 21 世纪全球教师教育：发展趋势、问题及解决策略 [J]. 比较教育研究，2012（4）：87-90.
③ 田野. 澳门教师对多元文化教育的态度：澳门多元文化教育初探 [J]. 全球教育展望，2002，31（7）：41-48.

逐渐建立起教师教育也是一种专业性教育的观念，如同计算机专业、法律专业、工程专业一样。以澳门大学为例，各个专业学科的学生都可以在修读本专业的同时，在教育学院选修教师教育课程，获得相关学科的教育学位；也可在获得本专业的学士学位以后再到教育学院修读高一级的教师教育课程，获得教育硕士学位。此外，针对在职教师已有的教育资格，由澳门教育暨青年局主持建立教育资历的审核和课程内容认可机制，避免教师在职前和职后教育的衔接中，各个教师培养机构内容重复设置、资源配置不当的情况发生，努力形成教师教育的整体优势。

专业发展方面，澳门教育暨青年局已经从立法开始，为教学人员的专业发展提供必要的条件和资源，开设了大量专业培训讲座和教研活动。而从适应澳门教育发展特点的角度而言，推广校本培训是一个不错的选择。校本培训的初衷在于强化教师专业的实践性，加强教育理论与教育实践之间的联系。[1] 最为关键的是，澳门各所学校的差异很大，每所学校可以根据自己的发展目标制订培训计划，形成一种具有教师专业持续的文化及组织，这是适应"终身学习"社会至关重要的内在机制。[2] 实际上，广义上的专业发展是一个较为宽泛的概念，所有的职前培训、职中培训、延续培训、专门培训都可以看作是教师专业发展，即教师教育本身应该为教师专业发展提供支持，而教师专业发展是构建教师教育体系的一个向度。同时，澳门的学历教育和资格教育也需要构建新的教育机制，只有从多个角度来理解和发展教师教育，才能形成一个完善的、适合于澳门发展的体系。

（三）鼓励教师成为可持续的、主动的专业探究者

澳门的教师教育历经 80 年，许多教育工作者经过不懈的努力，已经做出不少的改革尝试，也形成了许多新成果，但是，当前澳门的教师教育课程仍然将教师作为一个被动的接受教育者，而教师本身也有着为资格而获取教育的心态。在针对澳门教师的访谈中，一些教师更多地关心当前的教育制度是否影响教师津贴的发放以及其他一些与教师利益相关的话题，而对教与学的理念、教育心理、教学方法等方面的发展趋势则表现冷淡，甚至很少给以回应。事实上，教师发展和社会的发展一样，都需要面对难以预测的未来，教育的有效性不在于一个人能够获得多少知识，而在于他是否能主动去获取

---

[1] 荀渊. 教师教育一体化改革的回顾与反思 [J]. 教师教育研究, 2004, 16 (4): 8 - 12.

[2] 杨凤玲. 澳门教师继续教育路向的探讨 [J]. 高等师范教育研究, 1999 (5): 74 - 80.

知识。探求取向的教育，最依赖个人的反省及主动，以作出学习方向的探求。① 奥地利施茨（Schwatz）教授也指出，教师应从教学者的角色成为一个不断反思与发展的学习者。② 所以，澳门的教师教育除去要完善体制建设以外，还要推动教师的研究和学习，以主动开展教学研习带动专业发展的进程，使教师教育真正成为促进教师资质可持续提高的教育过程。

第三节　学习共同体与澳门高校学生认知能力的培养

自中世纪以来，高校一直以传授知识、培养理性为己任。及至 19 世纪中后期，科学研究和社会服务亦逐渐成为高校的重要职能。然而，高等院校之所以存在却不仅限于履行这三大职能。学生受教育并不一定必须在高校里进行，以现在传播媒介的发达程度，学生完全可以通过前人的著述及互联网获取知识、习得技能，但是，在当前的大数据时代，高校非但没有消失，而且愈发成为诸多学子竞相奔赴之地。同样，高校也不是科学研究的必要条件，只要具备了人、财、设备，每一个拥有思想的学者都可以从事研究工作，但世界上大多数具有创造性的科研成果仍然出自高等学府，科研人员也并没有纷纷投向资金雄厚的企事业单位组织的研发机构。

由此可见，高校之所以成为高校，并不是因为其为学生提供了学习的场所和为教师提供了研究的条件，而是在高校这一象牙塔圣地中，有一群朝气蓬勃的学生和一些卓有学识的师长，他们可以在课堂内外面对共同的学习（教学）目标，充满激情地学习，在知识和热情之间搭起桥梁。当然，大学教育的环境和各种载体是不可或缺的，这更能够激发学生对于学习的热情和对知识的想象力。"充满想象力的探索将会点燃令人激动的气氛，这种气氛会带动知识的变化。……它（想象力的探索）被赋予了各种可能性；也不再是记忆的负担：它像诗人一样活跃我们的梦想，像建筑一样构筑我们的目标。"③

学生和教师共同组成的学习共同体是高校赖以存在的基石。从知识传承、发展、应用的角度而言，学习共同体已经在漫长的高校历史生涯中起到了潜移默化的作用。而人们曾经质疑高校教与学的过程，并非来自对学习共

---

① 郑肇桢. 教师教育 [M]. 香港：香港中文大学出版社，1987：284.
② 李琼，袁丽. 变革中的国际教师教育及其发展趋势：国际教师教育研讨会综述 [J]. 比较教育研究，2006（11）：90-92.
③ 怀特海. 教育的目的 [M]. 庄莲平，王立中，译. 上海：文汇出版社，2014：125.

同体合理性的判断，更多则在于学习共同体存在的方式是否能够很好地激发学生的想象力和潜在的智力，以及学习共同体内部的信念和方法是否有利于提高学生的认知能力。澳门是一个微型地域，高校内部虽然没有明确学习共同体的概念，但其培养体系中早已蕴含着生生、生师之间的紧密互动和交往。本节即是通过澳门高校内部课堂教学过程中学习共同体的质性分析，探讨共同体学习对学生认知能力培养的作用，并提出相应的扎根理论。

一、学习共同体

（一）理论背景与内涵

从直观上理解学习共同体，它可以被看作由围绕学习的参与者建构而成的群体。学习共同体有着丰富的理论基础，观念主义、实用主义、建构主义、存在主义等都为其在教育中的作用提供了养分。古希腊思想家苏格拉底、柏拉图都曾经提出过让人主动去发现知识的重要性。许多观念主义思想家还通过运用启发式学习、思辨式学习等来挑战传统的学习方法。观念主义者相信，在任何学习过程中都需要有导师的引领，学生应该理解思想而不是简单地将信息进行储存和分类。所以，他们更多地会采用研讨课的教学方式，师生之间有着大量的对话和互相启发的机会。正如柏拉图在《理想国》中所说："知识是每一个人灵魂中固有的能力，学习的过程正是为了启迪灵魂中的善。"[①] 实用主义虽然在本体论思想上与观念主义有明显的区别，但在教育方法方面却有着形式上的发展。实用主义者倡导自然、情境、行动以及经验，而这些思想主要是建立在民主和沟通的基础之上。"社会在传递、沟通中生存。人们因为有共同的东西而生活在共同体中，其共同具备的是目的、信仰、愿景、知识……围绕着目的，大家调整各自的特殊活动……一个人分享别人所思和所感，那么他对经验的态度将发生改变。"[②] 在杜威看来，沟通是个体接受教育的主要途径，它将直接扩大和丰富个人的经验。而后在学习心理学领域盛行的建构主义继承并发扬了实用主义的哲学思想，建构主义认为人总是存有先验的思维机制，但是知识的形成必然首先来自于经验，这种将唯理论和经验论结合的认识论思想来自康德哲学中对"先天综合判断"的认识。正因为人的思维是先验的，所以学习的过程应该是一个主动建

---

① PLATO. The republic [M]. JOWETT B, Troms. Jowett. New York: Dolphin Books, 1960: 207-208.
② DEWEY J. Democracy and education [C] //BOYDSTON J A. The collected works of John Dewey, middle works, 1899-1924. Carbondale: Southern Illinois University Press, 1980: 6-10.

构的过程,"认知的功能是在建构,意在把经验世界的信息组织起来"①。而杜威哲学中的"民主和沟通"理念在此也起到关键的作用,即教师要成为与学生平等互动中的引路人,教师可以通过设定意图激发学生在学习活动中进行意义建构。在存在主义的叙述中,人的存在与创造性被提升到了更高的层次。如马丁·布伯尔在教育方法上关注教师与学生的关系,这并不是主客二分的"我—他"的关系,而是重在关心主体间的"我—你"关系——分享彼此之间的知识、情感和追求,即"生活存在不同主体的特殊构成,也必然会有被严格叙说的主体间性"②。

以上哲学思想的发展脉络大体说明了学习共同体存在的合理性及其在教育发展中的意义。当前,国外高教领域的学者倾向于将学术共同体的原初理念归于约翰·杜威的民主与社会沟通理论,并把亚历山大·米克尔约翰(Alexander Meiklejohn)在威斯康星大学实验学校举办的民主实践和共同学习课程作为实践学习共同体的先驱。结合理论发展,学习共同体的内涵主要表现在以下几个关键词中:共享价值、互动交流、知识分享、主动建构。学习共同体中的参与者有共同的使命、任务,在互动、交流、协商中分享学习的兴趣,彼此激发学习的积极性,主动及开放地建构知识、技能和态度,以适应教育的发展趋势和日新月异的社会。

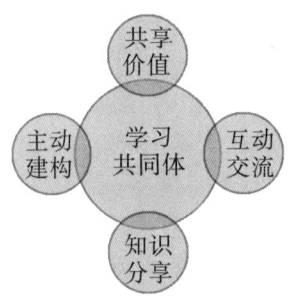

图 4　学习共同体的内涵

(二) 以课堂教学为活动载体的学习共同体

作为师生之间协商、对话、合作的学习共同体,不仅存在于课堂教学中,也存在于任何具有创造性的活动里(见图 4)。把课堂理解为师生学习

---

① MATTHEWS M. A problem with constructivist epistemology [C] //ALEXANDER. Philosophy of Education. Urbana: University of Illinois, 1993: 276 – 281.
② GREEN M. Landscapes of learning [M]. New York: Teachers College Press, 1978: 161 – 166.

的共同体，其本质是在批判以知识为本位的课堂教学模式的基础上，建构一种以学生为本位的新型课堂教学生活世界。① 教师和学生既是一个个现实性存在的个体，也是一个个可能性存在的个体。② 所以，教师与学生之间交互性主体实践的成效尤为重要。时长江和刘彦朝通过定量分析检验了课堂学习共同体模式对学生的真实影响，认为在课堂组织管理、内容把握、方法运用、教学技能及学生接受程度等方面，学习共同体实验组的学生比对照组的学生更具有满意度。③ 恩斯特姆和廷托通过纵向调查研究发现，学习共同体中的学生在行为和学习持续性方面表现更为出色。④ 美国研究教育与社会政策的人力示范研究公司（Manpower Demonstration Research Corporation, MDRC）在一次随机抽样调查报告中指出，处在学习共同体中的学生对学习过程更具有满意度，拥有较强的集体归属感、更愿意主动学习以及更容易通过与学业密切相关的各类考试。⑤ 许多研究证据都显示，学习共同体的教育实践能够促进学习投入、学业成绩、预期学习成效、学习满意度、保持率及毕业率、师生互动、同僚交流等。在认知方面，有研究证明参与学习共同体有助于提升学生的深入思维及问题解决能力。斯蒂芬欧和索尔斯伯利—克兰涅通过实证研究发现，学生加入学习共同体以后在认知技能（包括批判性思维、主动思考以及问题解决）方面有着显著的变化，高层次（higher-order）的认知能力得到了很大的提高。⑥ 由此可见，学习共同体在促进教与学的有效性方面已被广泛认可。

（三）以合作研究为活动载体的学习共同体

学习共同体的另一个活动载体主要体现在师生合作研究方面。师生合作研究并不是要定位在世界科学技术的前沿课题上，也不是被限定在具体的时

---

① 时长江，刘彦朝. 课堂学习共同体的意蕴及其建构 [J]. 教育发展研究，2008 (24)：26 – 30.
② 佐藤学. 学习的快乐：走向对话 [M]. 钟启泉，译. 北京：教育科学出版社，2004：38.
③ 时长江，刘彦朝. 课堂"学习共同体"教学模式的探索：浙江工业大学《思想道德修养与法律基础》课建设的研究与实践 [J]. 教育研究，2013 (6)：150 – 155.
④ ENGSTROM C, TINTO V. Pathways to student success: the impact of learning communities on the success of academically under-prepared college students [R/OL]. [2016 – 01 – 15]. http://www.hewlett.org/uploads/files/Pathwaysto StudentSuccess.pdf/.
⑤ SCRIVENER S, et al. A good start: two-year effects of a freshmen learning community program at kingsborough community college [M]. New York: MDRC, 2008：49 – 72.
⑥ VISHER M G. The learning communities demonstration: rationale, sites, and research design [R]. National Center for Postsecondary Research, 2008：12 – 14.

空中，而是要通过教师的引领、师生之间智慧的火花碰撞，激发彼此的想象力和创造力，使学生真正体验到发现知识、创造知识的兴趣。当然，合作研究和课堂教学可以是相辅相成的过程，很多课堂教学同样具有促进学生研究的性质。这样的学习共同体需要教师具有宽广的视野和高屋建瓴的研究能力。实际上，教学所需要的某些生死攸关的财富，只有科研工作才能提供给它。从理念上来看，最好的科学研究人员同时也应该是首选的教师。① 科研人员也许在性格、行为习惯以及教育方法上并不一定完全能够契合教育的过程，也并不一定能够给予学生生动的讲解，但是，他一定能够独立、别具一格地引导学生真正接触到探求真知的过程，让年轻的学生在高等教育的启蒙阶段就认识到科研的精神，开发自我的想象力，而不仅仅是在既有的知识长河中获得某些启发。美国凯尼恩学院的教师曾经这样评价过："如果一名教授没有保持研究工作的活力，这些出色而睿智的教师没有学术成果，时间匆匆而过，很快就会被燃尽。"② 在知识快速增长的时代，教师必须为培养学生成为终生的主动学习者做好表率，出色的研究能力应当为师生之间的对话提供帮助。③ 只有教师具备了相当的研究实力，做好随时启发学生心智的准备，师生之间的研究合作才能真正达到激发彼此想象力的目的。一些研究已经表明，师生共同从事研究项目能使学习共同体内的师生互动更为有效，也会成为学生在大学生涯中令其难忘的学习经历。④ 与课堂教学活动相比，基于师生合作研究的学习共同体在促进学生学术能力方面更加具有建设性。

二、基于学习共同体实践的质性研究

澳门高校由于规模较小，比较容易建构学习共同体，然而高校更需要一个具有实质性成效的学习共同体，不是要强调一些外在形式化的东西，如规模的大小、寄宿制的安排、师生接触的密切程度或者在课堂以外实习的机会，而是要真正关注学习共同体体现在学习方面的成效，即师生究竟在观念交流、思维碰撞中获得哪些成效，发展了哪些能力。所以，本节基于此，在澳门某高校内部设计了既有课堂教学性质，又具备合作研究讨论性质的共同

---

① 雅斯贝尔斯. 大学之理念 [M]. 邱立波, 译. 上海：上海人民出版社, 2007：73.
② 克鲁格. 美国文理学院的兴衰：凯尼恩学院纪实 [M]. 胡淼森, 译. 北京：北京大学出版社, 2013：197.
③ RUSCIO K P. The distinctive scholarship of the selective liberal arts colleges [J]. Journal of Higher Education, 1987, 58 (2)：205 – 222.
④ KUH G D. Built to engage：liberal arts colleges and effective educational practice [C] // Liberal arts colleges in american higher education：challenges and opportunities. American Council of Learned Societies, 2005：135 – 136.

体实践活动。

（一）研究设计与过程

研究对象是澳门某高校视觉艺术专业大四学生的"毕业论文指导"课程的学习共同体，研究者前后指导 7 位本科四年级学生，其中 4 位男生、3 位女生，学生由视觉艺术专业行政办公室随机分配安排。教学目标是学生能有效掌握艺术教育及创作领域论文撰写所需的基本知识、技能、态度和技巧，结合艺术教育与创作的理论和实践，有针对性地完成视觉艺术专业学士学位毕业论文。本研究的目标定位在整个教学目标的前一部分，旨在观察学习共同体对于提高学生自我认知能力的作用，从而提出澳门高校人才培养在思维认知方面的理论内涵。研究设计了具体的学习（研究）任务，研究者挑选了与艺术领域相关的 2 篇学术论文及 1 篇教育学术论文，并参考美国弗吉尼亚大学学习量表（rubric）中的学习成效（learning outcomes）设立了阅读和撰写研究论文的 6 个指标：具有思想性的研究问题、文献资料收集、资料分析及框架搭建、论文撰写的逻辑性、论证依据与引用出处、研究结论的价值。

学习（研究）过程分成三个阶段。第一阶段：每位学生提前于课外阅读论文，在师生形成学习共同体之前的第一次集中时，每位同学分别选择一篇研究论文进行独立评价，并谈出自我的阅读体会。第二阶段：师生组成学习共同体，进行为期四周的合作学习研讨。研究者以教师的身份亲身参与其中，与学生互动、交流、协商，运用长期积累的研究心得启发学生的思维和想象力。遇到具有争论性的议题时，教师并不做指定性的结论，而是提出适合于问题解决的背景知识，让学生"从更宽广的领域获得新的视角，提升学生的合作水平及激发创造性思维"[1]。第三阶段：研讨结束后，学生依然结合第一阶段报告时的研究论文以及讨论中所受的启发做一次 10 分钟的口头报告和一份演讲准备稿，所得成绩在最后的毕业论文总成绩评定中占 50%。三个阶段的报告、讨论、文本中的开放式论点，经由研究者记录整理下来，作为本研究的原始文本数据。

研究立足于现象学、解释学方法[2]，在研究主体与学生的接触、合作、协商中，凭借主体意识分析三个阶段所形成的论点文本。这些文本通过自身的被使用，不仅具有意义解释的作用，而且具有改变特定社会规范的潜能。[3]

---

[1] JOYCE B, et al. 教学模式 [M]. 荆建华，等译. 北京：中国轻工业出版社，2009：18.

[2] CRESWELL J W. Research design: qualitative, quantitative, and mixed methods approaches [M]. Thousand Oaks: Sage, 2003: 12-30.

[3] 陈向明. 质的研究方法与社会科学研究 [M]. 北京：教育科学出版社，2000：257.

"在文本数据的意义诠释中,经过逐步分析、编码组合为概念范畴、主题,进而促进理论的发展"①,最终将形成扎根理论②。基于研究目标,本研究特别关注学习共同体对于学生认知能力提高的作用。研究者在诠释文本论点的时候,需要确保每一个学生思维过程的原始意义。③ 所有记录下来的与研究目标相关的学生观点和参与观察的论点概括被归纳在相应的范畴之下。鉴于本研究属于阶段性分析,所以基本的范畴可以分为三类:第一,学习共同体形成前(第一阶段);第二,学习共同体形成中(第二阶段);第三,学习共同体形成后(第三阶段)。研究通过对每一个范畴中的一般性论点进行分类,进一步概括出与学生认知能力相关的不同主题,其中一般性论点来自学生在口头报告、讨论及文本中的直接观点或者经由研究者对学生表现行为的参与观察。表6呈现出具有代表性的一般性论点与概括性的主题。

表6 学习共同体质性分析过程中的编码及分类

关于学生认知能力的表现(主题编码)	一般性论点
范畴一:学习共同体形成前	
被动思考,具有依赖性	(学生观点)研究问题指的是什么?"把握中西传统绘画的特征"是研究问题吗? (参与观察)学生报告中习惯听从教师的指导,甚至需要教师告诉他们去做什么、怎样做、什么时候做
思维单一	(学生观点)我们查阅文献是为了积累写文章的素材。 (学生观点)中国的教育是统一的形式,国外的教育是多元化的形式。 (参与观察)一些学生评价研究论文以其内容摘要为主

---

① HARRY B, et al. Mapping the process: an exemplar of process and challenge in grounded theory analysis [J]. Educational Researcher, 2005, 34 (2): 3-13.
② GLASER B, STRAUSS A. The discovery of grounded theory: strategies of qualitative research [M]. Chicago: Aldine, 1967: 1-44.
③ MAHONEY S, SCHAMBER J. Integrative and deep learning through a learning community: a process view of self [J]. The Journal of General Education, 2011, 60 (4): 238.

续上表

关于学生认知能力的表现（主题编码）	一般性论点
服从于权威	（学生观点）不熟悉作者谈到的西方表现主义美学。按照文中所述，中国传统艺术中的"写意"与油画中的"表现性"相对应。 （参与观察）报告中基本在叙述作者的观点或作者所引用的专家的观点
机械地思考	（参与观察）多数学生基本按照教师提出的阅读论文的6个方面进行口头报告。 （学生观点）艺术教育和艺术创作都是有一定逻辑的，写论文的框架也差不多
	范畴二：学习共同体形成中
质疑与批判	（学生观点）将荷兰静物画与宋代花鸟画放在一起比较，是处在不同时空、不同文化背景下不同绘画类型的比较，这种比较应当属于研究方法。而在（教师）给出的论文指标中并未涉及研究方法的要求。 （学生观点）在我看来，这种思维存在问题，能考上牛津、剑桥的学生难道就不具有创造性？难道注重学术性就必然影响创造性、批判性思维，假设本身对吗
积极参与	（参与观察）主动要求发言的同学明显增加。 （参与观察）遇到疑难问题，学生愿意和其他同学进行交流。 （学生观点）将西方的"写实"与中国的"写真"放在一起对比非常有意思，可以和西方静物画选题的同学一起研讨
评价	（学生观点）西方静物画背后的思想都是主客二分的。物是人之外的物，人通过物来认识外部。作者认为绘画中体现出人的精神很有道理。 （学生观点）好像没有提出问题，油画进入中国受到什么样的阻碍，应该交代清楚

续上表

关于学生认知能力的表现（主题编码）	一般性论点
思维灵活性和多样化	（学生观点）研究中国教育不能仅仅从应试一个角度来说，还要从社会文化的角度思考。 （学生观点）现在论文都集中在西洋画进入中国后的影响，也应该研究中国绘画技法、风格和传统对西方的影响
范畴三：学习共同体形成后	
思维的深入	（学生观点）研究需要借鉴前人的成果深入下去，但是要注明出处。文献资料的搜集比较困难，但是思路已经有了，注重资料来源的多样性、历史性和可比较性。 （学生观点）即将研究的马赛克艺术不适宜用比较的方法，它从西方传到本地后以中西交融的形式存在，从文化的角度研究更合适。 （参与观察）学生的口头报告和演说稿对于提出的问题没有浮于表面化的述说，而是加以分析、综合和论证
知识迁移	（学生观点）意象美学并不是艺术所独有的，人文、数学，甚至工程设计中都需要意象美学。 （学生观点）中西方绘画的比较思想根源来自中西方哲学，在哲学领域直接进行中西比较会更有意义
想象力和创造性	（学生观点）论文写作逻辑不需要有固定的程序，就像我们艺术领域需要创作一样，有时反逻辑也是一种逻辑。 （学生论点）与其说西式教育适合于培养创新型人才，不如说西式培养更全面人格的人，为创新提供了潜在的基因；而学术性关注的是智力培养，为创新提供直接基因
主动建构	（学生观点）一篇研究论文要提出适应于不同研究问题的研究方法。 （参与观察）学生在报告中愿意主动提出自己的思路见解

续上表

关于学生认知能力的表现（主题编码）	一般性论点
跨学科	（学生观点）商学院的学生论文更喜欢采用数学的方法，采取定量的方式，这一点在艺术领域不太适合。 （学生观点）教育和文化密切相关，什么样的文化传统决定什么样的教育
注重联系	（学生观点）"写真"关注的是感觉的真实，而"写实"更关注视觉的真实，都体现了对现象真实的追求。 （学生观点）选题也将采取比较的研究法，但是会注意和文献研究相结合，结论一定是经过比较和理论论述得出的结论

对开放式的一般性论点做出进一步的总结、分类形成主题，并划分在不同的范畴之下，属于质性研究轴心编码的过程。[①] 由于本研究的目标定位在学生认知能力的变化上，所以在开放式编码的过程中，一些与认知能力无关的文本信息仅仅列出一次，没有在进一步的主题编码中继续采用。例如，在学习共同体形成之前的口头报告中，多数学生表达较有条理、思路清晰，这些能力可能与他们在高校先前的训练和学习相关。尽管如此，研究者也观察到，许多学生的逻辑性缺少创意，更多来自教师（研究者）在课前给予的指引（如6个指标），缺少自我理解。所以，基于参与观察的解释学原理，研究者在认知能力的一般性论点中予以相应的归类。又如，在学习共同体进行中及最后的总结报告中，个别学生表现出自信、赞赏及具有领导力等与情感、态度相关的行为和语言，但由于不在研究目标范畴内，所以未加分类整理。本研究的真实任务既是一个课堂教学的过程，也是一个师生共同合作研究的过程，教师会基于以往合作学习研究的成果，在互动交流中对学生学习、提高学生研究能力给以启发和指引，最终依据发言、讨论、文本记录下学习共同体前后的一般性论点。表6仅列出较具代表性的一般性论点，用以生成与学生认知能力相关的不同主题。这些主题在三个范畴的概括下，被归纳在图5中，体现了学生认知能力在学习共同体形成前后的发展变化。

[①] HARRY B, et al. Mapping the process: an exemplar of process and challenge in grounded theory analysis [J]. Educational Researcher, 2005, 34 (2): 3-13.

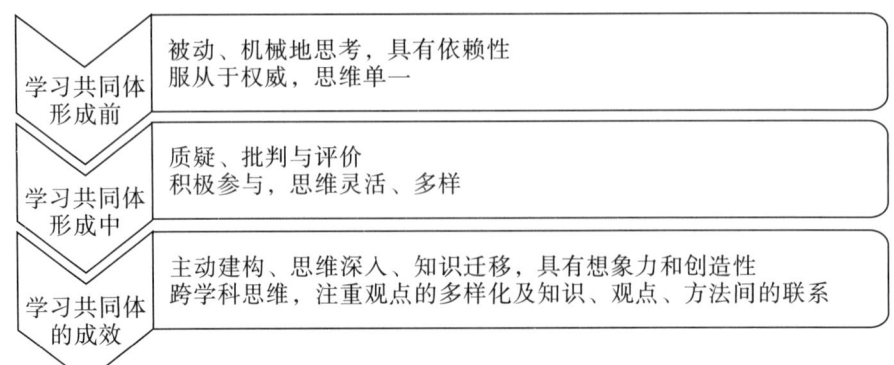

图 5　学习共同体形成过程中的学生认知能力变化

（二）研究结果

学生的认知能力在不同的阶段体现出不同的特点，这固然和每一个阶段本身固有的属性有关，更主要的则是和学习共同体在形成前后对学生认知能力的影响密切相关。学生认知方式的变化表现为两条主线：被动、机械、依赖—质疑、批判和评价—主动、迁移与创造；单一思维、服从—思维、多样、积极与灵活—跨学科、联系。研究进一步将这两条主线进行核心编码概括成：深度学习与整合性思维，从而提出本研究的扎根理论：在澳门高校内部基于真实任务的学习共同体能够有效促进学生的深度学习和整合性思维。此一扎根理论的形式表述可以概括为：师生、生生之间的互动、交流与协商能够激发学生的想象力，改变学生的认知方式，使澳门高校人才培养更具效度（见图 6）。

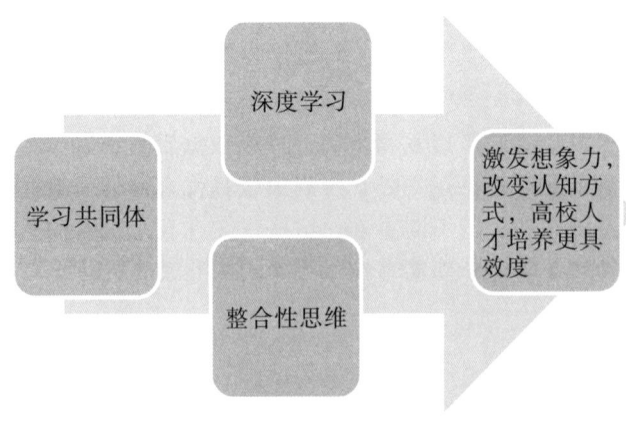

图 6　扎根理论生成

三、学习共同体在澳门高校人才培养中的作用

广义上的学习共同体可以指课堂内外学生与教师之间的互动与交流,而狭义上的学习共同体则是基于真实的教学或者研究任务,师生拥有共同的价值观和愿景(在具体教学任务中,集中表现为拥有趋同的教学目标和预期学习成效),师生之间组成合作小组,以合作学习、共同研究的形式深入讨论、交流、协商,主动地建构知识、能力和态度。需要指出的是,无论是广义上还是狭义上的学习共同体,都在高校人才培养过程中起到非常重要的作用,而狭义上的学习共同体由于建立在真实的学习或研究任务的基础上,所以更能从经验的视角观察学习共同体所具有的实际成效。

20 世纪 80 年代,国外愈来愈多的大学开始采用学习共同体的形式改进学校的本科生教育。① 一般而言,学习共同体被认为是富有成效的教育实践,与学生在高校中的学习和成功密切相关。② 在此基于澳门某高校四年级学生"毕业论文指导"课程,通过质性分析发现学习共同体能够促进这些学生的深度学习和整合性思维,有效提高学生高层次的认知技能。而学生的整合性思维和深度学习对处于微型地区的澳门高校的人才培养具有非常重要的作用。

(一) 整合性思维

"大学"从其词源上来说,就是一个"宇宙整体"(universe),意指包罗万象。欧美大学诞生之初一直强调整全的教育。随着学科的分化,大学的视野开始逐渐关注专业,科学主义的思想也开始盛行,但是,大学从来没有忘记其诞生之初最根本的意义。"学术靠的是与知识整体的关系。倘若脱离了与知识整体的关联,孤立的学科就是无本之水、无源之水。"③ 由此可见,人才培养应该将目标定位在使学生关注知识整体,培养知识理念间相互关联的意识,最终为未来的生活而不仅仅是为职业做好准备。

整合性思维是抽象普遍性向整体相关性的一种跃迁,是一种多元因素互

---

① SHAPIRO N S, et al. Creating learning communities: a practical guide to winning support, organizing for change, and implementing programs [M]. San Francisco: Jossey-Bass, 1999: 1-11.
② KUH G D. High-impact educational practices: what are they, who has access to them, and why they matter [R]. Washington, D.C.: Association of American Colleges and Universities, 2008: 2-15.
③ 雅斯贝尔斯. 大学之理念 [M]. 邱立波,译. 上海:上海人民出版社,2007:75.

动交融的集合性思维过程。① 从本研究可以看出，学习共同体对于形成澳门高校学生的跨学科思维以及在不同的知识体系间建立联系的观念具有积极的意义。帕斯卡拉和泰仁兹尼曾经提出学习共同体有两个基本内涵：学习的分享与合作、整合学习（connected learning）。② 整合性思维往往是围绕着一些时事问题或者具有跨学科性质的议题展开的。③ 例如，时事焦点问题（如叙利亚局势、美国加息、欧洲难民潮问题等）都不是孤立存在的事件，经由学习共同体内某一个焦点问题的提出，学生从任何一个事件出发，经过师生间的互动和启迪，都有可能以跨学科、跨时空思维的方式与其他事件建立相关的联系。思维从始点发散开来，循环往复，最终回归到始点。这些割舍不断的联系形成一幅复杂的概念网络图，学生的思维在学习共同体的环境中也得到充分的锻炼。澳门高校规模小，人才培养更应当充分引导学生以整合的视野看待世界，在不同的知识体系间建立相关的联系，使学生能够对外部瞬息万变的社会保持高度的敏感和洞察力。

（二）深度学习

在认知发展上，深度学习是一个与浅表学习（surface learning）相对的概念。浅表学习者只看到学习素材的表面，不加深入理解和质疑，用机械的方式获得知识，并留存于记忆；而深度学习则是在一般领会的基础上，进行深入的意义建构，注重知识、能力的迁移和灵活运用。④ 深度学习者对学习有着浓厚的兴趣，能主动地参与学习，对以往的学习和经验有比较完整的认识，他们能运用先前的信息和理念去获取新的知识和技能。⑤ 当然，深度学习并非不重视对资料的感性理解，而是要强调所有对资料的感性认识必然要为后来的理性认识提供基础。正如布鲁姆所说："我们这个时代的教育一定要尽力寻找那些能激发大学生渴望完善的东西，并且重构那些使他们能够自主地寻求那种完善的学问。……感性渴望什么和理性后来认为善是什么，二者并不相互抵触。教育不是教训人违反他们的本能和乐趣，而是在他感觉什

---

① 庞跃辉. 论整合[J]. 浙江社会科学，2006（5）：127－131.
② PASCARELLA E T, TERENZINI P T. Terenzini. How college affects students: a third decade of research [M]. San Francisco: Jossey-Bass, 2005: 3－12.
③ ROCCONT L M. The impact of learning communities on first year students' Growth and development in college [J]. Research in Higher Education, 2011, 52 (2): 178－193.
④ MARTON F, SALJO R. On qualitative differences in learning: I—outcome and process [J]. British Journal of Educational Psychology, 1976, 46 (1): 4－11.
⑤ MILLIS B J. Using cooperative structures to promote deep learning [J]. Journal on Excellence in College Teaching, 2014, 25 (3&4): 139－148.

么与他们能够和应该成为什么人之间提供自然的延续。"①

从本质上看，深度学习是一种探究式的、主动建构的、深入理解的意义获得方式，要求学生将结构与非结构化的知识整合到自我的认知结构，同时进行批判性、迁移性、实践性的高阶思维，进而实现元认知、批判分析、创造性思维等高阶能力的发展。学生个体则在深度学习的过程中与社会互动、作用、协商，最后形成的自我认知能力是个体主观能动性的产物，而非仅仅决定于外部的结构。② 安德森等对布鲁姆的教学目标分类法进行了修订，将人的认知过程分为记忆、理解、应用、分析、评价和创造。③ 约翰·比格斯根据学习过程的复杂性，提出"可测学习成效结构"（Structure of the Observed Learning Outcome，SOLO）分类法，分为前结构（pre-structural）、单一结构（uni-structural）、多结构（multi-structural）、关联结构（relational）以及抽象拓展结构（extended abstract）。所谓深度学习能力也是布鲁姆、安德森及比格斯等人所提出的高阶思维能力，如应用、分析、评价、创造，或者关联、抽象拓展。在本研究中，学习共同体中的澳门高校学生开始依赖于教师的讲解和指导，被动地思考问题，按照机械的程序来理解研究资料。随着共同体中师生互动交流的开展、教师对学生的启发式引导，学生逐渐由被动转向主动，思维也变得活跃起来，对于报告中提出的问题没有浮于表面化的理解，而是加以分析、综合、论证，甚至能够将知识迁移到艺术以外的其他领域，充分体现了学生已经逐渐从浅表的被动学习转入深度的主动学习。从人才培养的维度来说，像学习共同体这样具有高影响力的教育实践活动，对拓展学生的思维认知，启发学生的想象力，使学生主动建构知识以适应外部社会的发展变化具有显著的作用。

尽管如此，本研究在概念假设和方法论方面依然存在一些局限性：首先，有些研究者将多元化的视角和整合的思维归入深度学习中④，包括比格斯提出的"关联结构"也有"在知识和信息间建立联系"的含义。但由于整合性思维在内涵上有相对的独立性，文献研究也较为集中，所以本研究基

---

① 布鲁姆. 走向封闭的美国精神 [M]. 缪青，等译. 北京：中国社会科学出版社，1994：59-80.
② SADOVNIK A R. Theory and research in the sociology of education [C] //SADOVNIK A R. Sociology of education: a critical reader. New York: Routledge, 2007: 8.
③ 安德森，等. 学习、教学和评估的分类学：布鲁姆教育目标分类学 [M]. 修订版（简缩本）. 上海：华东师范大学出版社，2007：58-76.
④ MILLIS B J. Promoting deep learning through cooperative learning [C] //COOPER J L, POBINSON P. Small group learning in higher education: research and practice. Stillwater, OK: New Forums Press, 2011: 25-30.

于质性分析区分了深度学习和整合性思维,并将两者看成认知方式的不同方面。其次,应当指出,本研究建立在澳门某高校专业内部"毕业论文指导"课程的学习及研究任务之上,得出的扎根理论属于实质理论,是针对澳门高校特定专业和少部分学生生成的理论,而不是形式理论。① 扎根理论的提出者格拉泽和斯特劳斯认为,实质理论仅仅适合于特定的时空范围和特定的一部分群体。然而,实质理论是建构形式理论的基础,此外,其他一些研究也证实了学习共同体对于认知发展的作用,所以,这些实质理论经过密集的排序、分布,最终将为高等教育研究领域提供具有普适性意义的形式理论。最后,本研究经由文本和参与观察,最终凭借研究主体的意识建构了理论,这一过程主要是在对个体观点的密集排列下发现学生整体认知能力的变化趋势,而不一定是单一学生个体的认知变化。但正如温德奇特所言,学习共同体的建构性和社会性最终是为了形成适合于学习者相互学习的文化,而这是传统的人才培养方式所不具备的。②

第四节　美国文理学院的培养模式及其对澳门的启示

文理学院(Liberal Arts College)起源于盎格鲁-撒克逊传统的绅士教育,一直以来被称为"美国大学的活化石"。许多文理学院以历史传统悠久、学风淳朴严谨、教学环境幽雅、本科质量一流而盛誉美国。自1636年哈佛学院建立到19世纪末的200多年里,文理学院一直是美国高等教育的核心。在美国多样化高等教育结构初步形成后,先前的一些文理学院已经转化成为大学,而以本科教育为主的四年制的众多学院之中,文理学院仍居骨干地位。

一、美国文理学院的历史回溯

1620年,百余位虔诚的清教徒横跨大西洋来到美洲大陆。他们渴望能够像在英格兰一样生活在知识的世界中,并将这些知识世世代代传承下去。哈佛学院无疑成为继承这些知识的结晶的"伊甸园",创办者们在剑桥大学的

---

① GLASER B, STRAUSS A. The discovery of grounded theory: strategies of qualitative research [M]. Chicago: Aldine, 1967: 1-44.
② WINDSCHITL M. Framing constructivism in practice as the negotiation of dilemmas: An analysis of the conceptual, pedagogical, cultural, and political challenges facing teachers [J]. Review of Educational Research, 2002, 72 (2): 131-175.

学习经历，使整个学院的模式都蒙上了英式的教育传统。哈佛学院自创办以后的 200 多年里，学院和宗教存在着紧密的联系。宗教思想控制着学院，哲学依附着神学，教师以宗教的思想塑造着学生的灵魂。传承自剑桥母体的哈佛学院学习 17 世纪在牛津大学和剑桥大学抄写、背诵、朗诵智者名著的方法，并将此方法引介到学院的课堂教育中。正如英格兰人所受到的绅士博雅教育一样，美国建国前后的学院教育也是一种典型的博雅教育。19 世纪的英国神学家纽曼将博雅教育看作是"心智、理智和反思的操作活动"，以心智训练、性格修养和理智发展为目标。同样地，学院的培养目标中也体现着对学生灵魂的启蒙。18 世纪和 19 世纪初期在美国各地如雨后春笋般涌现的学院，一直都在信守着启迪心智和传统记忆、背诵等教学手段相结合这样的美丽神话，并致力于成为将民主思想和绅士教育有机结合的文明驿站。

南北战争以后的几十年间，美国高等教育发生了翻天覆地的变化，主要表现在两个方面：其一是高等教育机构与制度的世俗化（secularization）。旧的教育秩序在一些新的教育哲学思想（如实用主义）的引导下被重构，学院与宗教走向分离。其二是出现了一类重要的高等教育机构——具有研究职能的大学。19 世纪初，德国柏林大学的诞生让研究理念拓展了大学原本拥有的意涵。19 世纪上半叶，大批美国人到德国学习这些崭新的学术思想，并将之带回国内。于是，19 世纪后期的哈佛大学、霍普金斯大学、加利福尼亚大学、康奈尔大学等率先接受了德国大学的研究理念并将其逐渐制度化。正当学术研究之风在美国如火如荼之时，一种专业或职业的教育也开始在美国生根，并通过 1862 年《莫雷尔法案》的颁布，联邦向各州赠送土地以直接发展当地的农业与机械工艺。进而，大学的基本任务已经拓宽至研究和社会服务，许多学院也很快转变为拥有研究理念的大学模式。而依然存在的文理学院继续实行着博雅教育，这样的人才培养理念在美国国内仍然拥有基础性的地位，但是以培养心智为主要目标的寄宿制模式也无可避免地受到研究理念的冲击。所以，在文理学院的人文和科学领域，教师也全神贯注于特定的学术领域，通才型的教师逐渐淡出人们的视野，学院开始在研究方面对教师寄予希望。而针对自然科学的发展态势以及其自身存在的弊端，在美国形成了一场教育哲学思潮上的科学主义与人文主义之争。以芝加哥大学校长赫钦斯为代表的博雅教育倡导者，大力推行名著学习和选读，那些中世纪和现代的欧洲哲学和文学作品又开始被系统地研究和讲读。无疑，艺术人文思想突破了科学、专业的束缚，并以全新的方式宣告了人文主义的品质和内涵就是为了使人能够为生活做好准备。

世俗化以后的人文主义同时在小型文理学院以及综合性大学结出了硕果。但是，不可否认，博雅理念和职业主义（vocationalism）在美国近现代史上始终胶着在一起。早在研究和服务理念诞生之前的19世纪前后，一些新兴学院就开设了工程类的课程。1800年，2%的青年进入学院学习。他们中年轻一些的是南方地主和北方商贾的孩子，年龄长一些的则是城市精英——牧师、律师和医生的孩子，其学习的目标就是为了像他们的长辈一样拥有专业技能。截至1910年，全美三分之一的大学生学习传统的博雅课程，而三分之二的学生修读与职业密切相关的专业，如工程、会计等。随着工业化时代的来临，大学在其研究理念的支撑下，当之无愧地承担起培养专业化人才的重任。一般来说，专业都会设置新的标准，并需要通过相应的资格测试，而本科毕业生则被认为不具备直接进入工作岗位或专业研究的资格，所以，大学中的医学院、法学院等专业学院倾向于招收文理学科领域的学士学位生，因为这些学生具有广博的基础知识和能力。1828年的《耶鲁报告》也重申了本科教育的博雅理念，认为博雅教育重在强调"心灵的装备与规训"，学院的目的是要形成品性（character）和培养领袖，专业训练也许对一个人的工作生涯很重要，而博雅理念则对未来的生活更加关键。文理学院中所蕴含的新元素也使教学方法得到了改变，经验性的手段在小规模的教室中经常采用，师生保持着非正式的教学过程和开放式的质疑与讨论。威廉姆斯学院传奇人物马克·霍普金斯的谚语又回到耳际：跷跷板的两端坐着霍普金斯（教授）和学生。文理学院的年轻教师也像研究型大学一样在研究领域适用新的研究方法，但是他们更会和老教师一样将探寻伦理道德本源意义的教学放在中心位置，他们认为其职责就是培养能够为未来一生做好充分准备的"全人"。进入20世纪以后，文理模式、研究模式、专业或职业教育模式各自寻找到存在的依据。文理学院的培养目标并不仅仅是为了职业生涯做准备，而更主要的是为世俗生活做好准备，这一核心价值信念在学院共同体内部得到普遍认同，而艺术、人文、社会科学、自然科学等文理领域则共同构建了保护这一信念的基石。

二、文理学院的办学特色和发展趋势

在美国的287所文理学院中，绝大多数学院只招收全日制适龄学生，实施本科生教育，仅有29所学院是本科生教育和研究生教育并存。一般认为，美国文理学院的本科教育有几大特色：课程集中在文理领域、低师生比、小班授课、寄宿制、紧密的师生关系、教师以教学为主。而所有特色的根本出发点，就是为了能够使每个学生最大限度地参与学院的各项活动。学生参与程度（student engagement）较高，更有利学生的全面发展。阿斯汀研究了文理学院的小规模给学生带来的附加值（value added），即学生从进校到离校这段时间学术能力和社交能力有多大提高，结果显示文理学院创造的附加值远远高出综合性大学。他还指出，几乎所有规模较大学校的学生参与程度比文理学院要差许多，因为大型高等教育机构降低了学生发展兴趣、领导、运动等方面的才能和机会。文理学院的办学特色，从实践上证明了学生是学习过程的中心，是积极主动的参与者，教师的任务则是如何让学生参与和融入教学活动中。通识教育则是文理学院在课程上关注的重点，因为它不仅体现了文理学院培养广泛适应性通识人才的办学目标，而且还反映出文理学院在美国高等教育体系中的中间纽带作用，即文理学院既为学生的就业提供专业教育或职业教育，又为想继续攻读高级学位的学生提供基础教育。绝大多数文理学院从创办至今一直实行源于中世纪英国牛津大学和剑桥大学的寄宿制和导师制。在学院共同生活中，教师和来自不同种族的同伴为学生建立一种新的自我评价标准，使青少年远离家庭束缚的放肆行为得以收敛，为学生提供进入社会、学界，以及建立友情的种种机会。文理学院寄宿制最大限度地发挥了教育的意义，使得学生们更能适应今后的公民生活。

在当代美国，文理学院依然是高等教育系统内独具特色的组成部分。从历史上来看，文理学院在核心信念的指引下，已经培养了众多科学家、政治领袖以及商界精英，在促进学生的智力发展、思维创新等方面具有明显的优势。然而，近几十年来，文理学院也确实面临着许多挑战。例如，功利趋势下博雅理念的认同问题；由学费高昂而带来的经费困顿；学科不够丰富，学术资源有限等。因此，文理学院在坚守信念的同时，也在不断地超越自我。如开始扩大对外宣传，积极地拓展经费来源，加强与经济紧密相连的专业学位的授予。那些以地区为中心、学费依赖程度较高的学院，一方面关注专业化趋势，同时也要做出相应的"反向选择"，即通过各种方式奠定学生学习的广博基础，培养学生的心智能力。为了增强以上措施的有效性及解决学院资源有限的问题，许多实力相当的文理学院结成较大联盟。有学者研究了这类"联邦式"的独立学院联合体。在这样的联合体中，每个学院是独立的，有自己的教职员、学生、目标和特定的教学领域，提供小型学院可以实现的有特色的课程和教学模式；但是学院之间又有跨学院的协调机构，使学院之间保持密切的联系，实现师资、课程、设施、支持服务方面的资源共享。每一所学院都从别的学院得到益处，从而提供最切合学生和社会需要的优质教育。

三、美国式的高等教育对澳门的启示

澳门是一个典型的微型地区，高等院校的规模普遍较小。此外，澳门如同美国一样，也是具有多元文化的社会。结合澳门自身的特点，美国文理学院的办学特色和发展模式可以为澳门高校的发展带来以下启示。

（一）澳门高等院校的博雅理念

澳门现代高等教育的缘起，与西方大学的启蒙不同。1981年，澳门东亚大学刚刚创办的时候，所信守的就是实用的教育理念，学科设置较为狭窄。直到如今，根据澳门高等教育辅助办公室的统计数据显示，注册商务、管理及行政等符合澳门经济发展特征的实用型课程的本地学生人数，占比近70％。澳门特区政府一直以来都强调经济产业要适度多元，而事实上，澳门的产业结构比例失衡的趋势愈演愈烈。实用型的教育理念对适应当前的社会具有引导作用，然而对于澳门社会长远的发展却显现出局限性。试问澳门这样一个微型社会，如果仅仅为了适应当前的职业需求而培养人才，那在任何一门学科范围内，不出几年市场就会出现供应的饱和现象。所以，一定要未雨绸缪。文理学院所坚守的博雅理念可以为澳门带来某些启示：培养人才不仅仅是为了适应社会，而且要有引领社会的勇气和责任。博雅理念带给学生的是"规训和心灵的装备"，而这些能够为学生带来的是反思、知识能力的迁移、灵活面对新形势以及创新的思维等。当前，澳门大学所提出的"四位一体"的学士学位教育模式、寄宿制和师友制都反映出这样的发展趋势。其他高等院校在不同的定位标准下，也需要适时地引入博雅教育理念，在人文、社会、科学等方面提供广泛的学习机会，拓宽学生的视野，以人才培养带动澳门社会经济的适度多元发展。

（二）澳门高等院校的资源整合

澳门高等院校的规模普遍较小，这一点与美国文理学院相似。唯一不同的是，澳门高等院校的经费在特区政府的大力支持下，相对比较充足。即使是私立院校，也能通过一些可行的渠道从特区政府获得资助，从而减轻了经费筹措的压力。正如前面所谈，小规模能够使得学生的参与度更高，师生之间的关系更为密切，然而小规模也会带来学术资源和学科分布方面的问题。澳门大学已经搬迁至横琴新校址，澳门大学旧址的大部分建筑则按照院校发展需要，分配给一些高校作为拓展办学空间之用。在这样的条件下，我们可以思考关于院校联盟的可行性。实际上，院校联盟并不需要合并院校，形成中央权力机构下规模庞大的新"大学"。澳门可以考虑在澳门大学之外，建立由几所独立院校构成的团体，围绕着图书馆、信息资源中心及其他设施，各所院校都能从中受益，资源能够充分利用。这种联盟还可以是教学上的联盟，虽然院校管治独立，但联盟里每所学校中的学生可以分享其他院校的课程，在不同餐厅吃饭，参加跨校的活动，等等。学生付一分学费可以得到更多的教学资源，由于院校规模普遍较小，学生选课也会很有弹性。类似的院校联盟不仅对教与学有帮助，而且可以和澳门大学比翼齐飞，在竞争中获得更大的发展空间。当然，院校的联盟形式不是简单的拼凑，需要多方的支持和努力。政府及联盟院校的校长需要组成管治协调委员会，在关键问题上协调统一意见，可以考虑利用澳门大学旧校区的空间，在新的小区中整合各院校图书、信息、活动等资源，开放各院校的教与学，真正做到优势互补、共享发展。

美国文理学院历经数百年，在坚守和超越中不断完善自我。澳门的高等院校发展至今，也应该拥有一份勇气和决心，充分把握当前发展的机遇，敢于迎接挑战，以崭新的面貌引领经济社会的发展。

第五节　澳门高等教育人才培养的适应与引领

百年大计，人才为本。澳门特区政府在施政报告中，将人才培养的长效机制放在开篇单独列出。当前，特区政府在《澳门特别行政区五年发展规划（2016—2020年）》中又提出"教育兴澳""人才建澳"的重要战略部署。这足以显示政府对于当前人才紧缺以及未来产业如何适度多元发展的密切关注。作为人才培养制度建设的重要组成部分，特区政府已经适时推出"高等教育人才数据库"，对教师、护理、信息科技、酒店会展、社工等课程范畴的人才供给与需求进行预测，在未来高等教育与经济发展之间初步建立了良好的协调机制。笔者认为，这已经为教育者、雇主以及研究者提供了一个适合于从不同角度进行思考和研究的平台，如果未来能够扩大学科预测的范围，将更加有利于政府、业界和教育界未雨绸缪。然而，坊间似乎对人才数据库的功能和作用范围给予"厚望"，认为现有的人才数据库达不到预期目的，需要再进一步细化，甚至要研究每个行业欠缺哪个职位、哪个阶层的人才，这样才能使教育更加"对症下药"。不可否认，类似的建议全部出于对澳门社会发展的关心，但这仅仅是从现实的角度提出思考，而缺乏从深层次对高等教育人才培养的内涵加以把握。

一、人才培养作为大学根本职能的起源

中世纪的大学在诞生之初"不是一块土地、一群建筑甚至不是一个章程，而是教师和学生的社团和协会（行会）"，它与拉丁文中的"universitas"相对应，常常用于表示一些合作性的团体，如手艺人行会、自治团体以及教师或学生行会。作为行会的大学组织在开办之初就是由以教师给学生传道授业的方式进行，由于没有固定的地产，大学在这一时期极富流动性，可以通过迁移、交涉等形式抵制外界的压力。此外，行会的构成源自教师的自觉意

识，教师努力结成为自主行会，是一类"自发"诞生的机构，加之后期教皇、国王或者公社赋予大学的特许状，中世纪的大学享有高度的自治和学术自由。大学行会能够掌控人员录用，有权确定其内部机构的章程，有权要求其成员做遵守其章程的宣誓，拥有选举官员的权利，以保证其章程的落实，并代表行会面对外部权利或为大学进行诉讼。同时，每一个行会持有一枚印章，作为其自治的象征。此时，大学的利益相对内向，即使大学仍是教会的机构，当时的教皇乌尔班五世（Urban V）对于接受教廷资助的学生具有清醒的认识："我相信，不是所有我培养的人都会成为教士。许多人会做教士或世俗教士，其他一些人将留在尘世，成为家庭之父。然而，无论他们选择什么，甚至从事体力劳动的职业，学习对他们来说总是有用的。"由此可见，中世纪大学所受到的世俗的干扰相对较小，因此，"培育"人的功能方能得以凸显，大学的这一人才培养职能至今也是大学职能之根本。

二、高等教育人才培养应满足当下社会需求

随着经济社会的迅猛发展，高等教育人才培养已经不能仅仅封闭在象牙塔内。积极主动地为当前经济和社会发展需要服务是高等教育的应有之义，也是高校生存与发展的基础。正如布鲁贝克指出的那样，如果大学拥有大量的知识，但是缺乏把这些知识用于实践的决心和责任感，那么公众就会认为大学是无用的，因此就不会再为大学提供经费，大学也就失去了存在的根据。所以，高等教育要与社会的经济、政治、文化等相适应，培养出适应社会需要的人。澳门更是如此，作为一个微型社会，澳门人才方面的任何细微变化都会对高等教育的发展提出要求。诚然，澳门如今人才紧缺的根本问题并不在于高等教育未尽心尽责，而主要是由于当前产业结构较为单一，博彩一业独大对于人才的流向产生影响。但是，高等教育人才培养也同样负有相应的责任，需要认真思考未来产业的发展需求，完善和开设相应的课程专业，使人才紧缺的现况得以有效扭转。

在适应社会发展的人才培养举措上，有以下几点值得关注。

第一，澳门政府应通过院校评鉴以及新课程的批核，适时做出宏观调控，鼓励高校根据社会上人才的缺口而开设相关课程。

第二，澳门高校应把人才培养总体目标的实现，融入不同课程的培养计划，并结合本地人才的实际需求加以具体化。高校自身要研究产业结构变动和发展的趋势，通过"产、学、研"建立与产业结构互动的平台，把握业界的实际需求，既要保证培养人才的数量，又要使培养人才具有适应技术岗位要求的能力。

第三，通过数据和市场的结合，而不是完全通过人才数据库来调节业界对于人才的需求。世界上没有哪个国家的人才信息能够百分百预测市场的需求，况且各个行业的职位以及社会不同的阶层都是不断流动的，而高等教育人才培养则是长效的，如果按照一对一的苛求，我们势必沦入计划的时代和模式，整个社会的人才配置将会出现更大的问题。应该说，政府现在出台的人才数据库模式已经可以作为参考的基础，接下来应该由市场来调节人才供需的走向。

第四，社会各界应该同心协力，通过"引进来、送出去"的形式，为澳门培养和储备各类人才，建立人才培养的长效机制。例如，目前澳门一些高校可以透过与国际知名大学联合办学的模式，大力培养本地人才，一方面可以拓宽大学生的国际视野，另一方面可以弥补本地学科课程发展上的不足。通过多管齐下，澳门高等教育在适应社会人才需求方面，必将取得瞩目的成效。

三、高等教育人才培养还要引领社会发展

高等教育发展需要引领社会并非一个新鲜的名词，中外大学在历史上也都曾发挥过引领社会的作用。哈德罗·珀金将大学视为"人类社会的动力站"，西奥多则把大学看作"人类社会有史以来最能促进社会变革的机构"。在我国，竺可桢校长也曾经指出："大学犹海上之灯塔，是社会之光，不应随波逐流。"我们说高等教育具有引领社会的职能，还不完全是在一般教育意义上而言的。高等教育引领社会，是引领社会走向真理，这是大学组织的内在逻辑决定的。因为大学是"由学者和学生共同组成的追求真理的社团"，是探寻和传授高深学问的机构，对终极价值和绝对真理的虔诚与追寻是高等教育的本质，引领社会是大学热爱思考、追寻真理、教化心灵的本性使然。

在澳门，由于现代高等教育发展的历史较短，加之澳门是一个微型地区，社会各界对于高等教育的呼声更多地趋向于适应社会的层面，而忽视了高等教育引领社会的职能。以笔者之见，澳门要想跳出博彩一业独大、产业结构较为单一的怪圈，实现中央政府和特区政府对澳门产业发展的期望，就必须切实研究如何发挥高等教育引领社会职能的课题，从而真正在高等教育范围建立人才培养长效机制。长远来看，澳门高等教育人才培养引领社会发展，可以从以下两个层面思考。

第一，针对特区政府对于澳门"一个中心，一个平台"的战略定位，以及近期中央支持澳门建立"三大中心"的目标，超越性地思考人才培养的问题。汪洋副总理在 2013 年中葡论坛上已经提出，中央政府支持澳门建设"葡语国家中小企业商贸服务中心""商品集散中心""中葡经贸合作会展中心"，这是促进澳门产业适度多元发展的重大战略。而对于这些目标的实现，

表面上看，我们只需要葡语人才、商贸人才、会展人才即可，也许高校加大在这些领域的人才培养就能够初步适应战略目标的实现。但是，我们并不能仅仅满足于此。高等教育应该有更为广泛的视野，以上中心的定位全部面向国际，所以高校课程的目标应该立足于外向型人才的培养，尤其重视培养大批国际化经济发展中所迫切需求的熟悉国际金融、贸易、法律等知识的外向型经济人才。这就要求澳门高校所培养出来的商科毕业生不仅要懂得企业管理，而且要具有国际眼光和懂得国际管理，成为外向型经济管理人才。为了培养学生的实际能力，高校应该建立一整套机制，如组织学生到外资企业和跨国公司实习，致力于培养具有国际经济头脑和具有国际战略眼光、熟悉国际市场、具有应变能力，能审时度势的企业家、技术人才和管理人才。

第二，以高校的学科优势，促进跨学科融合，实现复合型人才培养。毋庸置疑，葡语是澳门的优势，所以在澳门建立中西交流的葡语平台，正是出于这个原因。然而，澳门高校在跨学科融合方面力度明显不够，高校有一些优势学科，如微电子、中医药、葡语等，但是这些学科之间都是相互分离的。也就是说，高校培养的葡语人才虽多，但仅涉及语言方面，而另一些优势学科又没有葡语的基础，学科之间的分离使得澳门的葡语平台难以建立在一些优势学科的基础之上。所以，澳门高校可以利用政策上的优势，大力培养复合型人才，如在中医药、微电子和创意设计等高新技术的人才培养方面加强文化和语言方面的教育，使得这些优质资源能够通过中葡合作平台、珠江三角洲区域合作平台辐射出去，这样不仅能为中葡两国的合作发展做出贡献，而且还可以打造区域产业高地，促进传统产业的技术改造和优化升级，为澳门的平台建设培养复合型人才。当然，引领社会需要政府、高校做出全面而又审慎的思考，充分发挥高校这一基于内在逻辑的职能。

高等教育人才培养是"随行就市"，还是"引领发展"，一直以来都是人们争论不休的课题。澳门就是澳门，有其自身的特殊性，澳门社会的小巧精致决定了澳门各个领域的适应性、反应性都要具有相当的速度。然而，高等教育的内在属性也决定了它具有引领社会的使命。当然，引领并非天马行空，需要我们深入地思考、广泛地求证。正如全国政协委员李向玉在接受记者采访时所言："大学不可以只看到眼前，还要放眼大局建设，满足社会需求不仅是同期性的，也是长远性的。"人才培养的长效机制正是如此，既要适应当前发展，又要引领未来发展，从根本上满足澳门特区经济适度多元发展的诉求。

第三章 | 质量保障篇

第一节　微型开放系统中澳门高等教育质量的保障

随着世界范围内高等教育规模的扩张，人们对高等教育质量的要求也越来越高。各个国家和地区通过建立形式多样的评估和质量保障制度不断提升高等教育的品质，适应学术内涵的发展，促进学生知识的增长和能力的提高。学界普遍认为，高等教育质量保障机制的形成是外部激励问责与内部自我约束相融的耦合机制，同时，一切机制的建立必然要遵循高等教育自身的特性、先进质量评估模式的标杆效应以及某一国家或者地区自身的特点。澳门现代高等教育的发展历史虽然较短，但在微型地理环境和交融文化的影响下，其内外部质量保障表现出特有的属性。

一、澳门高等教育发展中的微型社会特征

澳门是原广东香山县（今中山市）南面的一个半岛，1553 年葡萄牙人以在远东发展贸易为借口，开始在澳门筑室居住。至此，澳门区域虽有扩大，但仍不过是南部海岸的一条狭长地带，即俗称澳门街罢了。① 及至今日，澳门与所在的中国版图相比，仍然是沧海一粟，面积不足 30 平方公里。国家的发展规划纲要，将澳门定位为"世界旅游休闲中心"，其"休闲"之语也隐喻了澳门的精致玲珑。作为中国的一个特别行政区，澳门在"一国两制"政策的指引下，经济地位具有相对的独立性，博彩经济的特色举世闻名。同时，澳门在世界上受到许多国际组织的认同，是世界贸易组织和联合国教科文组织的正式成员。

政策的自主和独特的地理环境促成了澳门微型社会的典型特点：策划者可以较清晰地了解其决策对于人的影响，革新"推广效应"快。② 澳门现代高等教育也在精心诠释微型社会的这些典型特征。例如，随着 1988 年《中葡联合声明》的签署，澳门进入过渡期，急需解决三大问题：公务员本地化、法律本地化以及中文官方地位的确立。于是刚刚从私立东亚大学转制而成的澳门大学承担了为澳门本地培养紧缺人才的历史重任。在短短的两年时间里，通过新建法学院，开办公共行政课程、中葡翻译课程，迅速满足了社会对本地高级专门人才的需求，并且很快将大学里英制的三年学制转变成为

---

① 黄鸿钊. 澳门史 [M]. 香港：商务印书馆香港分馆，1987：35，214.
② BRAY M. Higher Education in Macau: Strategic Development for the New Era [R/OL]. [2011-03-15]. http://www.gaes.gov.mo/big5/news/c_new_21112001.html.

四年学制,与澳门本地葡制的中学学制相衔接。这些革新措施的推广之快在世界高等教育历史上都是鲜见的。回归以后,澳门高校的数量如雨后春笋般迅速增加到 10 所,私立与公营并存,教育规模的发展也经历了快速跳跃(1999—2004 年)和调整回升(2004—2009 年)两个主要阶段。图 7 中所呈现出的非匀速、有波折的曲线上升发展趋势,充分反映了澳门微型社会的典型特征。

澳门高等教育发展的速度众所瞩目,特区政府在修订高等教育法案、引入世界通行学制、设立高等教育基金等方面都充分发挥了微型社会特有的优势。然而,这种独有的便利也对高等教育提出很高的要求,"推广效应"快意味着接受方的反应要快,无论在政治、文化、经济等各个层面都需要有相当的反应速度。在一个许多方面都能够描绘得比较清楚的社会,高等教育需要对它任何一个细微的变化予以关注,并且要对快速产生的结果负责。事实上,回归以后,澳门高等教育就经历了一段不寻常的跳跃发展期(见图 7)。由于澳门政府致力于多元化和终身化的教育体系发展,私立高等教育借此东风,不断扩大规模,促成了多种办学方式的出现。但是,因为在管理手段上缺乏统一的规范,导致一些私立院校采取各种方式大幅招生,个别院校的规模甚至扩大了十几倍,使得 2003 年以前高等教育发展处于快速跳跃阶段。其后,澳门博彩经营权的开放使得博彩业百花齐放,这种多元竞争的格局促进了经济的快速增长。然而,博彩制度的再造工程导致员工的极度短缺,各

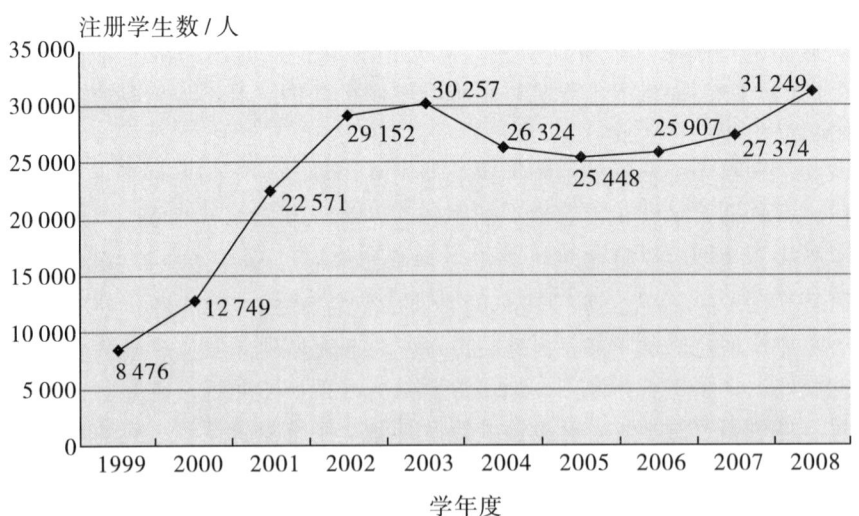

图 7 回归后一段时间以来澳门高等教育规模发展变化
资料来源:澳门高等教育辅助办公室

大博彩公司通过调高工资以吸引劳工，许多澳门中学毕业生和在职人员面对巨大的利益诱惑而弃学从工，高校的在学人数也一度跌落，使澳门高等教育再次陷入"窘境"。2005年以后，随着澳门政府可持续发展目标的确立，经济的快速发展使得澳门的产业结构不断转型并升级，需要较大数量的专业技术人才，这些为澳门高等教育的发展提供了新的机遇，学生的整体规模又在平稳中回升，教育质量也得到了保证。可见，微型社会的特点对于高等教育的影响较为明显，优势和劣势往往处在快速转化中，澳门高等教育的质量保障体系也充分体现了这些特点。

二、澳门高等教育发展中的开放与文化融合

地域和文化的特征是相辅相成的，这也是顺应自然的倾向。正如澳门是南中国一个开放的岛屿一样，其高等教育也构成了开放的系统，并且极其自然地与文化紧密相连。在澳门高等教育发展史上，文化融合来自传教的梦想。葡萄牙人需要在远东地区，特别是日本和中国建立传教的策略性支持基地，由耶稣会带领传教工作，并在中国内地担当外交角色，促进两种文化的交流。1586年，"中国上帝圣名之城"作为澳门的名称，获得印度总督唐·杜阿尔特·德·梅内塞斯（D. Duarte de Menezes）的确认。1557年澳门被教皇保罗四世誉为宣扬宗教的基地（二月四日教皇训谕 Pro excellenti praminentia，Paulo IV）。1594年，探险家范礼安（Alexandre Valignano）创办了远东第一所高等院校——澳门圣保禄学院（1594—1762年）。[1] 它不仅是东方传教士的摇篮，还是双语精英的摇篮，在西学东渐、中学西传中起到不可忽视的作用。[2] 在悠远的历史长河中，澳门高等教育在多元文化的影响下逐渐形成一个开放的系统。

早期的圣保禄学院推行耶稣会的策略是透过教育活动中的"教"与"学"进行的。一方面，需要转变文化输入的政策，依据当地民族的习惯、生活方式修改规则和宗教赞颂方法；另一方面，为了了解民族和文化的各个基本元素之灵魂和精神，需要进行语言的推广和交流，因此培养了一批汉学家，将中国的语言、文化、科学典籍带去西方。范礼安仿造葡萄牙哥英布拉大学的模式进行教学组织与管理，开设了拉丁文、艺术、伦理神学和教义神学等课程。在其最辉煌的1597—1645年，拥有大批西方的耶稣会教士来院

---

[1] 龙思泰. 早期澳门史：在华葡萄牙居留地史[M]. 吴义雄，等译. 北京：东方出版社，1997：51-52.
[2] 李向玉. 汉学家的摇篮：澳门圣保禄学院研究[M]. 北京：中华书局，2006：149-222.

传授西方教义和科学。①

　　虽然当年圣保禄学院的辉煌已经不复存在，但是近代澳门高等教育仍然承继了中西文化交融渗透的模式。目前多所高等教育机构就存在政府、基金会、公司、教会、社团、慈善会等多个办学主体；遵循中文、英文、葡文三种文化体系；中、英、葡、港四种学制体系并存，既有欧洲大陆传统的"崇尚学术，研究与教学统一"的大学理想，又有偏重教学、实用的办学理念；生源结构和课程结构也趋于多元化。高等教育系统内部的课程专业与国际接轨，各大高校纷纷在世界范围内吸引教学和学术成果突出的教师，招收优秀的学生，与国内外先进大学合办学位课程和授予学位等，在学科知识引入、理念方法借鉴上走在前列。多种文化的交流碰撞，使得澳门高校的教学方法、形式更加灵活和多样，语言更丰富多彩。澳门的高校既培养学生"为知识而知识"的信仰，同时为了避免过分推崇"理论建构、普遍化和创造性思维，而忽略实际技能的传达"②，一些高校还不断加强学生的海外实习活动，拓宽他们的视野。文化包括各种外显或者内隐的行为模式，借助于一些符号的使用得以学习或传授，并能体现出人类群体的非凡成就。③ 澳门高等教育似乎在文化的输入与输出过程中已经形成共享的价值观，即融合文化下教育的借鉴移植以及形式的多元化等，这些也构成了澳门高等教育的开放系统模式。

三、澳门高等教育质量外部问责的灵动反应机制

　　澳门在漫长的历史进程中形成了"和则相济，和同可观"的精神气质，特区政府对高等教育长期以来采取"无为而治"的态度，允许高等院校自由办学、各显特色。2017年高教法中，也已列明澳门高等教育机构享有学术、教学、行政和财政的自主权。2008年9月，澳门政府向联合国教科文组织递交的一份高等教育质量报告中，详细谈到了澳门高校的质量保证机制。10所高校的外部质量保证模式遵循不同的路径，有的高校建立了外部雇主信息回馈网络，有的则接受国际专业组织的认证（如澳门旅游学院成为联合国世界旅游组织TedQual认证的旅游教育机构），有的通过加入亚太地区质量网络

---

① 桑托斯. 澳门：远东第一所西方大学［M］. 孙成敖，译. 澳门：澳门基金会，1994：54-56.
② 科顿姆. 教育为何是无用的［M］. 仇蓓玲，卫鑫，译. 南京：江苏人民出版社，2005：3.
③ KROEBER A L, KLUCKHOHN C. Culture: a critical review of concepts and definitions ［M］. New York: Vintage Books, 1952: 31-41.

接受评审，一些院校则要求课程取得相关学科领域国际专家的认可，还包括高校通过外部考试员和学术审计的方式保证科目（courses）的教学质量。报告同时指出提升质量的关键点：切合目标；卓越；标准一致；可靠性和连贯性；创新；满足利益相关者诉求；责任感；价值增值的方法（value-added measures）；区分不同学习起点的学生。[①]

澳门高等教育之所以形成这样的外部质量保证机制，很大程度上还是和澳门微型、开放的特征密切相关。澳门虽然地块狭小、人口不多，但是高校的数量却已经达到10所。如果澳门政府对所有的高校都采取统一的标准，其结果必然导致高等教育失去特有的灵性。值得注意的是，当我们在政府、高校、社会三者框架下审视高等教育质量提高的时候，一般非常关注政府与社会对高校的质量问责，并且始终存在一个假设，"高校接受外部评审需要外在力量的推动"。然而，澳门高校对质量的追求有着天然的主动性。这一方面缘于澳门高校的开放性很强，外部的先进理念和经验很容易融合为高校自身的文化；另一方面，澳门高校具有快速反应的机制，每一所高校都能够在外在环境的迅速变化中捕捉到敏感的信息，并由此形成适合于自身特点的外部保障机制。比如，针对旅游发展的国际性和行业性趋势，澳门旅游学院适时加入世界旅游组织知识网络，直接接受世界旅游组织的教育质素认证，并建立了国际化的教师队伍，不断提升学校的国际竞争力。而另有一些应用型高校会将质量保障的重点放在不断适应市场和建立外部信息反馈网络上。无论是哪一种方式，都使得澳门高校能够更加主动地接受来自外界的质量监督，这也自然切合了外部评估的真正内涵——从"要我评"到"我要评"的终极目标。

就目前而言，国际高等教育质量保障是向着更具兼容性的趋势发展。比如，欧洲的博洛尼亚进程近期在强调院校自治、多元化发展的同时，也致力于建立以关注学生学习为主要目标的质量评价体系，并以此作为欧洲高校之间对话、联系的平台。澳门政府和高校也密切关注到已经在许多国家和地区积极推行的"学习成果为本"质量评价模式。作为文化开放融合的交汇点，澳门高等教育有着持久的信念：充分借鉴国际上先进的评价模式，向国际标准看齐。当前，世界上以关注学生学习成果为核心的评估模式非常重视大学教育的效益与价值，关心学生的素质是否达到应有的标准，是否提升和改变了能力、气质与品行，希望借助评估学生学习成效，重申大学教育的核心价值、任务和功能。这种"成果为本"的学习和评价模式代表了新的教育范

---

① Higher education in Macau: country report to UNESCO (Internal Report) [R]. UNESCO, 2008 (9): 42-43.

式,与传统的"过程为本"的教育大相径庭。① 作为澳门近邻的香港更是从2006年开始额外斥资6 500万港币力推"成果为本"的方法,并在2008年出台了为主流教育、职业教育以及持续教育的学习厘定统一标准的七级资历架构。就发展趋势来看,澳门与香港关系紧密、政治文化环境相似,其反应快速、开放融合的特征也决定了当地高等教育更容易借鉴、吸收外部先进的评审模式。一些澳门高校的课程在寻求国际相关行业认证的时候,本身已经吸纳了"成果为本"的评估理念。此外,澳门高校正在透过国际研讨会、学术讲座、工作坊的形式,积极推行"成果为本"的教与学方法和相关的质量评价方式。应该说,外部问责机制是高等教育质量保障的重要组成部分,澳门高等教育的外部问责并没有采取持续的控制、严格的评审、统一的指标,而是受微型环境和开放系统特征的影响,追求院校自主和借鉴移植,逐渐形成了快速灵动的反应机制。在2017年高教法通过后,澳门特区政府进一步出台高等教育素质评鉴制度,通过建立相应的标准作为外部质量保障的规范与指引,同时保证各高校寻求外部质量评审的多样性。

四、高等教育内部课程质量保障的循环系统

澳门高校内部保障机制的形成同样受到地理、文化特征的影响,院校有着很大的自主性和开放性。斯瑞文认为在评估领域的诸多模式中,高校容易受到分离的意识形态(separatist ideology)的干扰,常用"你是评估主体,他是客体"介入评价之中,产生"价值恐惧症",当客体反抗或避免被评价时,就是一种"价值恐惧"。② 应该说,澳门高校在评估中所表现出来的价值恐惧感较少,每一所高校都可以追求不同的目标,以主体的身份不断维护自身的教育质量。对于高校内部而言,质量保障的重点在于教与学政策的制定和实施、课程(programme)的开设和实施以及学习成效的反馈等诸多方面。在每一个具体环节,院校可供选择的模式多种多样。由于学科之间的差异性较大,不太可能使用统一的模式介入每一门课程的质量评价中,这就使课程的自主性和开放性特征得到充分的发挥。一些课程甚至主动寻求国际相关专业组织的认证,配合国际发展的趋势拟订课程学习计划、修订科目大纲等。许多高校在开放的环境下,通过自我规范和自我改进形成了良性运行机制。

---

① SPADY W G. Choosing outcomes of significance [J]. Educational Leadership,1994,51(6):18-22.
② SCRIVEN M. Evaluation ideologies [M]//MADAUS G F, SCRIVEN M, STUFFLEBEAM D L. Evaluation models. Boston:Kluwer Nirhoff,1983:229-260.

以澳门其中的一所高等院校为例。该校教与学的政策是由校级层面的委员会制定，作为下属学院参考执行的重点。一般来说，政策的制定重点考虑两个方面：第一，学生所需知识、技能和能力的国际认可度；第二，如何借鉴国际"标杆"课程的发展。政策制定与学校的愿景、发展规划保持一致，每一门课程对于学生知识、能力训练的成果要求也与学院、学校发展的目标相切合，并且所有的政策都要为其产生的效果承担相应的责任。在二级学院中设有完善的质量保障组织架构，下属的委员会结构完全采取国际上先进的做法。如质量保证委员会（Quality Assurance Committee）下设负责学术认证、评审的认证评估工作组（Accreditation Task Group）（接受国际相关专业组织认证事务），负责新学习计划起草、修订的科目检视工作组（Curriculum Review Task Group），负责审阅试卷、评分方案以及复审答卷的评分标准工作组（Assessment Standards Task Group），以及负责学生和教师发展的工作组。为了确保同一学科（subject）的科目一致、连贯、完整与合适，学院通过学科和科目协调员进行统一安排、协调。

澳门高校致力于在校园里建立一种积极探索与主动追求质量的文化，在高校内部形成快速反应的机制。这不仅体现在高校内部质量保障系统容易从本地区以外迅速汲取最新的理念和经验做法，每个学科与外部的交往密切广泛，而且还形成了教师、学生共同承担评价、检视学习成效的良好氛围。在不断寻求外部学术评审的同时，学校还将校外专家评审制度化，确保高等教育课程的学术标准与国际接轨。2006年，校理事会专门邀请国际知名专家成立了学术评审顾问委员会，对学校的学术评审工作给予指导和参与对院内自我评估报告的审议工作。2007年，学校成立学术监督与仲裁委员会，为教与学的质量保证提供必要的技术支持与拓展，在参考国外先进评估经验的同时，设计评估工具，开展数据搜集。2014年，该校还通过了英国高等教育质量保证署（QAA）的院校评审，成为澳门第一所通过国际院校评审的高等学府。

从消费者和雇主的角度来说，评估是"具有启发性的消费者替代"，评估人员应该凭借能够获得适切、准确信息的技巧，以及可理解的伦理观，协助专业领域的人员生产高质量且对消费者有价值的产品和服务。[①] 消费者评估导向理论与澳门微型社会典型特征相结合，使高校更加关注如何适应快速变化的市场需求。高校内部成立了师生咨询委员会、学科顾问委员会、专业团体、雇主与校友的回馈网络，建立海外、职场实习的基地，实现学习者、市场与教育提供者三方的最佳利益均衡。围绕着大学发展的使命、愿景，澳

---

① BAUDRILLARD J. The consumer society [M]. London: Sage, 1998: 42-48.

门高校内部主动建构了从教与学策略、组织保障到监控回馈的循环系统，每一个环节都与外界产生联系，充分体现了澳门高校小而快、灵而精、融而通的优势特征。

澳门高等教育是一个微型、开放的系统，每一所高等院校能否长期正常而稳健地运作，取决于它是否可以感知和回应内外活动过程中产生的微妙变化，以及是否能够吸收借鉴地区以外的先进理念和经验而定。澳门的高校在质量保障方面拥有较多的自治权利，然而对于自治的理解并不仅仅是一种唯我独尊①，还包含着一种责任。澳门高等教育正在责任意识的驱动下，主动建构适合自身特点的质量文化，不断借鉴国际上先进的评估理念，将澳门的环境和文化特征转化为高等教育质量提升的内在动力，最终形成适合于澳门高等教育发展的质量保障机制。

第二节　澳门高等教育评鉴须以生为本

2014年年初，澳门理工学院成功通过了英国高等教育质量保证署（QAA）的院校评鉴，获得"充满信心"（confidence）的评级。这一方面充分证明了澳门理工学院的教育质量及其管理水平受到国际权威机构认可，另一方面也说明澳门高等教育在国际化的进程中又向前迈出一大步。

众所周知，英国高等教育有着非常悠久的历史，中世纪建立的牛津大学，以其古老庄严的气势、享誉海内外的名声以及自由开放的气质为世人所瞩目。漫长的历史进程中，英国高等教育在质量的维护和提升方面积累了许多宝贵的经验，并在实践的摸索中形成一个又一个独特而富有内涵的模式。如果说QAA在英国高等教育的评鉴中起到至关重要的作用，那么评鉴背后所蕴含的理念更加值得我们深思，也可以为澳门高等教育评鉴制度的落实提供一些借鉴。

一、评鉴应有风险意识

2007年，美国次贷危机爆发，这场金融危机给整个世界的经济带来严重的影响。英国在经济危机的阴影下，承受着巨大的财政赤字和开支压力，政府开始在高等教育领域思考质量、效益及与社会经济密切联系的问题。2010年10月，一份以"高等教育财政"为主题的研究成果——《布朗报告》

---

① BARNETSON B, CUTRIGHT M. Performance indicators as conceptual technologies [J]. Higher Education, 2000, 40 (3): 277-292.

（Browne Report）出台，紧随其后，2011 年 6 月政府颁布了《高等教育：以学生为中心》（Higher Education：Students at the Heart of the System）的白皮书。高等教育基金委员会亦于同年 8 月发表了《一个切合目标的管理框架》（A New Fit-for-Purpose Regulatory Framework）的咨询报告。几份文件相继提出高等教育拨款中的风险意识，高等教育基金委员会将减少整体教学拨款（block grant）的数额，允许院校提高学费并给以充足的贷款保障和灵活的还款机制。

与此同时，在质量保障领域也引发了一场"后布朗争论"（post-Browne debate），焦点在于能否在外部质量评鉴中加入风险意识，对那些信誉良好和内部质量保障机制健全的院校，可以延长评鉴的周期，同时加强对表现较弱的院校的评估和追踪。QAA 依据上面的讨论结果，系统总结了前一段时期的评鉴经验，提出了以风险为基础（risk-based）的院校检视（institutional review）方法。2011 年 9 月，QAA 颁布了质量手册，取代了《高等教育资历架构》《学科基准声明》《专业规范》《实施守则》四位一体的学术基础规范（academic infrastructure），作为评鉴的学术标准和行为准则。2012 年 5 月，QAA 出版了院校检视手册，经过多方咨询和修正，2013 年 6 月正式发布了《高等教育检视：用户手册》，决定从 2014 年起，用新的方法对英国高等院校全面开展检视工作。

二、检视机制关注学生

新的高等教育检视主要包括两个范畴：其一是检视各高等院校是否提供具备适当学术水平的学位资历，及达到符合一定质量的学生体验；其二是检视各高等院校是否在适当的方式下，依其法定权力颁授学位。QAA 所执行的检视依据则主要集中在以下四个方面：第一，院校如何设定及维持基本的学术标准；第二，怎样提供学生在教学、资源及学术支持等方面的学习机会；第三，怎样促进学生学习机会的提升；第四，如何确保公共信息的透明和有效。

可以看出，新的检视机制重点关注的是学生。因为，在 QAA 看来，学生是重要的利益相关者和高等教育的受益者，因此质量和标准都应该是围绕学生展开的。

首先，新的检视机制高度重视学生的参与度。检视手册中在要求院校提交自评报告的同时，也会要求院校必须指派一名学生领导代表，递交一份书面报告。实地访问的检视小组也必须有一位熟悉当地高等教育的学生领导代表作为正式成员（海外检视除外）。在每所院校的内部保障体系中，学生参与也是重要的衡量指标之一。例如，院校的学术委员会、负责课程修订和评审的委员会以及行政委员会需要有学生的参与。学生的申诉和信息回馈也应该成为院校质量保证中的恒常机制。QAA 在对澳门理工学院评鉴的优秀办学实践的赞誉中，就特别欣赏学院"响应学生的诉求、意见的灵活性和热诚"。正如 QAA 的学生参与主管指出的那样，新评鉴中的学生参与已经不是一种形式化的举措，而是真正使学生以评鉴者的身份参与质量检视的全过程以及学习机会的供给。

其次，保证学生获得高质量的学习机会（learning opportunities）。在质量守则中，各层次的学术基本标准是学生学习机会获得的参照依据。检视重点关注的是，不仅课程的制定、批准以及修订需要学生的参与，而且课程预期学习成效要与整所院校拟定的毕业生特质保持一致，课程计划要能体现出知识的连贯性和逻辑性。QAA 同样关心对学生的有效培训、学习资源的配置及利用，重视能够为学生带来教育和专业发展效益的实习机会及其合适的安排和监督。比如，澳门理工学院把培育学识既博且专的人才列为首要任务，多个专业均设有实习科目，以符合校企协作教育的要求。各个专业亦会为学生安排不同的实习机会，让他们可于毕业前获得相关工作经验。同时，澳门理工学院与大中华地区、英语系国家、葡语系国家多所高校建立了交换生或交流计划，使学生拓宽学术视野及体验不同的语言文化。QAA 对澳门理工学院在这些方面的表现也给以了高度赞赏。

检视如何促进学生获得丰富的学习体验，还有一个重要的观测点，即学生、高校以及雇主之间的联系程度。英国于 2012 年公布的《威尔逊报告》就曾经提出，大学应该成为经济的中心，培养具有企业精神的毕业生，以促进学生高质量学习经验的形成和适应小区和经济发展的需求等。所以，QAA 在整个评鉴过程中，都会围绕学生如何获得高质量的学习体验来进行。

最后，从关注"质量保证"转向"质量提升"（quality enhancement）。QAA 认为，质量管理的过程不仅是一个保证的过程，更主要还是一个提升的过程。一方面体现在对学生学习成果的关注。"成果为本"的理念认为，现在的教育评鉴模式非常关注师资、管理、教学设施、教学方法、环境等因素，而忽略了学生通过学习究竟学到了什么。正如厨师做菜一样，特别强调厨师的资历水平（师资）、厨房的厨具等设备（教学设施）、是否五星级的大酒店（环境）、炒菜的技术（教学方法）等，但就是没有品尝厨师做出的菜味道如何。就目前而言，成果为本的评鉴理念已经深入许多国家高教的评核体系中。QAA 强调除了要求院校通过各种"证据"证明学生达到了所设定的预期成果之外，还会通过一些特殊主题（thematic element）[注：QAA 的检视除去一些核心项目（core element）：学术基本标准、学习机会、质量提升以及信息公开之外，还会增加一至两项对特定主题项目（thematic element）的检视。以 2012—2013 学年为例，QAA 机构检视所择定的主题是"新生的经验"及"学生参与质量保证及改进的情形"]的考察，如新生入学后的学习体验等，帮助院校重点关注学生学习质量的提升。另一方面，通过信息公开的方式，促进院校高度重视质量提升的举措。例如，QAA 在 2013 年 6 月在网上公布的基尔大学《检视报告》中就建议，该大学需要建立可行的学生参与机制，确保每个课程的学生参与度，以及提供给所有学生准确、透明的课程成本核算信息等。公开的报告让院校直面公众的监督，通过改进不足，提升教育的质量。

三、内部建立恒常机制

QAA 在新的检视方法出台之前，曾经通过高等教育基金委员会向社会各界广泛咨询，提出了以下几点：减少院校不必要的负担——从轻触（light touch）到微触（lighter touch）、更大的透明、个性化的检视（tailoring review）、对质量提升的持续关注、学生作为全过程的参与者等。应该说，QAA 对院校检视的重点依然是在基本学术标准的基础上，对院校内部质量保证机制有效性的审核，而不是直接对教学质量的评审。这或许可以说明为什么在英国的质量评鉴中并没有针对教师的听课任务，因为教学质量是属于高校内部自治的范围，外在评鉴不会直接去评论一个教师上课的好坏，即教学水平的高低。当然，教学水平可以通过院校是否建立了同行观课、学生评教的机制，课程开设和调整方面有无相应的组织和审核机制，在教学委员会上是否形成对教学问题的讨论，是否有所记录，学生对教师的教学如何回馈，是否建立了让学生参与质量管理的恒常机制等一系列的内部保障机制得以体现。

从 QAA 的检视方法和内容来看，学生在英国的高等教育评价中被提升到了很高的位置。"以生为本"恰恰可以反映出一国对于核心利益相关者的重视，同时不断强调高校、学生和社会间的密切联系。英国政府也坚定地认为，学生是否能够参与和受益应当作为质量评鉴的一条基本原则。

澳门高等教育已经迈入了关键时期，2017 年高教法及 2018 年高等教育素质评鉴制度已经出台，高等教育评鉴势在必行。笔者认为，任何一种评鉴的方法都不是完美无缺的，也都是适应本地的经济、政治、文化背景而产生的，但任何一种评鉴方法都需要有指导性的理念，"以生为本"就应该是其中之一。澳门理工学院顺利通过 QAA 院校评审的事实表明，澳门可以借鉴英国 QAA 的一些经验，并将之应用到本地高等教育评鉴的实践中来，切实把提高学生参与机会、增加学生学习体验以及检验学生学习成效作为根本要求，达到真正促进澳门高等教育的可持续发展的目的。

第三节　澳门高等教育评鉴体系的发展与展望

一、高等教育评鉴的发展趋势

教育评鉴是通过科学的方法和手段，系统地收集数据和信息，对教育过程或结果进行价值判断的过程。西方教育评鉴的发展大体可以分成四个阶段。

第一阶段，19世纪中叶到20世纪30年代，教育评鉴处于萌芽时期，重视事实测量。以测量理论为标志，评鉴的主要目的是为了客观测量学生的学力，故而一大批学业、智力、人格的测验方法问世，有关课程改革试验不断推广，用留学率、保持率、毕业率等指标评价学校，使教育评鉴更具可操作性。

第二阶段，20世纪30—50年代，以泰勒为代表人物的强调目标的时期。20世纪30年代研究的焦点从事实判断转向价值判断。泰勒主持的"八年研究"打下了教育评鉴的理论基础。其后，布鲁姆、克拉斯沃尔及辛普森等人相继发表了《教育目标分类学》、《情感目标分类学》以及《技能目标分类学》，将以学业测量为主的模式推进到以目标为参照的价值判断阶段。

第三阶段，20世纪50—70年代，深受工商业界质量管理理念影响的阶段。这一时期的评鉴模式和方法百花争鸣、层出不穷，特别注重对管理过程的控制，评鉴的目的不是为了证明，而是为了改进，形成性评鉴逐渐走向前台，评鉴制度也日趋完善。

第四阶段，20世纪后期是尊重利益相关者的价值协商与共建的阶段。受人本主义、建构主义思潮的影响，引发了对评鉴者与被评鉴者分离、事实测量的"客观性""价值中立"等的质疑和反思。评鉴开始从价值一元走向价值多元，考虑所有利益相关者的价值目标和利益所在，对多元价值加以认可、协调和共建。价值协商的评鉴提倡在评鉴中充分听取各个方面的意见和想法，并把评鉴看成是通过分享、理解、协商，认可和建构多元价值体系的过程。这一评鉴旨在将评鉴过程、评鉴主体、评鉴对象成功协调，既注重评鉴事实的科学性，亦考虑评鉴价值的伦理性和协调性。

高等教育评鉴是教育评鉴在高等教育领域的延伸和发展。由于高等教育的特殊性，大学建立以后的很长一段时间内，评鉴的概念一直与大学无缘。因为象牙塔内的活动既无法评鉴，更不用评鉴，以高校为主体的高等教育本身就是质量的体现，从事这一精神活动的思想群体本身就是质量的保证。但是，随着高等教育大众化的到来，世界范围内愈来愈认识到高等教育的性质正在逐渐发生改变。高等教育不再是不能评鉴的"精神贵族"，至少在规模扩张的过程中存在着不少质量问题，这为高等教育评鉴的产生和发展提出了现实需要。

一般来说，高等教育评鉴大体可以分成外部评鉴和内部评鉴两类。基于对学校主权的尊重，内部质量评鉴体系应该是更重要的。而外部质量评鉴是对内部质量评鉴的监控、督促和支持，也是整体评鉴中不可或缺的环节。当前，对于内部、外部评鉴体系应该遵循的标准和指导原则，已经有了比较完整和成熟的认识。

2005年欧洲高等教育质量保证协会（ENQA）制定的欧洲高等教育质量保障标准和准则，要求欧洲各国的质量保证体系都要遵循这一标准和准则；同年，国际质量保障机构网络主席签发了一份《优秀质量实践准则》，成为各国高等教育质量保障争先学习的范例。亚太质量网络（APQN）以及美国认证委员会（CHEA）也相继公布经讨论后的准则、政策和程序，为成员单位提供指引。这些准则大致可以归纳如下。

外部评鉴：成立一个权威的、法定的评鉴机构，保证利益主体共同参与评鉴过程；强调除质量评鉴之外的问责机制；以协助者的身份对待院校评鉴和课程审核；有可供参考的实施标准和政策；评鉴工作应保持独立、公正、公开、严格、透明和决策一致。

内部评鉴：首要任务是形成院校质量文化；内部保障应覆盖教育的全部过程；质量保障应是持续地改善和提高质量的过程；课程计划，教与学，学生成绩评核以及学位授予是保证和提高质量的重要环节；有充分的资源支持学生的学习；有效的管理信息系统和公正客观的公共信息系统。[①]

以上认识在很大程度上已经走向世界，越来越多的国家和地区在国际化的标准下，正努力寻求高等教育评鉴的有效方式。澳门作为中国的一个特别行政区，也在这样的背景下，不断探究适合于自身文化、经济发展特点的高等教育质量评鉴模式。

二、澳门高等教育质量评鉴体系的分析

澳门现代高等教育起源于1981年创立的私立东亚大学，经过30年的发展，已经初步形成公私并存、结构多元的院校体系。在微型地理环境和交融文化的影响下，澳门高等教育评鉴体系形成了自身的一些特点。

---

① International Network for Quality Assurance Agencies in Higher Education (INQAAHE). The INQAAHE guidelines of good practice [EB/OL]. http://www.inqaahe.org.

(一) 高等教育的外部评鉴方式

澳葡政府对教育长期以来采取"无为而治"的态度，高等教育也不例外。澳门第一所现代大学——私立东亚大学也是三位香港人来澳门创办的，回归前澳葡政府收购后将之分为公立的澳门大学和澳门理工学院。同时，澳葡政府允许私人、教会、社团等办高等院校，自由办学，各显特色。1991 年高教法中，也列明澳门高等教育机构享有制订章程以及学术、教学、行政和财政的自主权①，而没有明确高等院校的外部认证或评鉴制度。东亚大学建校时按照英国的模式办学，实行规范的外审制度以保证教学质量。及至澳门 10 所高等院校成立，质量评鉴的做法变得更加多样化。2008 年 9 月，澳门政府向联合国教科文组织递交的一份高等教育质量报告中，详细谈到了澳门高校的质量保证机制。10 所高校的外部质量保证模式遵循不同的路径，有的高校建立了外部雇主信息回馈网络，有的则接受国际专业组织的认证，有的通过加入亚太地区质量网络接受评审，一些院校则要求课程取得相关学科领域国际专家的认可。②

澳门高等教育之所以形成这样的外部评鉴机制，主要是和澳门微型、开放的特征密切相关。当我们在政府、高校、社会三者框架下审视高等教育质量提高的时候，一般非常关注政府与社会对高校的品质问责。然而，澳门高校对质量的追求具有较强的主动性。这一方面缘于澳门高校的开放性很强，外部的先进理念和经验很容易融合为高校自身的文化；另一方面，澳门高校具有快速反应的机制，每一所高校能够在外在环境的迅速变化中捕捉到敏感的信息，并由此形成适合于自身特点的外部保障机制。例如，澳门理工学院已经将外部专家的评审机制制度化，定期分专业安排外来专家对课程安排、教与学活动进行访视和指导。当前，又将质量保障的重点放在不断适应市场和建立外部信息回馈网络上。

作为文化开放融合的交汇点，加上澳门高等院校反应快速、开放融合的特征也决定了其更容易借鉴、吸收外部先进的评审模式。一些澳门高校的课程在寻求国际相关行业认证的时候，正在吸纳"成果为本"的高等教育评估理念。此外，在许多澳门高校内部，正在通过国际研讨会、学术讲座、工作坊的形式，积极推行国际上"成果为本"的教与学方法和相关的质量问责机制。应该说，澳门高等教育的外部评鉴并不是采取持续的控制、严格的评

---

① 澳门特别行政区. 1991 年 2 月 4 日第 11/91/M 号法令澳门《高等教育制度》法律第 8、46 条 [EB/OL]. [2011 - 03 - 12]. http://www.gaes.gov.mo/.

② Higher Education in Macau: country report to UNESCO (Internal Report) [R]. UNESCO, 2008 (September): 42 - 43.

审、统一的指标，而是受微型环境和开放系统特征的影响，追求院校自主和借鉴移植，逐渐形成快速灵动的反应机制。

虽然不同学校采取多样的外评方式，有利于学校主动性的发挥，但长期缺少外部评鉴制度的管理和指引，也容易出现放任自流、控制不当的情况。澳门院校在外部质量评鉴方面具有天然的主动性，在院校之间相互比较的过程中，能够产生出一种评鉴的竞争动力，这对于高等院校教育质量的提升具有正向的作用。政府于2018年出台的高等教育素质评鉴制度就是要提供有利于院校主动开展评鉴活动的指引和基本学术标准，建立一整套质量评鉴的参考规章制度。

（二）高等教育内部质量保障系统

斯瑞文认为评估本身受到分离的意识形态（separatist ideology）的干扰，常用"你是评估主体，他是客体"介入评鉴之中，产生"价值恐惧症"，当客体反抗或避免被评鉴时，就是一种"价值恐惧"。[①] 而澳门高校在评鉴中所表现出来的价值恐惧感较少，每一所高校可以追求不同的目标，以主体的身份不断维护自身的教育质量。对于高校内部而言，质量保障的重点在于教与学政策的制定和实施、专业的开设和实施以及学习成果的回馈等诸多方面。在每一个具体环节，院校可供选择的模式多种多样。由于学科之间的差异性较大，不太可能使用统一的模式介入每一个专业的质量评鉴中，这就使专业的自主性和开放性特征得到充分的发挥。一些专业甚至主动寻求国际相关专业组织的认证，配合国际发展的趋势拟订专业学习计划、修订课程大纲等。有的高校在开放的环境下，通过自我规范和自我改进逐步形成了良性运行机制。

澳门高等教育内部质量保障的特点在于每一所高校都能主动追求符合自身特征的质量文化，高校内部也大都形成了完备的质量保障体系，建构了可控的循环系统。尽管如此，我们也应看到澳门10所高校在建立内部质量保障体系方面是参差不齐的，即使在同一所院校，不同专业之间的差距也不小。有的保障体系还不健全，有的缺乏有力的保障措施，有的存在质量上的薄弱环节。存在这些问题也并不意外，主要和有些专业尚没有充分重视及负责任地推行内部保障制度和措施有关，也同缺乏规范的外部评鉴标准和指引有关，没有一定的外力的推动，内部保障体系的建立会因缺乏动力而难以有效坚持下去。

---

① SCRIVEN, M. Evaluation ideologies [M]//MADAUS G F, SCRIVEN M, STUFFLEBEAM D L. Evaluation models. Boston：Kluwer Nirhoff, 1983：229-260.

三、未来澳门高等教育质量评鉴的思考

根据国际上高等教育评鉴的发展趋势，结合澳门自身的特点，本节将从以下方面深入思考高等教育评鉴的发展。

（一）完善高等教育制度体系，建立利益相关者问责机制

前文已述，尽管澳门在高等教育质量评鉴方面形成了自身的一些特点，但是与质量评鉴相关的法律、法规、政策等却严重缺乏，导致相关评鉴法规也未能谋面。2017 年，在特区政府和各界人士的大力推动下，2017 年高教法及 2018 年高等教育素质评鉴制度终于得以面世，这为澳门外部评鉴制度的全面开展打下了良好的基础。

回归前，澳葡政府在高等教育管治上，习惯于"无为而治"，而一旦政策推行，又比较偏向于政府主导的模式。如果这一模式应用于评鉴之中，政治利益而非学术价值更容易成为评鉴活动最主要的价值取向，结果是在开展评鉴活动的过程中，既扭曲了价值标准，使评估客体产生畏官不畏民的盲从心态，又妨碍多元质量保障主体的形成。[①] 所以，根据当前教育评鉴的发展趋势，需要努力扩大利益相关者的评鉴参与途径。澳门现今的外部评鉴机制没有外部实体的约束，对高校不能产生实质性的规范和问责作用。因此需尽快建立法定的组织机构和规范的外部评鉴制度，同时非常有必要建立利益相关者的问责制度，设计一套公众参与机制，让公众既能在问责的各阶段广泛参与，又能发挥积极、有效的作用。

（二）完善高校内部质量评鉴体系，引入独立的中介评鉴机构

澳门许多高校内部已经逐步建立了质量评鉴体系，但由于缺乏科学性的指导，内部质量保障容易缺少后续的改进方案和举措。具体到某一个专业，往往在院校的督促下停留在表面的工作之上。借鉴国际上的先进经验，院校内部的质量保障与评鉴一般应由以下四个子系统组成：组织保障系统、评鉴诊断系统、日常管理系统、回馈支持系统。组织保障系统是质量流程的载体，任何有关质量方面的工作或问题，都可以在组织循环中找到根源所在；评鉴诊断是指科学性、针对性地对质量问题做出判断，将评鉴作为课程持续发展的工具；日常管理是指教育常态过程的监督和控制，如同行检视、学生评教等，它是保证日常教育教学过程顺利进行的有效方式；而回馈支持则包括利益相关者的回馈以及利用先进的评鉴研究成果设计、开发评估工具等，以市场为导向促进教学质量的提升。

---

① 熊志翔. 中国高教质量保障体系的构建 [J]. 江苏高教，2003（01）：67 - 69.

理论和经验告诉我们，高等教育评鉴是一项十分复杂的专门性工作，对高等教育的评鉴不但需要专业知识，还需要专门评估理论和评估技术的支持。同时，由于复杂评鉴结构和多元评鉴主体带来的价值冲突，也特别需要专业化的评估机构，以平衡各社会利益群体的不同目标取向。① 因此，应根据澳门高等教育的现实状况，适时引入中介机构来参与高等教育质量评鉴。中介机构一般具有独立性、权威性和公正性的特点，政府要通过中介机构对高校教与学的质量加以控制，社会要通过中介机构表达对高校教育活动的需求，学校也要通过教育评鉴中介机构表达愿望、争取支持。只有这样，才能既提高评鉴工作的效率，又有助于保证评鉴活动的公正性、客观性和科学性。

（三）重视学生的学习成果，增进评鉴的持续改进功能

从理论上讲，评鉴的质量准则应覆盖教育的投入、过程、产出三个方面。早期的评鉴比较重视教学条件、师资队伍等客观条件，而近 10 年来则越来越注重学习成果。从学生身上看到的成果理应是最直截了当、最能说明问题的。不仅是评鉴的质量标准注重学习成果，一些国家的学位标准或专业计划也都在不同程度上用学习成果来表明其质量状况。在国际质量保障网络上可以看到，不同学位毕业生的学习成果大体包括以下各点：具备怎样的知识和智力能力；能利用所学和所知处理和解决怎样的问题；在人际交流上应具备怎样的能力；在就业方面，拥有怎样的素质、应变和知识迁移的能力；具备怎样的终身学习能力，或推动社会进步的能力等。美国大学与学院协会的本科教育学习有效评估框架也以学习成果作为认证标准的重要组成部分。根据这些要求，拟定出学生学习的目标与成果标准，对学生的学习过程、成绩与学分状况进行评估。要求高校提供学生学习成果评鉴的证据，包括直接的与间接的数据，能够证明学生所获成就，满足学位授予的要求。所以，澳门高等教育的质量评鉴需要在国际发展的大趋势下，认真研究和分析以学生学习产出为导向的可行性和必要性。

在评鉴的过程中，还要将以结果为导向的评鉴与评鉴的持续改进功能有效结合，注意到以成果为本的评鉴并非一种总结性评鉴，而属于形成性评鉴。形成性评鉴更多地关注质量的持续改进，而不是根据评鉴结果区分优劣，重视成果恰恰是帮助改进教育教学和学生学习的有效方式。将学生的发展置于评鉴中心，从外在问责与内在质量改进层面上，推动"以生为本"理念的实施，保障学生的受教育质量。从学习成果标准框架的建立，到实施以

---

① 苏昕，侯鹏生. 高等教育评鉴体系的结构多元化和价值冲突 [J]. 教育研究，2009 (10)：60-65.

学习成果为基准的评鉴，将对澳门的高等教育评鉴发展有着重要的启示与借鉴意义。

第四节　高等教育质量保障模式的国际比较与澳门抉择

"质量保障"这个专业术语最初来源于商业领域，后延伸到高等教育的环境中。在英国，质量保障的存在是"为了确保接受拨款的大学和学院，都能提供优质的教育成果；同时保证不合质量要求的院校得到及时的整顿和改进"，主要目的是"确保公共资金能被有效利用"。实际上，高等教育质量保障之所以能够风起云涌，越来越成为高等教育体系中的重要组成部分，主要基于以下三方面原因：第一，西方的一些国家于 19 世纪建立了高等教育的双轨制体系，出现许多以职业、技术为导向的新型教育机构，如英国的多科技术学院、德国的地方技术学院以及美国的社区学院等。这些机构虽然能够满足社会的即时需求，但是与传统大学的理念出入很大。各个国家出于对高等教育系统内部学术标准的维护，产生了评价的要求。第二，高等教育大众化的到来，改变了人们对于传统大学的看法。高等学校师生已经不是徜徉在象牙塔内的"精神贵族"，当大部分人可以接受高等教育的时候，它已经变成大众生活的一部分。同时，随着规模的日益扩大，高等教育不再是稀缺资源，必须要面对买方市场。此外，高等教育规模扩张，使得教学资源一度短缺，引起各类"短板效应"，导致教育质量水平的实质性下降。这些都是质量保障发起的现实需要。第三，全球高等教育经费的短缺使得政府、社会与高校的关系发生了微妙变化。政府试图通过宏观调控，让高校能够跟上市场和国家发展的步伐；社会也想知道，高校究竟需要为社会承担哪些责任。所以，面对利益相关者的诉求，高校必须通过协商以及良性的质量保障机制，获得各方的信任与支持。

一、高等教育质量保障模式的国际比较

国际上，高等教育质量保障的目的虽然都是为了维护质量，但是模式各有不同。从各个国家的文化、政治、历史传统出发，大体可以分为以下三类模式。

（一）以英国为代表的"标准＋核证"模式

1963 年《罗宾斯报告》的出台，促使英国高等教育双轨制的形成（多科技术学院系统的出现），也直接导致在此后的几十年中，英国高等教育迈

入大众化阶段。那些依靠皇家特许状建立起来的大学有着自治的传统，有权自行颁授学位，并且非常重视教育质量和学术标准，所以一直在内部限制规模的增加。而新建立的多科技术学院则成为规模扩张的主力军。政府面对大众化进程中的特征和带来的问题，倾向于维护传统的观点和做法。一方面，于1992年按照地区成立高等教育基金委员会，允许多科学院升格为大学并自行颁授学位，统合了对高等教育机构的管治和拨款；另一方面，鼓励第三方机构高等教育质量保障署（QAA）的成立，加强高等教育的质量保障。

英国的政治、文化背景比较趋于传统和保守，高等教育质量保障的模式受此影响，更倾向于保证各种高等教育机构的质量都达到某种水平，正如QAA使命表述的那样："促进公众相信高等教育质量和学位标准一直得到维护和加强。"所以，QAA设立了一系列完整、明确的质量管理和学术标准，主要包括高等教育资历架构、学科基准声明、课程规范、实践准则等四个方面。这些标准几乎涵盖了从教育过程到教育结果、从学习经验到教育要求、从学位标准到质量管理的所有基本要素。这套标准体系借鉴了工业领域产品质量保证的做法，从产品生产的全过程对产品质量进行控制。同时，它也渗透了这样的思想：高等教育的质量保障一定是将目标、过程和结果有效结合的体系，从而使所有高等教育机构都达到一定的质量标准。

QAA在1997年成立以后，开始从院校检视（institutional review）和课程审核（subject review）两个层次对高等教育机构进行全面评价。院校检视的基本假设在于：来自院校内部的学术动力对质量提高的作用，比外在的推动更有力量。所以，院校检视的重点在于考察高等教育机构内部质量保障机制的建立及运行效果。课程审核的假设在于：外部质量保障的主要目的是保障外部利益相关者。所以课程审核倾向于从保障公众利益出发，直接要求课程的质量达到某种标准。自2003年开始，由于课程审核涉及太多的学科范围，为了避免院校为评估在精力、资源上的浪费，并且对质量的详细审核也受到自治院校方面的质疑，所以，QAA以院校核证（institutional audit）的方式取代了院校审核和课程审核，其目的在于：确保机构提供的高等教育、学位授予及资格证书符合令人满意的、适切的标准，从而保证院校以令人信服的方式行使授予学位的权力。院校核证的做法是审视院校层次的内部质量保障系统，以及依照设立的学术标准，核实这套系统是否真正有效。应该说，英国的高等教育质量保障体系相对而言比较完善，一方面，从理念上鼓励院校建立内部的质量保障机制；另一方面，通过设立学术标准，使内部质量保障系统的运作和检查有了充分的依据和保证。虽然英国从2013年开始以院校检视取代了院校核证，评估理念上有所变化，但是其以标准加上内部恒常机制建设的做法却得以延续下去。

（二）以美国为代表的"目标+认证"模式

美国是一个自由的、市场机制比较完善的国家，美国的高等教育事务主要由各州负责，州与州之间的高等教育管治体系、教育制度、课程标准存在着差别，呈现出多样化的特征。美国与英国一样，也是在类似小区学院的机构体系形成后，高等教育规模大幅度扩张，逐步迈入大众化。与英国不同的是，在美国自由、竞争的文化背景下，高等教育的发展一直处于比较开放的环境之中。并且，早期的美国大学是在困境中生存和发展下来的，所以不断寻求变革的意识较强。当高等教育规模扩张以后，外部质量保障并不是像英国那样，试图要求所有院校都具有一定的质量，而是允许院校的多元化以及质量标准的多样性。

正如我们所熟知的，美国的高等教育质量保障以认证为主，所有的认证是由全美六大区域的民间协会组织来承担。美国高等教育认证委员会（元认证组织）将"认证"定义为："为了进行质量保障和质量改进而对学院、大学和专业进行核查的外部质量审核过程，通过者则获得认证。"美国地区性的院校认证起步于19世纪的后半叶，最早源自行业内部的规范和自律。为了保证教育质量以及加强院校之间的沟通，高校如行业联盟一样，自发组织起院校协会性质的非政府组织，基于共同议定的标准对学校的办学状况进行核查。其目的是提供一个"参考规范"，在此基础上开展行业内的活动，这决定了其认证标准只是最低的门坎标准。认证协会是一种会员制组织，通过缴纳会费维持基本的运转，每所院校接受认证活动纯粹是出于自愿，这也充分维护了高校的自主权。

具体而言，美国六大区域的认证标准各有不同，但总体会涉及高校办学目标、院校发展规划、院校管治、教学运行、教学资源及条件以及办学声誉等方面。一直以来，美国高等教育都面临着多元与统一之间的矛盾。不同的认证标准给地区之间的沟通以及学分的互认带来一些麻烦，而对于不同性质、不同类型、不同使命的高等教育机构来说，统一标准显然也不是明智的做法。于是，一些地区的院校认证协会采取"目标导向""证据为本"的模式开展认证活动，也就是说，尽管所有的认证标准都会强调办学条件的保证，但是这些条件主要是通过"证据"，说明如何符合院校自己的使命和办学目标，而不是简单地被量化处理。地区性认证的差异性增加了成员对于认证标准的归属感，并通过自我的办学目标，将特色体现在办学实践中，有效协调了多样性与统一性的矛盾。

（三）以中国为代表的"条件+评估"模式

中国内地的高等教育在20世纪末的时候，经历了一个快速发展的时期。

自 1999 年高校大扩招以来,仅仅几年的时间就完成了西方发达国家几十年才完成的大众化进程。这一方面体现了中国内地统一部署、集中高效的发展特点,另一方面也会反映出快速发展带来的教育设施、条件跟不上的问题。尤其应该强调的是,中国高等教育开始的扩招是在精英系统内部完成的,包括北大、清华在内的所有大学都实行了扩招计划,而规模的急剧增加也同时带来精英系统内部的质量问题。所以,政府高度重视全国范围内的高等教育质量保障,教育部于 2001 年出台了 4 号文件,就如何提高本科教学质量提出了 11 点建议,希望通过建立质量保障体系规范高等教育的发展。在此基础上,2002 年推出了《普通高等学校本科教学工作水平评估方案(试行)》细则,2003 年开始在政府主导下实行 5 年一轮的评估制度。

由于在高等教育扩招政策实行以后,精英系统内部量与质的矛盾体现得比较明显,所以评估制度中极为重视评价的规范功能,特别强调教学条件的量化与统一。如对基本办学条件中的生师比、高级职称教师占专任教师的比例、生均土地、生均教学行政用房、生均宿舍、生均教学仪器设备、生均图书等都提出明确的量化指标。此外,政府主导下的评估制度涵盖面较广,评估方案共有一级指标 7 项、二级指标 19 项、44 个观测点,另加特色项目。二级指标的评估等级分为 A、B、C、D 四级,对此四级评估标准,教育部制定和公布了 A、C 两级的具体评核指标,介于 A、C 两级之间的为 B 级,低于 C 级的为 D 级。评估的结果分为四类:优秀、良好、合格及不合格,并依照二级指标的评估等级最终确定评估的结果。在经历一轮完整评估之后,教育部高等教育评估中心对评估的状况做出重审和整改,于 2009 年开始启动新一轮"五位一体"的合格评估,此处不再赘述。

应该说,中国内地本着"以评促改、以评促建、评建结合、重在建设"的原则所实行的评估制度,对规范内地高等教育的发展,防止教育发展中的混乱现象,促进高校形成自我约束的机制起到了积极的作用。从规范的目的出发,定量的指标也具有较好的效果和较强的操作可行性。

模式无所谓优劣,三个国家的质量保障模式均有自己的特色,也在很大程度上达到促进质量提升的目的。从历史、文化的观点来分析,三个国家的质量保障模式分别是基于自身的文化、政治传统发展演变而来的。英国的大学有着根深蒂固的自治传统,即使政府后期加强了对院校的控制,但是在质量保障上,依然以尊重院校建立内部的质量保障机制为出发点;美国是一个多元文化并存的国度,高等教育质量保障需要解决的关键问题,就是多样性和统一性的矛盾问题,所以最终要求院校的各种保障条件都要符合自身发展的使命和愿景;而中国内地从来都不缺整齐划一、规范标准的模式,在发挥高校内部质量保障的主动性方面,主要是以政府为主导的评估制度发挥作用。

二、微型开放环境下澳门高等教育质量的保障

澳门在漫长的历史进程中形成了"和则相济,和同可观"的精神气质,澳门特区政府长期以来允许高等院校自由办学、各显特色。

值得注意的是,当我们在政府、高校、社会三者框架下审视高等教育质量提升的时候,一般非常关注政府与社会对高校的质量问责,并且始终存在一个假设,"高校接受外部评价需要外在力量的推动"。然而,澳门的多所高校对质量的追求却有着天然的主动性,虽然每一所高校维护质量的方式不同,但是发自内部的质量保障活动却从未间断。澳门高等教育之所以形成这样的质量保证机制,既是历史、文化使然,更主要的还和澳门微型社会的特征有着密切关系。一方面,澳门是一个开放的系统,不仅东西方文化在此交融汇聚,而且博彩产业的辐射效应也吸引着南来北往的游客。所以,外部的先进理念和经验很容易融合为高校自身的文化,国际上一些先进的质量保障模式也会渗透到高校内部的质量发展中。另一方面,澳门是一个微型社会,政策上的自主和独特的地理环境促成了澳门"推广效应快"的典型特征,并影响着澳门高等教育质量保障制度的建立。这种快速反应的机制已经形成澳门自身的文化,大部分高校均能够在外在环境的迅速变化中捕捉到敏感的信息,由此形成适合于自身特点的质量保障机制。

虽然澳门的微型和开放特征为高等教育质量的保障带来许多优势,但在发展的过程中也会暴露出一些问题。第一,相对于高校的快速反应机制,一些需要协调和立法规范的工作,由于制度方面的种种原因显得滞后。所以,高校内部的质量保障机制容易缺乏标准和规范,有些高校课程虽然运用的质量评价手段比较先进,但是较为形式化,也缺乏后续的改进。第二,缺少对高校内部质量保障机制的监督。各所院校所建立的质量保障体系是否完善,以及院校内部维护质量的机制是否有效,并不能仅仅通过高校的自查自纠进行。因为高校内部的利益关注点是不同的,每一门学科为了更快地实现发展目标,很可能倾向于采取以效率代替标准的做法,并可能回避更为严谨、规范的手段。第三,没有从体制上正视利益相关者的诉求。院校的自主、错位发展往往是根据自身对于市场的判断,而缺少统整的分析,也较少关于澳门微型特征的分析。

三、关于未来澳门高等教育质量保障的几点思考

澳门高等教育的质量保障需要借鉴一些先进的评价模式,但一定要基于自身的文化、历史传统以及考虑发展中的微型特点。澳门的多元文化特征与美国相似。在推动变革时,政府主导的趋势与中国内地也有相同之处。同

时，自20世纪80年代东亚大学建立以来，高校一直如英国一样有着内部自主发展、学术自由的传统。英、美、中三国的高等教育大众化进程能够被清晰地认识，而澳门高等教育已经步入普及化（笔者曾经做过估算）却依然只是粗略的估计。最主要的是，政府、社会、高校都没有意识到这种数字上的统计会给高等教育的质量带来什么样的冲击。所以，澳门需要未雨绸缪，积极地为高等教育质量保障做出抉择。

首先，树理念。处在微型社会的高等院校需要一个更加灵活、多元的质量保障体系，以适应社会快速变化的趋势。2017年高教法及2018年高等教育素质评鉴制度颁布以后，对于澳门而言，一些认证方面的委员会可以先由政府主导建立，然后再逐步向第三方组织评审过渡，以保障评审的公正性以及信息来源的国际化。此外，在微型社会背景下，外部评审究竟需要评什么？应该是评价每一所高校内部保障机制的有效性，而不是直接针对院校的教育质量。其原因在于，保障质量是自主院校的责任，而不是外部强加的任务。外部评审只是为了监督院校内部是否建立了质量保障体系，以及督促保障机制更加合理、有效，从而在根本上树立院校自主、学术自由的发展理念。

其次，立规范。澳门在高等教育方面缺少统一的标准和规范，如学位标准、课程标准、学科规范、教与学运行的准则等。这既不利于国际之间的交流，也使高等教育质量保障缺乏统一的规范。所以，在外部评审委员会建立以后，可以参照英国的做法，从宏观层面订立诸如资历架构、学科准入、课程学习等方面的学术标准。这些标准应该避免单一、量化的做法，采取"门槛质量"的概念，作为院校发展课程以及建立内部质量机制的参照基准。

再次，强多元。澳门的高等院校已经在特定的环境下形成了多元的特色，我们当前需要更好地保护多元、发展多元，保证多元的优势发挥得淋漓尽致，而不至于丧失它应有的活力。所以，在澳门高等院校的内、外部，需要培育呵护这种多元的质量观念。外部的质量保障应该针对院校自身发展的使命和目标，通过核查院校内部的质量保障机制，有效保障每一所院校认同自身的发展目标。同时，鼓励每所院校在自我认同的目标下，完善教与学的设施和条件。

最后，重回馈。微型社会的高等教育要对社会、经济的要求有相当快的反应速度，所以，利益相关者的诉求和回馈是澳门高等教育必须重视的环节。澳门许多高校在回馈机制的建设上做了大量的工作，但是尚未形成一个完整的、有组织架构的保证体系。所以，需要从院校层面的组织架构着手，建立健全师生咨询委员会、学科顾问委员会、专业团体、雇主与校友的回馈网络，使澳门高等教育质量保障体系不断朝专业化、制度化、组织化的方向发展。

第五节　澳门高校内部教育质量保障体系的建构
——以澳门理工学院为例

当今时代始终处在发展变化之中,新的价值观念和行为模式持续挑战社会传统。综观全球性主要趋势,可以看到一系列并存的,有时是矛盾的过程:民主化、全球化、地区化、多极化、边缘化和分裂。迅速变化的发展趋势给澳门高等教育也带来了更高的要求。自回归以来,澳门已拥有10所高等院校,学生注册人数也达到3万余人,进入高等教育普及化阶段。同时,一些高校纷纷拟订长远发展规划,旨在提升高等教育国际化视野下的竞争力,期望跻身国际、地区范围的优秀大学行列。在当前的环境下,无论是政府、社会还是高校自身,都深刻认识到教育质量与学校声誉息息相关,也意识到只有在高校内部形成有效的质量保障机制,才能使高校可持续发展。

一、微型社会与多元文化并存下的高校质量保障

从外观上看,澳门是一个狭小的地区,土地面积不到30平方公里。作为一个高度自治的地区,澳门具有微型社会的典型特征:文化多元、外部依赖性强、推广效应快。这些特征在高等教育机构规模的迅速增加、多元课程的开设、内地招生的广泛化等方面都有所体现。然而,微型社会独有的便利也对高等教育提出很高的要求,推广效应快也就意味着接受方反应要快,无论在政治、文化、经济等各个层面都需要有相当的反应速度。这也对微型社会高等教育机构的质量保障提出了新的要求。

澳门所具有的另外一个典型特征则是多元文化的优势,这一点并不像欧洲的一些微型经济体国家(地区),其文化具有相对的单一性。澳门既有东方的文化氛围,又具异国的文化情调,在过去的400多年里,东西文化一直在澳门交融汇聚,留下了许许多多的历史文化遗产,形成了澳门今天独特的文化氛围。澳门高等教育也深受多元文化的影响,目前的所有高等教育机构中就存在政府、公司、基金会、慈善会、教会、社团等多个办学主体;存在中文、英文、葡文三种语言文化体系;中、英、葡、港四种学制体系并存,既有欧洲大陆传统的"崇尚学术,研究与教学统一"的大学理想,又有偏重教学、实用的办学理念;生源结构和课程结构也趋于多元化。2008年9月澳门政府在向联合国教科文组织递交的一份高等教育质量报告中,也详细谈到了澳门高等教育机构质素保障机制。10所高校的质量保证模式各有不同,如构建内部保障体系、加入外部质量保障网络、获得国际专业认证、采取外部

考试员制度等。报告中指出，当前澳门高校基本上采取的是内部评价机制，这一质量保证机制需要得到进一步的发展并且在各个高校之间要逐渐形成统一的评价。虽然在报告里强调了外部评审以及统一的重要性，但不可否认的是，多样化的质量评价机制也为澳门高校带来了勃勃生机，即便是2018年高等教育素质评鉴制度的出台，澳门高校也依然保持着多样化的评价机制。在这一机制下所形成的高校内部的质量保障体系如何能在微型社会中健康、高效地发展也是一个需要研究的问题。

二、澳门理工学院内部教育质量保障体系的建构

澳门理工学院最早起源于1981年创设的东亚大学理工学院，随着澳门政府通过澳门基金会协商对东亚大学进行改制（收购），1991年9月16日根据第49/91/M号法令设立了澳门理工学院，并逐渐成为一所公立、多学科、应用型高等学府。澳门理工学院下属6所高等学校，开设了20多个学士学位课程①，并与世界一些优秀大学合办17个硕士、博士学位课程。全院有全职、兼职教师近500人，攻读学士学位课程的学生3 000多人，攻读硕士、博士学位课程的学生200多人，每年学院还为一万多人次的各类人士提供不同类型的培训课程。澳门理工学院坚持"普专兼擅、东西融通"的办学理念，教学和科研并举的办学方针，课程专业以实用为导向，教学内容着重应用学科和行业技术，部分课程更是与世界知名大学的课程接轨，培养的学生屡次在国际、国内、地区范围内获得大奖。近年来，澳门理工学院透过中文地区、葡语地区、英语地区三大网络不断开展国际交流，开办国际学术研讨会，与国内外许多著名大学共建了国家级研究中心、基地、机构。澳门理工学院非常重视人才培养的质量，把内部质量保障看成是学院战略发展规划的重要组成部分、学院管理过程的重中之重。通过层次分明的组织架构、完善有序的保证机制，形成了卓有特色的内部质量保障体系。

（一）理事会及院级委员会：战略决策者与调控者

理事会（board of management）作为澳门理工学院的最高权力机构，根据第469/99/M号训令核准的《澳门理工学院章程》由院长（主持理事会）、副院长及秘书长组成，负责学院的整体质量和教育资源分配，在评估和规划学院质量保障战略的决策中负有主要责任；同时监督和评估学院质量保障工作的成果，宏观调控下属6所高等学校及行政部门的评估、改进状况。理事会通常在其下属的技术暨学术委员会、教学质量委员会的建议下，制定澳门

---

① 澳门高校内部的"课程"等同于内地的"专业"。

理工学院的质量保证与改进框架，下达重要的政策文件，作为进行质量评估的基础。根据章程，理事会的主要成员院长、副院长也是上述两个委员会的重要成员，院长同时担任两个委员会的主席。在促进教学质量提高的环节中，教学质量委员会起到上传下达的作用。它向理事会就有关课程设置的政策及规程提出建议，包括教学与学习的实践，以及质量和数量上的合适指标，并以一些国际知名学府为标杆，争取在课程上达到高素质和高标准。向下则审阅各学校下属委员会所递交的教学质量报告，提出适当改进建议，以提高教学素质；同时建议各学校委任校外评审专家，在课程范围内进行自我评估。在具体评估事务中，副院长则总体负责监督、协调，以及管理学校的质量保证和改进工作。在理事会的领导下，学院的两个系统——行政、学术系统相辅相成，完善了学院内部教育质量保证的体系。

1. 行政系统（administrative system）：ISO9001 标准的实施

ISO9000 标准是国际标准化组织制定的质量管理标准，其中 ISO9001 是涵盖面最宽、使用范围最广、通用性最强的标准。其基本思想是质量形成于生产全过程，必须使影响产品质量的全部因素在生产的全过程始终处于受控状态，并将产品定义为"过程的结果"。将这个"产品"定义标准适用到高校行政管理系统中，就是"行政管理过程中所输出的结果"。高校行政管理过程同时也是人才培养过程的一个重要组成部分，所以行政管理所输出的结果可以包括"服务以及学生在知识、能力、素养等方面的提高"，而后者则属于"软件"产品。在对高校行政管理产品的描述中，我们认为有如下特性：首先，"服务"产品所面向的顾客可以是学生、教学人员、科研人员、雇主、社会，以及行政管理人员自身；其次，学生是"软件"产品的载体、接受者，同时也是产品实现的参与者（这实际上体现了学生在教育过程中的主观意愿和努力，自我"生产"能力对于产品实现的推进）。总而言之，在以效率、等级化过程、产品实现、顾客为核心的高校行政管理体系中，非常适合采用 ISO9001 质量监控标准。借鉴 ISO9001 思想及其体系标准来建立学校的质量管理体系，可将以往管理中的经验方法提升为对行政过程、目的的有效、科学、细化管理，使高校行政管理程序有章可循，更制度化。

澳门理工学院于 2003 年取得了国际标准化组织的认证资格，到目前为止，所有的行政机构已经纳入了 ISO9001：2015 最新版本的认证范围，机构主要包括：总行政部（人事处、总务处、工程暨采购处）、学术事务部（学生管理处、招生暨就业处）、会计暨出纳部（财务管理处、出纳处）、福利及康乐部、技术暨学术委员秘书处、信息中心、图书馆、公共关系办公室、理事会辅助处。从整体管理来看，学院采取学术和行政系统相对分离的管理模式。在行政系统中的管理人员基本上只从事行政服务工作，与教学、科研人员分属不同的体系，所以更加适合于采用企业管理中普遍应用的 ISO9001 标准。图 8 表示了澳门理工学院行政质量保障系统内主要工作流程的相互作用。

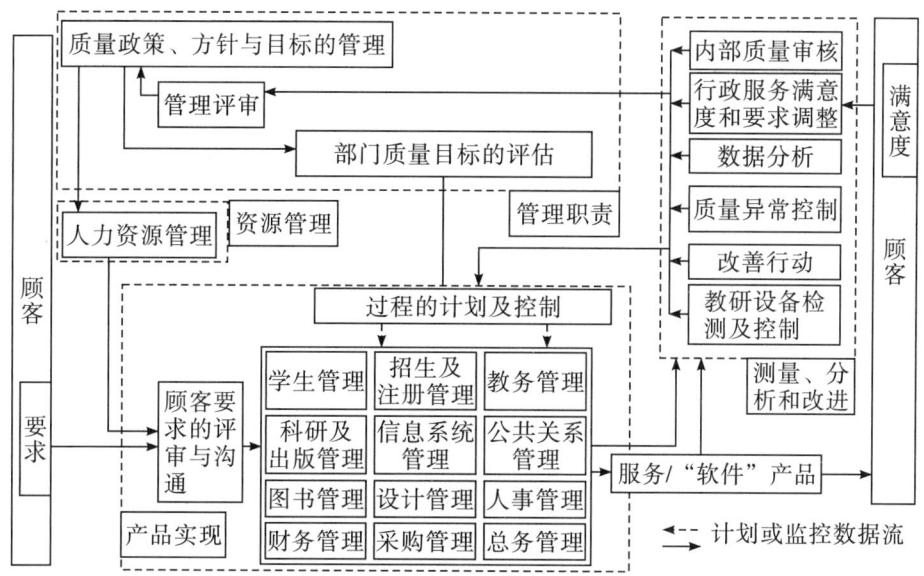

图 8　澳门理工学院行政质量保障系统内主要运作流程的相互作用

首先，学院按照标准要求在行政系统内构建了质量管理体系，确定了质量管理体系所需要的过程，确保这些过程有效运作和控制所需要的准则和方法，测量、监控和分析这些过程，并实施必要的措施。在文件方面制定了质量手册、标准运作程序、工作指引、质量记录等，所有的行政工作环节都必须拟订完整详细的流程图，以确保对过程进行控制。其次，在管理职责模块中，制订完整的质量政策、目标，并且通过与定期管理评审及部门质量目标评估的交互作用，从宏观上控制行政管理系统的运行。再次，通过人力资源管理计划、标准化程序选拔、培养能力出众人员，并从教育、培训、技能、经历方面对能力做出判断。然后，作为最为重要的"产品"实现环节，与顾客沟通后根据多方顾客的要求，在行政管理机构中形成一整套过程服务。通过行政机构组织的问卷调查，把握学生在学习、生活、能力提高等诸多方面的要求，从而促进学生在知识、能力、素养方面得到提高，实现"软件"产品。最后，通过测量、分析和改进完成质量系统的回馈功能。尤其是澳门理工学院一年一度的行政服务满意度调查和改善计划，是对服务质量的有效监督和保障，并且通过回馈机制反映到管理评审中，构成一个封闭的回路。学院在坚持实施 ISO9001 标准的同时，还能够注意到教育管理的特点，严格执行但是并不僵化教条，透过实践中的持续改进促进行政质量管理体系的完善。

2. 学术系统（academic system）：课程质量监察的分析框架

为了便于分析，我们归纳了一般性的课程质量监察的分析框架（见图9）。

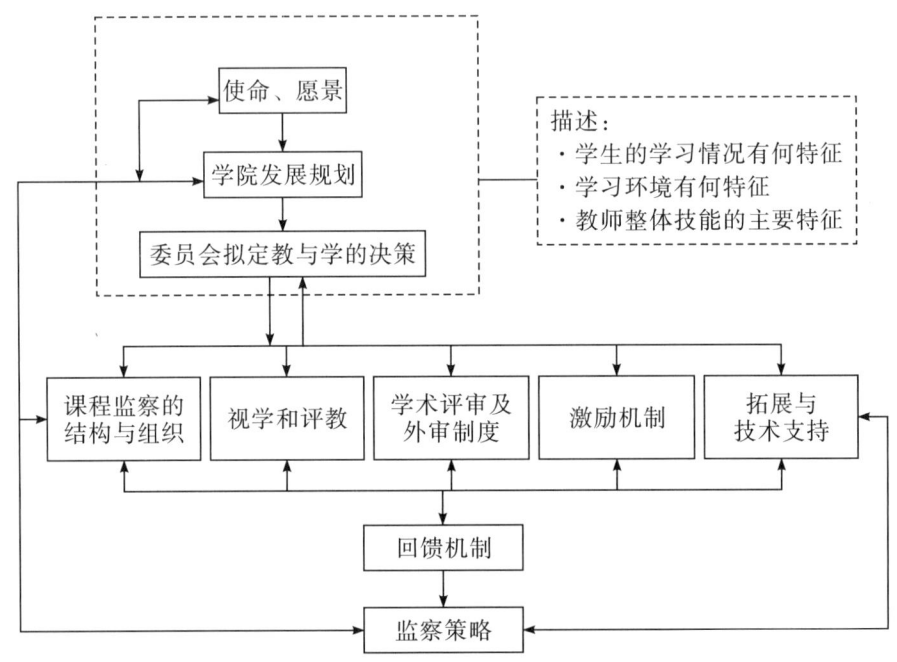

图9 课程质量监察系统

（1）教与学的一般策略。

策略的定义是：在特定条件下，从多个选择中挑选路径或方法，指引和决定人们就现在和将来所下的决策。这个定义说明了策略的三方面特征：其一，策略是有所取舍的；其二，策略是具有适应性的，独一无二的；其三，政策是伴随着目的产生的。澳门理工学院教与学的策略是由院级层次的委员会制定的，它可以作为下属学校参考的重点，帮助他们执行接下来的一连串工作。教与学的一般策略的制订与学院的使命、愿景密切相关，还要考虑到以下三个要素特征：学生的学习状况如何？有什么特征？学生的学习环境、涉外环境有何特征？当学生出现好的学习经验或者不良习惯的时候，教师整体技能都有什么特点？

这个时候，学院通常会与教师和学生进行沟通，通过理事会与师生对话会或问卷的形式开展对话。最为主要的是，学院会在现行实际运作模式以外，加入一些特别元素，提供优质教育服务，如邀请具有相关领域知识的专家学者提供真知灼见。最后则是整合三个方面的要素特征，在特定的目标下拟定教与学政策。

（2）课程监察的结构与组织。

澳门多元文化的特点同样反映在学院学术系统内部，学术质量保证的组织架构和模式在各所学校都有所不同，这里着重介绍其中一所学校层次中课程监察的组织架构（见图10）。最高的是章程中规定建立的教学暨学术委员会（Pedagogy gical and Scientific Committee，PSC），总体负责学校范围内的行政、学术事务，包括：拟定课程规章，课程的建立、更改和撤销，教学培训活动的建议，聘任、评核教师等。下面则设有课程委员会（Programme Committee），每学期要开三至四次会议，解决所有课程中的主要问题。在课程之下还会有一些分委员会和工作组，如质量保证委员会（Quality Assurance Committee）下还会有负责学术认证、评审的认证评估工作组（Accreditation Task Group）、负责新学习计划修订的科目检视工作组（Curriculum Review Task Group），以及负责考试事宜的评价标准工作组（Assessment Standards Task Group）。这一课程管理组织系统在学校层次上保障了教与学的质量。

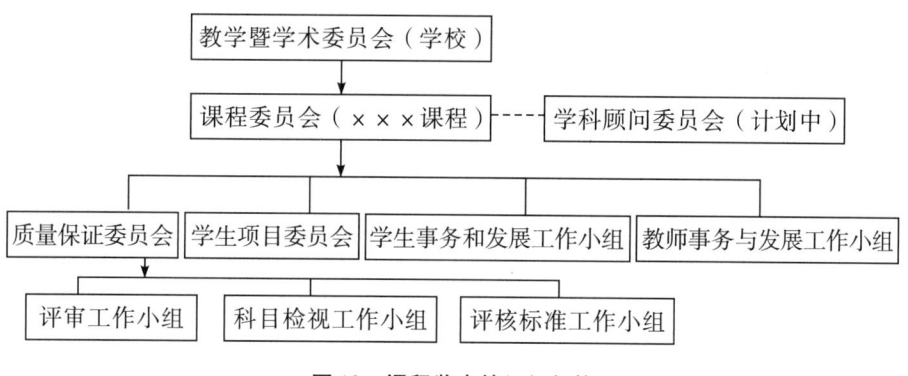

图10　课程监察的组织架构

（3）视学与评教。

教学是教师与学生互动的过程。学院通过观察教师的课堂表现、学生评教方式进行全面评估。对于视学的安排，教学质量委员会已订出有关方法：各校安排资深教学人员及/或校外评审专家组成视学队伍，并于视学前通知教学人员相关的视学安排。学院要求所有学校需于每学年为其所有全职和部分兼职老师安排视学，而学校亦可邀请教务处长参与视学及给予改进教学的建议。

推行视学有以下宗旨：协助学校为学生提供高质素的教学；提高教学质量重要性的认识；鼓励所有教师对其教学成效做出反思并认清其发展需要；

促进讨论；帮助学校为外部评审和内部的定期审查做准备。

视学在澳门理工学院日益重要，近年来，数百名教师及校外评审专家参与了视学。学生评教则是另外一种课堂教学质量保障的有效措施，从调查中了解到，对于学生评教的效用，学校的主管和教师基本上还是持肯定态度，但是同时也要避免一些特殊情况发生，如教师在课上表现严厉，容易导致学生对教师评价过低。这些可能还需要从学生问卷的科学性、规范性，以及评教的程序机制上，做进一步的修改和努力。

（4）学术评审与校外专家评审。

学院内部的学术评审，依据香港学术及职业资历评审局（Hong Kong Council for Accreditation of Academic & Vocational Qualifications，HKCAAVQ）的标准，分为机构评审和课程评审两个部分（2008 年 HKCAAVQ 的评审转变为四阶段质素保证模式，即初步评估、课程评审、学科范围评审、定期复审）。澳门理工学院于 2005 年 9 月批准成立了学术评审协调小组，专门负责学院机构评审和课程评审工作的协调和组织。协调小组制订了职责、学术评审时间和程序、评审报告框架和分工安排，还专门建立了联络员制度，请报告撰写单位任命一名联络员，加强与协调小组的沟通，以提高工作效率。评审主要依据香港学术及职业资历评审局的要求，机构评审重点包括：组织构架、管辖与管理、学院计划、课程计划、学术活动、招生和学生服务、资源、课程评估和质量保障体系，以及与社会的联系等；课程评审的目的是确定所从事的课程教学是否可以达到一定的国际标准，并维持相关水平。课程评审包括：课程构架和设计、招生、教学和学习安排、评估、师资及师资培养、质量保障、与本行业和相关部门的联系，以及其他与教学质量相关的问题。2006 年 3 月，理事会专门批准成立了学术评审顾问委员会，邀请国际知名专家参加顾问委员会，对学院的学术评审工作给予指导和参与对院内自我评估报告的审议工作。2010 年，学院依据 HKCAAVQ 新的评审标准开始院内新一轮的评估，相关的学院评估和课程评估计划已经开始实施。从 2012 年开始，学院积极联系英国高等教育质量保障署（QAA）对学院进行院校评审，最终于 2014 年年初以"充满信心"的评级通过。

在学术评审进行的同时，澳门理工学院还将校外专家评审制度化，以确保高等教育课程的学术水平与其他地区类似的高等教育课程相当。校外评审专家所提交的评审报告是学院质量保证体系的重要部分，也是评审及改善教学质量过程所要求的一份文件。校外评审专家提交的评审报告一般送理事会审批，交付学术事务部跟进，亦根据类别送给相关学校，由学校分发予课程主任及学科负责人。校外评审专家对课程的管理或学术水平表示关注，相关学校必须向学术评审小组提交跟进措施的报告。

（5）激励机制。

为表扬和奖励教学表现优秀的教师，推广优质教学，提升教学专业水平，学院设立了"澳门理工学院优秀教学奖"和"杰出教师奖"。评核小组由各学校校长、课程主任，以及学校校长指派的具有高级职称的教师组成，并依据相应评定规则进行，如"杰出教师奖"以报名年度8月31日计过去三学年的教学质量（包括学生评价及同行评价）、科研成果、专业水平及对学校发展贡献的得分情况。

（6）拓展与技术支持。

学院在第一轮学术评审结束后，于2007年组建了学术监督暨仲裁委员会（Academic Supervision and Arbitration Commission，ASAC）（后改为由学术事务部负责该项工作）。委员会在院内、校内质量保障中的主要职能，可以归纳为拓展和提供技术支持、建议。根据评审的结果拟定出整改的方案，以及对下一步评审计划、框架做出修订；同时委员会还将追踪国际、国内先进的高等教育评估、高等教育管理、课程建设上的研究成果，通过召开国际学术研讨会、邀请专家讲座、定期培训等方式，将学术成果带入实践中来，并与所形成的教与学政策、监察策略相结合，为主要的课程评估提供咨询，并完善、设计评估工具，进行数据搜集工作等。

（7）反馈机制。

澳门理工学院课程质量保证的反馈机制，在学生方面有两个渠道：一方面主要通过问卷调查进行；另一方面，理事会、校长、部处长及教师，每年分层次与学生进行对话交流，在学院和学校内形成了定期的活动机制。这些方式不仅保证了学生内部信息和意见的有效回馈，促进了教学质量的提高，而且也让学生有一个自我评定的机会。问卷调查涉及的内容包括教学日程的安排、教学数据及课程内容、教学活动是否满足预期学习目标的需要，同时也对教师课程大纲的准备、课堂技巧、沟通能力、知识传授等给以评价。师生间面对面的交流也是理工院校的特色之一，几乎所有关乎学生利益的政策制定、学院发展、服务安排、教学咨询等都会通过与学生交流和对话的形式，这也为理工创造了民主管理的氛围。学院重视透过问卷调查收集和统计各届毕业生的表现、薪酬等信息，为改进教学质量服务，并为未来的学生提供选择学校和专业的信息。此外，部分学校还经常与雇主、专业团体沟通，将他们的意见回馈到教学实践的改进中来，以结果为导向促进教学质量的提高。

（8）监察策略。

这是图9分析框架的最后一个组成部分，它概括出学院、学校在实施教与学和监察质量方面运用了哪些监察策略。实际上，上面的封闭回路与所形成的记录与报告，构成了全部课程监察的策略体系。

分析框架可以让我们对策略实施和质量监控的工作有一个整体的把握和了解，而且更容易处理有关工作。框架可以作为行动计划的依据，更主要的是，它可以将学院组织的使命、愿景和学院发展规划与学术质量保证紧密联系起来，真正促进学院教育质量的提升。

三、对微型地区建构高校内部教育质量保障体系的几点思考

（一）与外部保障主体共同形成合力

从澳门理工学院的教育质量监控中可以看出，处在微型地区的高等院校需要一个更加灵活、多元的质量保障体系，以适应社会快速变化的趋势。但是，从澳门高等教育的整体来看，2018年以前缺乏外部问责机制，政府对待高等教育的态度是"无为而治"。从表面上看，这体现出自由办学、各显特色的精神，而实际上是放弃了责任意识。"近现代以来，澳门教育的实践，诸如教育中的政府行为成分少、办学体制的多元化发展，没有统一的教育思想、教育政策，没有统一的教育目标、要求和管理，各自为政、处于自由放任状态。"[①] 所以当前外部素质评鉴体系中的认证实体可以先由政府主导建立，然后再逐步向第三方机构过渡。最为关键的是在微型社会背景下，应考虑外部评审到底需要评什么？外部评审应该包容高等院校多元的特色，评审机构不是直接评估高等院校的教育质量，而是评估高等院校内部质量保障机制的有效性。教育质量保障是院校自己的责任，每一所高校都要形成完整的质量保障机制，通过与外部评审共同形成合力促进教育质量的提升。

（二）树立多元的高等教育质量观

澳门地域狭小，却已经拥有10所高等院校，且每一所高校都在特定的环境下形成了自己的特色，所以单一而且缺乏层次的质量观念，并不适用于澳门高等教育的发展。联合国教科文组织《关于高等教育的变革与发展的政策性文件——高等教育的趋势》中指出："多样化是当今高等教育中值得欢迎的趋势，应当全力支持。"在澳门，我们应该学会如何保护多元、发展多元，如何使得多元的优势发挥得淋漓尽致，而不至于丧失它应有的活力。在高等院校内部，同样需要培育、呵护这种多元的质量观念，在不同的学科用不同的模式建立质量保障内部机制。

（三）强调过程与结果相结合的质量评价模式

目前在欧美国家、中国香港地区都非常推崇在学术范围内"成果为本"

---

① 郭锋. 澳门教育发展的回顾与展望 [J]. 比较法研究，1999 (1)：125–135.

的质量评价模式，这一理念也代表了当今高等教育质量评估的潮流趋势，许多高校借鉴标杆效应都争相效仿。但是作为微型地区的高等教育评估是否要完全遵循呢？从"成果为本"的内涵看，讲求效果就必然要求成果的可测量化，从适应经济社会的角度分析，就要培养严格符合需要的人才。而澳门的产业结构较为单一且规模较小，迫切需要通过专业结构调整，引导澳门经济朝适度、多元发展。所以，澳门高等教育的评价模式更需要追求过程与结果相结合的评价模式，既看重结果又特别看重"我们已经做了什么"，在过程中把握结果，不能因为结果的刚性要求而忽视了过程的灵活性。

（四）教育评价信息的国际化

澳门高等教育的发展也应具有"自由贸易港"的教育发展特色，对国际上先进的办学经验和思想吸收得很快，国际交流频繁、合作广泛。如澳门理工学院多年来努力追赶国际高等教育发展的潮流，实现了与国际接轨，与葡语系国家、中文地区（即海峡两岸暨香港、澳门）、英语国家（即英国、美国和澳洲等）许多知名大学建立了对外合作网络，在学科知识引入、理念方法借鉴上走在前列。澳门高等教育评价也应该充分发挥微型地区变化快、文化交融汇聚广的优势，广纳世界上先进的评价理念和信息，形成自身的特点。

（五）重视市场对教育"产品"的回馈

正如前面所言，微型社会的高等教育要对社会、经济的要求有相当快的反应速度，所以，市场上顾客的要求和回馈是澳门高等教育必须重视的环节。澳门理工学院在回馈机制上做了大量的工作，但是还没有形成一个完整的、有组织架构的质量保障体系。目前，学院正在从学校层面的组织架构着手，建立健全师生咨询委员会、学科顾问委员会、专业团体、雇主与校友的回馈网络，通过制度化的举措，完善院校内部的高等教育质量保障体系。

第四章 | 治理财政篇

第一节　澳门回归后高等教育治理的回顾与展望

澳门现代高等教育自 20 世纪 80 年代东亚大学创立以来，经历了风风雨雨的 30 余年，迄今为止，已经形成了公立、私营并举的办学格局。在当前存在的 10 所高等院校中，既有以争创世界级大学为己任的综合性大学，也有扎根于澳门本地的应用型院校，还有以谋求行业特色而生存的单科型学院和远程教育机构。总之，澳门虽小，却在不断追寻着自身的特色和目标，担负着为社会培育各类优秀人才和发展学术的重大使命。从回归至今，澳门特区政府秉持着"教育兴澳"的施政方向，大力发展高等教育，取得了许多令人瞩目的成果。2013 年年底，澳门大学横琴校区的正式启用给澳门高等教育的发展注入了新的活力，新的《高等教育制度》也于 2017 年 8 月颁布，每一所高校都在这一关键时刻认真思考高校制度建设和质量发展的长远议题。

从世界范围来看，一个国家或地区的高等教育要想兴旺发达，须具备三个因素：其一要有合适的办学理念。所谓"合适"指的是既要反映出高等教育发展的一般规律，又能彰显高校自身的办学特色。其二要具备充足的财力。资金来源的充足对于高等教育的学科建设、教学发展、行政服务非常关键，也能为吸引足够优秀的学术人员提供必要条件。其三则是要有良性的运行制度。没有适合的制度，即使理念再好，资源再充足，教育的发展也会因为制度的不灵活而受到很大的限制。从这三方面来看，澳门高校作为中西交融的枢纽之一，文化特色明显，加之中央政府的大力支持，各校的定位相对比较明确。在经费来源方面，依靠博彩收入的充足税收，高校符合法律制度的基本预算都能得到满足，政府对高校经费上的支持也不遗余力。然而，澳门高等教育在制度建设和治理方面，相比前两个方面则比较落后，效率也不高，很多时候由于制度方面的桎梏，甚至充盈的经费也无法用得其所。基于以上原因，本节谨将澳门回归后近 20 年高等教育的治理历程以及特征做一梳理，为未来的发展提供参考。

一、回归前后澳门高等教育治理的历史回眸

回归以前，1991 年是一个显著的分界点。这一年，澳葡政府颁布了第 11/91/M 号法令，订定澳门《高等教育制度》法令。同样是这一年，政府收购的东亚大学一分为三，分别成立澳门大学、澳门理工学院、亚洲（澳门）国际公开大学（即现在的澳门城市大学）。至此，加上 1988 年配合澳门回归过渡期而成立的澳门保安部队高等学校，澳门的高等教育体系已经初显端

倪。每一所高校都在成立之后，配合建立了相应的章程，厘清高校内外的权责范围以及自主的形式。1991年高教法的颁布本身即"根据澳门基金会接收东亚大学以后的新形势，有必要在该大学的章程中加入有关其宗旨和机构性质的相应修改，使之更符合澳门政府在高等教育领域里的教育、科学和技术政策"[①]。东亚大学一分为三以后，各校的章程更加需要体现"本地区公共高等教育的两个部分，即理工高等教育及大学高等教育自主的制度化"[②]。

（一）高等教育辅助办公室的重组

1991年以后，澳门高等教育的宏观治理隶属于澳葡时期的行政教育暨青年事务政务司，并通过成立高等教育辅助项目组对高等教育事务予以协调。而回归前的一段时间，又有一些公立、私立高校和研究机构相继成立，如澳门旅游学院、澳门高等校际学院（即现在的圣约瑟大学）、联合国大学国际软件技术研究所及澳门欧洲研究学会。高等教育的与时俱进使得政府的辅助职能渐显不足。1998年，最后一任澳葡政府总督韦奇立颁布了第11/98/M号法令，认为高等教育作为教育制度之专门领域，需有一行政当局之专责部门协调及处理与其有关之事务，取消原有的项目组形式，正式设立高等教育辅助办公室。新的高等教育辅助办公室被定义为负责辅助、跟进及发展澳门高等教育，并对高等学历进行认可工作的技术办公室。

自1999年回归以后，新重组的高等教育辅助办公室正式履行其职责。从当时澳门高等教育的发展状况来看，21世纪前后，澳门的私立高校也全部建立，高等教育的体系已经公私分立、层次分明。高等教育辅助办公室作为社会文化范畴下协调全澳高等教育的政府机构，其直接介入高等教育的管理权主要有高等教育规划、课程审批、学历认可、信息统计、管理准则设立以及协助社会文化司进行人力资源管理，其余则是协调高等教育机构在文化、交流、培训等方面的工作。在澳门宏观高等教育治理体系形成的过程中，高校内部的治理体系也都根据校内章程和相关法律制度建立，整体治理促进了回归初期澳门高等教育的发展。在课程开设上，截至2004年，10所高等院校提供的各级学位及文凭课程共213个，其中包括伦敦大学玛丽皇后学院、美国圣约瑟大学在内的国际知名大学与本地院校合作开设的课程，呈现出开放化、多元化的特征。2002年，从香港浸会大学校长位置上光荣退休的谢志伟博士担任了澳门大学新一任校董会主席，改变了这一职位由特首（回归前

---

① 第11/91/M号法令澳门《高等教育制度》[EB/OL]. [1991-02-04]. http://bo.io.gov.mo/bo/i/91/05/declei11_cn.asp.
② 韦奇立. 高等教育一起承担的责任[M]. 澳门：澳门：高等教育辅助办公室，1992：19.

是澳督）担任的局面，强调了政府让澳门大学拥有更多自由的意愿。"从长远来看，与政府有太密切的关系也牵制了大学的发展，以管理政府部门的概念来管理大学，将令大学难以发挥开拓社会视野的正常作用。"① 但是，正是因为当时政府将工作的重心依然放在几所公立院校的协调上，而放松了对整体高等教育的规范，个别私立高校内部管理松懈，采取一些未经认可的方式大幅招生，规模竟在短时间内扩大了十几倍，文凭发放变成了"学店"行为。这一非正常的现象在 2003 年以后逐渐走向正轨，各校发展呈现出多元的取向。

（二）《高等教育制度》与《澳门大学法律制度》并行的制度体系

高等教育的治理无比重要，既需要政府在关键的规划和发展问题上宏观调控、统一协调，也需要给予大学充分的自主权。回归以后澳门大学正是抓住了这样的契机，但 1999 年 12 月第 470/99/M 号训令核准的《澳门大学章程》受到 1991 年高教法的限制，在治理架构、课程批核以及人员管理等方面的运作上，无法跟上世界高等教育的发展趋势。2002 年新的校董会成员组成以后，尽管在当时澳门大学的章程中，校董会的性质仅仅是作为咨询机构，但由于特区政府对澳门大学的殷切期盼，澳门大学校董会随即承担了修章重任。校董会谢志伟主席在回忆修章的过程时谈道："修章建议提交政府后，有关政府部门的一些顾问就某些问题提出刁难。这些顾问们并不理会（或不晓得）现代国际高等教育的发展趋势，只着眼于改革建议与政府行政运作的不同而诸多反对。……既然是改革，就肯定有部分与现行体制不同。……如果有官员认为建议与现行政府体制不符就不能接受，我会把这种观点与态度直接向特首报告，并请辞校董会主席一职，理由是不能在这种政府心态下完成他交托的任务。"② 在内外的努力、忍耐和妥协中，澳门大学建议的新章程和人员通则最终被原则上通过。但由于章程制度属于特首行政命令批示的范围，在位阶上仍然要从属于 1991 年的《高等教育制度》，所以，立法会特别量身定制了《澳门大学法律制度》，为澳门大学的新运作模式奠定必要的法律基础。

《澳门大学法律制度》虽然使澳门大学在学术、行政和财政上更加自主，但却未能顾及其他高校，而这些院校依然受到 1991 年高教法的限制，规约模式俨然使高校成为政府的行政自治部门。应该说，《澳门大学法律制度》的出台，是为了使澳门大学在走向世界级大学的道路上更快一步。虽然在同

---

① 特约记者. 校董会当为澳大争取自主发展权 [J]. 澳门大学通讯, 2002 (9): 1-2.
② 特约记者. 将不可能变为可能 [J]. 澳大新语, 2009 (1): 6-7.

一地区两种同类法律制度并行的模式在世界范围内绝无仅有，但由此也能看出政府在高等教育发展上的良苦用心，何况从 2005 年开始，高等教育辅助办公室一直在跟进《高等教育制度》的修订工作，大的框架模式上也与《澳门大学法律制度》的内容相近。

以澳门大学为例，《澳门大学法律制度》与之配合的新章程在三个主要方面有了变化：其一是治理架构。校董会为澳门大学最高合议机关，负责制定澳门大学的发展方针及监察其执行，并促进澳门大学与社会的联系。校董会成员组成更具代表性，包括由行政长官委任的社会人士、特区政府代表、校内成员、学生会代表以及校友会代表等。大学的治理架构包括：校监、大学议庭、校董会、校长、教务委员会、财务管理委员会。[①] 而校董会、教务会以及财务委员会并行的模式，基本上是承袭了原东亚大学的英制模式，总体决策、财政决策与学术决策分立，使澳门大学在既定框架下行使自主权。其二，有权开设新的课程，不再需要经政府烦琐审批。但必须经校务协调委员会和教务会审议通过，再由校董会考虑澳门大学使命和财政可行性后批准。而课程的安排、修改和撤销则可由教务会直接议决。其三，澳门大学的人员适用私法劳动制度。但为了不与"公法人"的定性相冲突，《澳门大学法律制度》中又特别规定"澳门大学人员的报酬受对公共行政工作人员所定出的年报酬上限所约束，但校长、副校长及讲座教授的报酬除外"[②]。与澳门大学相比，其余公立院校在课程开设和人员制度方面并不灵活，而在治理架构上，则基本采用行政主导治理的模式，如澳门理工学院和旅游学院均设有理事会，成员主要由院长、副院长、秘书长、财政局代表等组成。在 2017 年通过的新的《高等教育制度》文稿中，也已经提出董事会模式的发展趋势，公立院校均要设立董事会。一些私立院校则一直采取董事会治理的模式。与世界其他地区不同的是，澳门地域狭小，私立高校董事会可以一直保持着与政府或社会财团的紧密联系，亦能够以各种渠道从政府方面获得较多的公共资金。

总体来看，2017 年以前，作为方向引导和制度依据的 1991 年高教法早已陈旧不堪，但鉴于澳门行政工作的效率以及 2006 年《澳门大学法律制度》的提前出台，许多高校依然在脱离实际的制度体系下运作。在高等教育规模不断扩大的今天，尤其在 2017 年高教法出台后，如何配合设计一套良好的制度体系已是当务之急。

---

① 第 14/2006 号行政命令核准《澳门大学章程》[EB/OL]. [2006-04-24]. http://bo.io.gov.mo/bo/i/2006/17/ordem14_cn.asp.

② 第 1/2006 号法律《澳门大学法律制度》[EB/OL]. [2006-03-13]. http://bo.io.gov.mo/bo/i/2006/11/lei01_cn.asp.

二、澳门高等教育内外治理过程中的典型特征

（一）外部治理：名义上的自治与实质上的不自治

从1991年高教法到2006年的《澳门大学法律制度》，都有一项非常重要的内容，就是"大学自治"，如《高等教育制度》中的"享有制订章程以及学术、教学、行政和财政的自主权"和《澳门大学法律制度》中的"澳门大学享有学术自主权……纪律自主权……财政及财产自主权"。这些已经写进法律中的条文当然可以起到应有的效力。事实上，从回归至2014年，无论是多元化课程的开设、国际上频繁的文化交流与合作、科研上的不断创新，还是对澳门和周边地区的人才输送和服务，都能体现出高校拥有较大的学术自主权。但是，在行政和财政等方面，大学的自主性却受到诸多限制。

回归以来，特区政府尊重高等教育的多元特色，能在"如何管""管什么"上认真权衡，很少简单地施加所谓统一的标准。在宏观治理方面，一直奉行"无为而治，各显特色"的治理理念。所以，无论是特区首长、社会文化司还是高等教育辅助办公室都没有直接插手高校内部的各项事务。然而，问题出在高等教育的法律同时又将公立高校定义为"公法人"。在澳门高等教育的语境中，公立高校基于公法人的定义一向被认为是公共行政的自治机构，虽然在行政和财务上享有自治权，但本质仍然是公共行政机构。[①] 这一性质的定位，必然导致高校在人事、财政、行政等方面要受到适用于公法人的法例所规范。比如，在人员制度方面，高校聘请本地以外的专家、学者必须要经过行政长官批准，手续烦琐，容易丧失许多挽留人才的机会；教授的薪酬不能突破为政府公职人员所订立的薪酬上限，难以引进欧美地区知名的专家学者；等等。

以上这些公共行政制度上的规制，已经成为澳门高校发展的瓶颈，即使是澳门大学启用新的章程以后仍然不能例外。"修章带来的学术自由和行政弹性加速了大学发展的步伐，但也加重了对教职员工的工作的质和量、问责性和透明度的要求。但当工作效率和表现要求的提高没有相应酬劳的回报，士气就容易低落，特别是那些未有因修章而获得实质利益的人。有些员工也会因不能适应加速的步伐和增加的工作要求而烦恼。"[②] 2009年，澳门大学获全国人大常委会批准在珠海横琴建立新校区，并于2013年11月启用，这既为澳门大学的发展带来机遇，也迎来挑战。澳门大学创校30周年之际，就已经开始推动住宿式书院的成立、四位一体教育模式的安排、荣誉学院的

---

① 张红峰. 探讨澳门高教实现良治 [N]. 澳门日报，2013-05-08.
② 谢志伟. 澳大为什么要再次修章？[EB/OL]. [2011-07-12]. http://www.umac.mo/crtf/why_charter-c.html.

国际化、开放式科研基地的构建、以学生为本的学习共享空间的使用、师友制的确立等教育工程的实施。与此同时，为了配合澳门大学的快速发展愿景，校董会再一次启动修章程序，并已基本完成。以上所有的发展都需要有一个宽松、灵活、高效的制度环境，所以，公立高校公法人的内涵与定位也成为未来很长一段时间需要思考的问题。

（二）内部治理：以决策为治理边界的组织架构

何谓内部治理？首先让人想起的就是章程，并且认为只要章程设立完善，高校内部的管理和学术活动自然就有了合法的依据。当然，高校内部的组织架构也必将在章程中有着清晰的体现。然而，以上观点有一个基本前提，即章程设立的目的或者章程的内涵是为了建立一种标准，或者说是为了提供一种执法的依据。

实际上，当我们追溯章程在中世纪的起源的时候，可以发现那时章程的内容是"探求大学管理是按照何种原则组织的……而大学管理可以归结为两项基本任务：保障（由教皇、国王或者公社颁发的）大学的特许权；组织教学活动"①。所以，章程的一个最主要的功能就是理清大学内外权力的归属和边界，保障大学的自治权益。其后，盎格鲁－撒克逊的国度继承了中世纪章程的传统，而澳门高校的起源东亚大学正是采用盎格鲁－撒克逊的结构体制，章程也极其自然地阐述着大学自治的边界。如1981年东亚大学的创始人就认为，章程基本权利的表述是为了体现出大学从出资方那里获得自治权利的合法性②，而章程的条款中不会涉及已经属于自治范围的组织构成和运行方式。

以澳门大学2006年的章程为例，其中体现出的治理架构如图11所示。

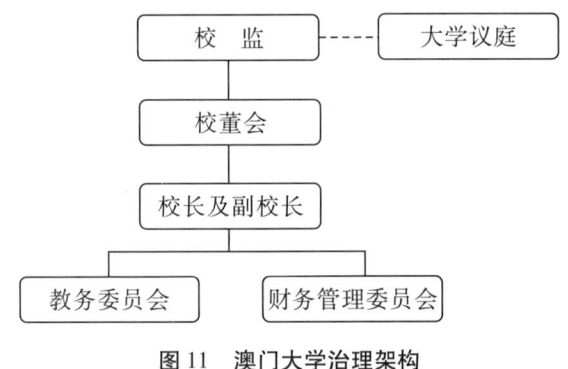

图 11　澳门大学治理架构

---

① 韦尔热. 中世纪大学 [M]. 王晓辉, 译. 上海：上海人民出版社, 2007：40－41.
② MELLOR B. The University of East Asia: origin and outlook [M]. Hong Kong: UEA Press Ltd., 1988: 21.

在澳门大学章程的第二章"组织"中，校监、大学议庭、校董会、校长、教务委员会及财务管理委员会等治理机构被定义为"机关"，其职能主要体现在决策与辅助、咨询决策等方面，其中总体决策、学术决策及财政决策亦分权而立。由此可见，决策应该是大学治理的内涵与边界，而具体的行政管理、事务处理一方面体现的是操作职能，另一方面则应是大学本身可以自主决定的范围，不应列入治理架构之中。在维基词典中，"治理"亦被定义为获取期望、分层授权和监控表现的决策过程，属于相对独立的决策和领导过程。从这个定义可以看出，治理和管理不仅在内涵上有区别，而且在外延上亦不一样。"管理"是指对人、财、物等资源的具体分配与使用，不仅有决策的内涵，并且涵盖操作性的职能。如果说章程确立的主要目的是厘清高校内外应有的权责，从而使高校在法律规范上保障自主权，那么章程中重点要表达的则应该是有关决策的权力和结构，即治理架构。各学术单位、学术辅助单位、行政部门的设立和撤销应属于章程的内容范围，而其名称、组成、职权及运作则由内部规章限定即可。比如，澳门大学除了章程和人员通则之外，还有组织架构规章、学位颁授规章、学院教学与研究单位规章等。澳门其他院校的章程中虽然在决策组织的构成上有所不同，但基本形式并无大的区别。

相比之下，内地有些大学的章程在组织构成上不仅没有区分决策与操作，而且无所不包。在某大学绘制的治理组织架构图上，各委员会、校长、各党群和行政职能机构、教学科研单位、直属单位等混杂在一起，缺少了治理的内涵与边界，俨然变成虚、实体组织的展示图。应该说，大学治理结构是比管理结构更为基础的制度结构，其根本目的是建立大学决策过程与社会权力主体的合理联系。[①] 由此，大学的合法权利才能得到保障，自主权方能得以彰显。

三、澳门高等教育治理的未来展望

澳门回归以后，高等教育已经取得较快的发展。正如开篇所言，澳门缺乏的不是目标和资金，而是一套灵活、适用的高校内外制度和结构体系。澳门高等教育的治理特别需要着眼于此，方能焕发出新的活力。

（一）改变公法人身份，重构政府和大学之间的关系

高等教育的治理首先意味着政府的作用将发生很多变化，政府的角色应

---

① 龚怡祖. 现代大学治理结构：真实命题及中国语境 [J]. 公共管理学报, 2008 (4): 70 – 76.

当从原来的举办者、办学者、管理者，转变成协调者和质量控制者。① 如前所言，澳门高等教育治理的主要问题在于，公立高校都是公法人，所以同时需要受到适用于公法人的公共行政制度、法规约束。实际上，澳门的公法人模式来源于葡萄牙，政府长期以来也将高校视为公共机构。但在世界经济合作与发展组织（OECD）对葡萄牙高等教育进行全面检视以后，这类状况得到了改变。葡萄牙国会于 2007 年制定了新的高等教育法律制度（RJIES，62/2007），推行"私法制度下的公共基金会"的运作模式，允许公立大学脱离公法人身份，透过适当申请程序取得此私法制度的公共基金会地位。新制度下大学将会在三大范畴内取得更多自主权：一是大学固定资产的所有权，二是独立于政府的财政制度，三是与公务人员制度脱钩的人事管理制度。②

鉴于葡萄牙的改变，澳门也应该未雨绸缪，适时在制度范畴做出相应的调整。重点可以从两个角度加以考虑：第一，从更高层次的法律上对公法人的内涵及其运作予以补充规定，将高校与执行公共行政事务的政府机关区分开来；或者，设立除公法人、私法人之外的独立法人，与高校的实际性质相结合。第二，参照葡萄牙的模式，允许高校申请公共基金会的地位，从而可以在私法制度下运行。这一模式有一个基本的前提，即需要改变公立高校经费拨款现状，鼓励高校从多种渠道获取资金，才能够从法律层面启动公共基金会模式。

（二）建立中介组织，实现政府宏观调控和引导

澳门政府与高校之间一直属于直接领导与被领导的关系，社会文化司是各高校的监督实体，高等教育办负责高等教育的协调和规划。"但政府的直接干预和市场的直接介入易破坏大学的学术自由，而大学脱离政府、社会（市场）的'完全自治'也必然步入迷途或陷入困境。因此，需要有独立的第三方介入治理结构。"③

作为第三方中介组织的典型代表，英国高等教育基金委员会就是在政府和高校之间起到"缓冲"和"联结"的作用。在英国，高等教育基金委员会将政府和高校两种不同性质的机构有效联结起来，又都保持着一定的距离。近 20 年来，伴随着政府加强对高等教育的引导作用，基金委员会不断

---

① 盛冰. 高等教育的治理：重构政府、高校、社会之间的关系 [J]. 高等教育研究，2003（2）：47 - 51.
② 澳大修章小组. 各地区高等教育改革概况摘要 [J]. 校董瞭望台季刊，2012（5）：15 - 24.
③ 李彩虹，杨移贻. 治理理念下的高等教育第三部门 [J]. 大学教育科学，2012（6）：23 - 28.

通过拨款、政策发布、问责等，传递着政府的意志和信息，在维护政府和高校的利益方面，已经起到不可或缺的作用。

目前，2017年高教法中特别强调要建立高等教育委员会、高等教育基金这样的第三方组织，以加强中介协调的作用，实现良性的资金分配和治理协调。建立中介组织应该注意以下两点：第一，委员会组织和高等教育基金须能够起到宏观调控的作用。例如，人员构成上并不一定要"统筹兼顾"，而是要重点反映出政府和社会的宏观导向，在考虑院校利益的同时，兼顾政府和社会的整体利益。第二，中介组织应该具有决策权，而非仅仅拥有服从于政府的咨询建议权。并采取相关机制保障高校的自治，促进高等教育质量的提升。

（三）建立问责机制，加强对高校的监督管理

提高高等学校的自主水平是世界范围内高等教育的普遍发展趋势，然而在扩大高校自主权的同时，也需要加强对高校的问责与监督，以促使高等教育领域能够符合社会公众的期望和利益诉求。葡萄牙科学技术与高等教育部国务秘书曼努·埃尔·海托尔教授在阐述葡萄牙法人化改革的同时，亦强调"赋予大学享有独立法人的地位，有助于避免传统公共行政上的烦琐程序，但前提是必须发展有活力的大学"[①]。

实施对澳门高校的问责、监督制，应从以下三个方面来理解：第一，摆脱公法人身份的高校，可以依靠校董会及基金会的信托委员会进行独立监控。这类监督属于院校自我发展的调控。第二，政府建立的第三方基金中介组织，可以针对院校经费预算、发放、使用等方面启动独立问责机制，尤其加强对竞争性经费资助责任的考核。第三，配合2017年高教法及2018年高等教育素质评鉴制度，成立质量保障与评鉴机构，以独立问责的方式对高校进行评审。应该说，大学自主和问责是相辅相成的两个有机组成部分，政府、社会和高校需要更好地协调与合作，努力建立有效可行的机制，充分实现社会价值平衡。

第二节 内地与澳门高校内部治理的比较

一、问题之源

近10年来，"治理"一词成为我国内地高等教育研究中的热门词汇，与

---

① HEITOR M V. 寻找大学管治模式的新策略［J］. 澳大新语，2012（6）：14-19.

治理相关的论题也比比皆是。在国家中长期教育发展规划中提出的"现代大学制度建设"以及"去行政化",都与高校治理密切相关。既然"治理"作为一个崭新的词汇,那么它必然会带来一种意涵,尤其是能够证明先前政策及措施已经显现其不足或局限性,或者需要体现出一种超越。①

当前,我国内地高等教育的发展处在一个快速的转型期,形形色色的问题也不断涌现,许多理论和实践研究也在回应着这些问题。然而,处在内地高等教育的语境中,去发现诸如"行政权力与学术权力失衡""高校行政化"等问题,固然可以身临其境,有的放矢,但正如布迪厄的"场域理论"所指出的那样,场域塑造着社会行动者的惯习(habitus)②。在现实情境中,每当惯习遭遇的客观条件,就是产生它的那些客观条件,或者类似于那些客观条件时,惯习总能很好地"适应"那个场域而无须什么自觉地追求目标明确的调适。③ 内地高校所形成的场域有着大体一致的历史和结构,研究者和行动者亦存在于相对固定的结构中,所理解的教育现象都自然而然地成为经验积累的产物,从而构成相对封闭的感知倾向系统。以"行政化"为例,研究容易将行政化的含义理解成两极:现实极和抽象极。一方面,有研究直接指出,"担任行政职务的教授利用手中分配学术资源的权力在项目、课题申报评审等方面向自己倾斜"④,以此在现实情境中说明"行政化"的现象。另一方面,则将有关"行政化"的含义抽象化,提炼出本质,"行政权力以及行政管理部门不适当的膨胀,以致影响组织的正常运转,大致相当于'科层化'或'过度科层化'。……包含了行政权力化、行政级别化以及行政文化主导三层含义"⑤。应该说,在特定的历史和结构中,以上无论是现实层面还是抽象层面,对于"行政化"的理解都较为合理,因为身临其境的行动者实实在在地感受到这种"官僚气息"的存在,并就现实和抽象的感知予以"盖棺论定"。然而,经验来源于场域,"行政化"在不同的语境下都能带来同样的理解吗?况且,在解决问题上,"行政化"的产生起源于"行政",

---

① 戈丹. 何谓治理 [M]. 钟震宇, 译. 北京: 社会科学文献出版社, 2010: 3.
② 布迪厄将"惯习"定义为一个持久的、可转移的秉性系统,这种秉性倾向是每个个人由于其生存的客观条件和社会经历而通常以无意识的方式内在化并纳入自身的。此一解释见: 李全生. 布迪厄场域理论简析 [J]. 烟台大学学报(哲学社会科学版), 2002, 15 (2): 146 – 150.
③ 布赫迪厄, 华康德. 布赫迪厄社会学面面观 [M]. 李猛, 李康, 译. 台北: 城邦文化事业股份有限公司, 2009: 202.
④ 李立国, 等. 论高校的"行政化"与"去行政化"[J]. 中国高教研究, 2010 (5): 2 – 4.
⑤ 王建华. 中国大学转型与去行政化 [J]. 清华大学教育研究, 2012 (1): 23 – 32.

而"行政"本身是必需的,为什么行政能够"化"呢?一些治理中不证自明的前提,如包括高校内部行政机构的功用范围,是否也需要重新思考呢?

在人们对高校场域内的"行政化"进行讨伐的同时,也潜在地习得了特定场域内的固有属性,类似的"惯习"可能恰恰是场域本身的迷惑。如果将视角集中在高校内部治理的范围,发现"治理"其实和"制度"、"参与"以及"权力"等关键词相关。在不同的场域,都必然会涉及类似的内容。如研究国外的大学治理,无一例外地要思考分权共治,并且共治(shared governance)早已成为国外研究的焦点。当我们将触角再深入一步,就会发现国外大学共治中的持份者仅仅从表象中看来,也与国内并无太多的不同,似乎也包含着学术人员(faculty)和行政人员(administrators),研究试图探讨两类人员参与共治的范围、方式、权责等。于是,我国内地一些涉及比较借鉴的研究便勇于"担当"起将之与内地行政权力和学术权力协调中产生的问题相提并论。结果却是,由于历史、文化、体系结构的不同,这些研究在基本的语义辨析上都出现了问题。更深入地讲,应该是国内外在不同历史和文化背景下所产生的高校场域具有明显的差异,从而对高校治理中所进行的"对号入座"也发生偏差。辛普里西奥在以管理者的视角研究美国高校"共治"的时候,就曾经注意到那些就职于行政岗位的学术人员,为了避免产生歧义,即"无法确定他们是在履行行政岗位的自然职责,抑或只是以学术人员的身份从事着行政工作?所以,辛氏和其他美国学者一样,将行政人员定义为持有学术单位院长或者分委员会主席以上高级行政职位的人"①。换句话说,只要是处在校内高级行政职位上的人都被界定为行政人员,即使你是某个学科的教授。而学术人员一旦担任了行政职位,自然就不能作为研究意义下的"faculty"。由此可见,国内外研究的起点不一致,导致研究的问题及最终研究的结果也是南辕北辙,结论更是不能拿来互相借鉴。

以澳门为例。作为中国的一个特别行政区,澳门地域狭小,人口密度很高,经济发展上凭借博彩业的有力支撑,人均 GDP 居世界前列。澳门的高等教育起步较晚,一直保持着一种多元的特色,"三文四语",培养学生多以服务地方为己任。就高校治理而言,澳门与内地虽然同出于一个母体,但由于历史文化的因素,在形式和内涵上却大有不同。1981 年澳门的第一所现代大学——东亚大学的基本制度就仿自盎格鲁-撒克逊传统,整体而言,公立高校的治理体制兼具英制和葡制的特点。换句话说,澳门高校所形成的场域

---

① SIMPLICIO J S C. Shared governance: an analysis of power on the modern university campus from the perspective of an administrator [J]. Education, 2006, 126 (4): 763 - 768.

与内地有显著的区别,内地治理中的一些关键问题放在澳门来看,也许本身就不是问题,或者说某种内地高校的"惯习","在不同场域的刺激和结构中,会产生出不同的,甚至是相互对立的结果"①。笔者曾经就职于内地和澳门的高校,对于两地高校内部的治理机制和制度构建卓有感悟,并有意将之进行比较,在历史和结构的外衣下,深层次地理解制度、参与以及权力的内涵,于异同之处寻找解决高校内部治理问题的方式。

二、高校治理的"内涵"与"外延"

"治理"这个词本身也是问题之源。从英文"governance"翻译成中文,已经失去了一些对"治理"一词解释的理由。内地将 governance 翻译成"治理",而港澳地区则使用"管治",在澳门一些大学的中文版网站上,经常可以看到"大学管治"的栏目。所以,单从中文字面的意思,很难找到治理的内涵和外延。

实际上,"治理"一词在中世纪就曾经在欧洲大陆流行过一段时间。其最初的意思和"统治、政府"(接近于 government)或者"指导、指引"相近,更多地用于表达充满保护性的建议,且没有什么确切的含义。正如治理的英文读音一样,加上后缀"-nance",显得舒缓流畅。如果说治理是一种权力,那它表现为一种柔性且有节制的权力。② 治理在 17—18 世纪时的应用,依然与那种刚性的、带有等级体制的强权(government)有所区别。许多研究显示,治理离不开政治哲学的发展,并与欧洲体制下王权和议会权力的制衡密切相关。进入 20 世纪,治理的现代内涵着重体现在企业经济学和政治决策分析这两个领域。在经济学家看来,"公司治理结构是一套制度安排,用来支配若干在企业中有重大利益关系的团体——投资者、经理人员、职工之间的关系,并从这种联盟中实现经济利益"③。公司治理的目标包括:增值、透明、领导、社会责任和信任,以及对公司财产和利益相关者的保护。④ 政治领域中的治理概念也试图摆脱等级权力,"结构或规则不能由外部产生作用,而必须依赖统治的整体性以及彼此影响的各个行为者的互动"⑤。由此

---

① 布赫迪厄,华康德. 布赫迪厄社会学面面观 [M]. 李猛,李康,译. 台北:城邦文化事业股份有限公司,2009:209.
② 戈丹. 何谓治理 [M]. 钟震宇,译. 北京:社会科学文献出版社,2010:4.
③ 高程德. 现代公司理论 [M]. 2 版. 北京:北京大学出版社,2006:207.
④ HENZE R. Corporate governance: can university learn from the private sector? [J]. Perspectives, 2010, 14 (3): 86 - 90.
⑤ 赵成. 大学治理的含义及理论渊源 [J]. 现代教育管理,2009 (4): 35 - 38.

可见，治理的内涵似乎集中于利益关系的影响，"通过一套包括正式及非正式的制度来协调所有利益相关者之间的利益关系"①。虽然如此，治理依然被认为是一个"可以指涉任何事物或毫无意义的时髦词语"②。

既然治理的界定如此模糊，或者说治理只是让人能够感觉到它的内涵，那么治理的外延如何存在呢？应该说，根据治理的内涵，行动者是可以进行现实分析并提出有益论点的。然而，当治理只是照顾到所谓内涵，而外延被无端放大的时候，有些现实问题从背景假设到分析控制，都会变得理所当然。高校治理即是如此。1976 年，在詹姆斯·马奇和约翰·奥尔森合著的《组织中的二重性与选择》中，有篇论文的题目就是《大学治理》。这是目前在高等教育领域可以查到的第一篇"治理"文献，而论文的内容主要涉及大学组织中的决策。从利益相关者的视角来看，治理的内涵虽然要涉及协调各方利益，但利益势必关乎决策，除此之外的内容则无须纳入视野。即使在维基百科词典中，正式组织的治理也被定义为"控制主体进行有效行动、授权以及核实表现的决策过程"③。

谈及治理，一定会涉及另外一个词语——管理（management）。维基百科词典将管理定义为"通过协调各种资源，实现组织目标的过程或功用。包括：计划、组织、人事、领导和控制等"④。毫无疑问，"管理"这个词比较明确，涉及的范围较广。但在现实中，"管理"往往还作为一种"操作职能"而存在。如果说，治理是决定到哪儿去，谁应该拥有权力，某件事做得对不对；管理则是怎样到那里去，权力发生后的落实，以及对于过程的操作和执行。延伸到高校场域，治理有着大致相似的外延。波尔等认为现代大学治理的主要标准涉及大学治理主体的地位和角色。⑤ 这无疑告诉我们，大学治理的范围需要定位在哪里。米德赫斯特在研究英国大学治理变革的时候，认为内部治理包括：内部治理结构、决策安排、领导者角色以及治理主体的

---

① 刘丹. 利益相关者与公司治理法律制度研究 [M]. 北京：中国人民公安大学出版社，2005：19.
② 杰索普. 治理的兴起及其失败的风险：以经济发展为例的论述 [J]. 漆蕪，译. 国际社会科学杂志（中文版），1999（1）：31–47.
③ Wikipedia（the free encyclopedia）. Governance [EB/OL].（2014–06–10）[2014–06–24]. http://en.wikipedia.org/wiki/Governance.
④ Wikipedia（the free encyclopedia）. Management [EB/OL].（2014–06–22）[2014–06–25]. http://en.wikipedia.org/wiki/Management.
⑤ DE BOER H, et al. Supervision in 'modern' university governance：boards under scrutiny [J]. Studies in Higher Education, 2010, 35（3）：317–333.

角色与功能之间的关系。① 由此可见，高校内部治理并非仅仅拥有利益协作和制衡的内涵，它同时关注高校内部的治理主体和结构，并从管理的操作、辅助职能中脱离出来，以决策划定其边界。

三、从章程制度看两地高校治理

高校治理的首要责任在于内部制度的构建，无论是理念、结构还是权力，都必须以制度作为根本依托。"大学是在一个制度框架之内完成它的任务的：科学研究、教学、学术训练、沟通。……大学只能作为一个制度化的实体才能存在。在这样一种制度里面，大学的理念变得具体而实在。"② 在高校内部的制度构建中，章程建设无疑是最为重要的一环。在历史进程中，大学章程并非统筹兼顾或者总纲一样的制度。追溯到中世纪，宪章的作用与大学的特许权密不可分，这些特许权可能来自王权、教皇和其他一些地方政权。③ 果若如此，章程的根本出发点就是要体现出自治权限，以及高校内外的主要权责范围与关系，而对于自治权限以内的事务则只需在内部规范中限定即可。从学校制度体系建设的角度来说，大学章程是该大学的基本法，是调整学校与社会、学校内部责权关系、人际关系的重要依据，……应该成为该校一切规章制度的母本和基础。④

内地的章程建设起步较晚，属于典型的后发外生型。虽然1998年颁布的《中华人民共和国高等教育法》中对设立章程提出明确的要求，但除去吉林大学、广东外语外贸大学等少数几所高校外，绝大部分高校在章程方面的建设迟迟不能落实。为了落实国家中长期教育发展规划，教育部于2011年11月依法出台了《高等学校章程制定暂行办法》，截至2014年6月，已经核准了中国人民大学、东南大学等15所高校的章程。从内容上看，各校的章程基本符合章程制定办法的要求和规范。由于《中华人民共和国高等教育法》已经列明了校党委会和校长的职责和权限，所以各校章程在领导体制的核心表述上并无二异。总体而言，内地高校的章程中反映的是一种管理体

---

① MIDDLEHURST R. Changing internal governance: a discussion of leadership roles and management structures in UK universities [J]. Higher Education Quarterly, 2004, 58 (4): 258 – 279.
② 雅斯贝尔斯. 大学之理念 [M]. 邱立波, 译. 上海: 上海人民出版社, 2007: 108.
③ 韦尔热. 中世纪大学 [M]. 王晓辉, 译. 上海: 上海人民出版社, 2007: 40 – 42.
④ 胡敏强, 等. 大学章程制定的思考与实践 [J]. 国家教育行政学院学报, 2011 (7): 8 – 11.

制，既有领导决策、组织结构，也有民主管理的方式及内设机构的组成等。① 如果以高校治理的外延来看，章程中所体现的治理架构主要以校党委会和校长为核心，而依法设立的学术委员会、学位委员会等也拥有相应的审议、咨询和决定权。但是，几乎所有高校章程中与组织相关的内容，并没有遵循所谓治理架构的原则，仅仅是对内部各类组织进行一种分类描述。如某高校章程中包括"中国共产党×××委员会、纪律检查委员会及党委部门""校长、校长办公会议及行政部门""学术组织（学术委员会、学位评定委员会、教学委员会、职称评审委员会、学部等）""教职工代表大会、学生代表大会及群众组织""学院""其他机构"等章节。类似的分类属于有逻辑、有层次的，但是将决策和操作混杂在一起，除去校党委会和校长的责权概述，其余组织的性质、职能、运作均无体现，而责权的表述亦存在空泛、抽象的情况。全面看来，似乎缺少对治理架构内涵的理解，治理主体也不清晰，无法体现出高校通过治理权责的拟定，厘清内外的权利关系。高校的自治、自主权利范围也无法得以充分体现。

相比之下，澳门高校的章程简约一些，却能牢牢扣紧治理架构的内涵。澳门现代高等教育肇始于1981年创立的东亚大学，其在筹备阶段秉承了西方大学的一些传统，一并从英国、中国香港聘请了一些学者参与主导和设计了大学的章程。由于大学的私立性质，章程中规定的权利主体必须要体现出创办者的意志，正式的结构不能与大学创办的目的、与政府签订的协议以及创办者的根本利益相冲突。② 1991年，东亚大学主体转变成公立的澳门大学，其章程依然继承了这一传统。目前，澳门大学章程中的治理主体包括校监、大学议庭（assembly）、校董会（council）、校长及副校长、教务委员会（senate）、财务管理委员会。③ 其中校监、大学议庭分别是荣誉和咨询机构，但由于特区行政长官出任校监和议庭主席，其地位和监督作用就显得异常重要。校董会是法定的校内最高权力机构，通过校长及副校长、教务委员会、财务管理委员会在不同范畴内分庭治理。总体而言，澳门大学的治理架构清晰明确，章程内部对于各个治理机构职权、组成和运作的表述也非常详细。

---

① 中华人民共和国教育部. 高等学校章程制定暂行办法 [EB/OL]. (2011-11-28) [2014-06-25]. http://www.moe.gov.cn/publicfiles/business/htmlfiles/moe/moe_248/index.html.
② MELLOR B. The University of East Asia: origin and outlook [M]. Hong Kong: UEA Press Ltd., 1988: 21.
③ 第14/2006号行政命令核准《澳门大学章程》[EB/OL]. [2014-06-25]. http://www.umac.mo/chi/university_governance.html.

而对于各个治理主体下属的一些委员会以及行政辅助部门，则只列出设置、任命的权限归属，其组成、职权及运作则由内部规章限定。两地高校的章程相比来说，虽无高低、合适与否之说，但从治理角度而言，澳门大学的章程更能扣紧高校本身治理权限的脉搏，治理架构环环相扣，治理主体间的赋权以及权利的承接也体现得较为清晰，而无关高校基本决策的行为或者高校自治范围的条款，则通过章程限定在学校内部的制度规范中。

四、决策中的共治参与机制

高校治理是利益相关者共同参与的过程，制度规范下的治理形式主要以决策为中心。同样，"只有在决策活动中最大限度地满足了大学本质属性与公共利益需要的治理结构，才是能够被大学和社会认可与接受的治理结构"①。正如前文所言，国外有关共同治理方面的研究，实际上也集中在学术人员、行政人员、职员、学生等如何参与到高校的治理中来，而其中最引起热议的主要还是"没有任何高级行政职务"的学术人员以何种方式参与高校内部的治理，他们与高级行政管理人员的关系如何处理。林德曼早在1961年就已经指出，教育实践中的准则是任何决策都需要有识之士的广泛参与，而决策中广泛参与的有效性，例如民主诉求，来自适时策略的反应以及参与者彼此经验的互动。② 对林德曼来说，民主和共治的整合机制是区别高等教育和其他学习活动的关键。当然，决策中快速反应的诉求与协商参与之间存在张力。伯恩·鲍姆则对此予以了回应：高等教育中最大的危险不是由于广泛磋商使得决策过于缓慢，而是太快做出决策导致忽视了院校的核心价值。③ 从广泛的意义来说，高校内部的民主参与是世界上任何国家和地区都较为认同的一种观念，只是落实在决策当中的机制有所不同。

实际上，从内地高校章程制定的内容中可以看出其民主参与的组织形式。由于内地高校的章程是后发产生的，其内容框架必然建立在经验和目标之上。一般来讲，内地高校在其特有环境下，对于民主参与的理解带有"听取意见"的味道。从这个角度而言，民主参与的组织是全校的教职工代表大会和党内的党代表大会。而类似学术委员会、教授委员会、人才培养委员会

---

① 龚怡祖. 大学治理结构：现代大学制度的基石［J］. 教育研究，2009（6）：22-26.
② LINDEMAN E. The meaning of adult education［M］. Norman：Oklahoma Research Center for Continuing Professional and Higher Education, 1961：20-22.
③ BIRNBAUM R. The end of shared governance：looking ahead or looking back［C］// TIERNEY W G, LECHUGA V M. Restructuring shared governance in higher education：new directions for higher education, No. 127. San Francisco：Jossey-Bass, 2004：5-22.

等则被视为"教授治学"的组织。如果再进一步探讨下去，容易发现这些委员会多数只拥有"审议""讨论"权，而无"决定"权。换句话说，这些组织是"前决策"的组织，而所有的重大学术议题依然需要上报校党委常委会或由校长决定。难怪有章程将这些组织统一概括为定义含混的"学术组织"。值得一提的是，一些高校已经将"不担任行政职务的资深教授担任学术委员会主任"写入章程，充分体现了对教授治学的尊重。教授们在各个委员会中的参与以及作用的发挥，实际上与国外高校的"共治"颇有相似之处。只是，参与和共治在决策的时点和利益取向上有所不同。例如，美国大部分高校的"共治"一词指的是不同利益群体在同一治理主体内部共同决策。而"高级行政人员请学术人员参与，咨询其意见，是想请学术人员充分表达自身的利益诉求，仅此而已；而基于共治，学术人员同样需要表达诉求和关切，但更重要的是要将个体利益投入到全校的整体利益中去"①。所以，"有效治理的关键是，让学术人员进入决策的角色，而非仅仅作为咨询顾问存在，从而能够吸引校内学术精英的积极参与"②。应该说，内地高校所体现出的参与机制已逐渐走向健全，而这种以"教授治学"为核心理念的参与机制也为学术的繁荣以及学术权力的振兴提供了契机。虽然如此，学术人员究竟在何等层面、多大范围参与到校内的决策体系中，依然需要深入思考，这也许在破除行政化的藩篱上能够更进一步。

基于历史的因素，澳门高校在参与和共治的形式上更接近西方的传统。以澳门大学为例，两个主要的治理主体都有不同群体的参与。校董会作为校内最高权力机构，组织构成上包括校内高级行政人员、政府部门领导代表、教务委员会代表、社会各领域杰出人士、学生代表等；教务委员会作为全校最高学术事务机构，包括高级行政人员代表、教学人员代表及学生代表等。在学术范畴内，教务委员会具有实质性的决策权，如核准基本学术单位及独立学术单位的合并、更改或撤销；核准学术单位内部的教学或研究单位的设立、合并、更改或撤销；核准澳门大学所开办的课程的组织安排、修改及撤销；核准评估本科水平的标准及有关的毕业标准；等等。③ 这些基本上秉承

---

① HEANEY T. Democracy, shared governance, and the university [C]//RAMDEHOLL D, et al. The struggle for democracy in adult education: new directions for adult and continuing education, No. 128. Wiley Periodicals, Inc., 2010: 69–79.

② DUDERSTADT J J. Governing the twenty-first-century university: a view from the bridge [C]//TIERNEY J J. Competing conceptions of academic governance: negotiating the perfect storm. Baltimore: The Johns Hopkins University Press, 2004: 84.

③ 第14/2006号行政命令核准《澳门大学章程》[EB/OL]. 2006: 536, 547–548. [2014–06–25]. http://www.umac.mo/chi/university_governance.html.

了西方高校委员会治理的模式。各个治理主体还可以依据各自权限,将有关权力下放到各个分委员会,如学术质量委员会、研究委员会、图书管理委员会等。分委员会仍然在相应范畴拥有决策权和审核权。从整体上看,澳门大学高级行政人员的权力较大,校长同时也是教务委员会和财务管理委员会的主席,而且常设委员会全部由高级行政人员担任。学术人员在治理主体中话语权不大,澳门大学基本上还是属于高级行政人员主导下,广泛参与的共治形式。尽管如此,类似信息公开透明及共处一堂的形式依然卓有成效,可以使一些有违高校核心理念和不切实际的做法在广泛的协商中予以摒弃。

五、谁拥有行政权力

高校治理中无可避免地要涉及行政权力和学术权力的关系问题,但二者的划分更多的是从问题的角度出发,而非事务的范畴。严格意义上来说,无法清晰地界定行政人员和学术人员各自所拥有的权力。如在美国高校中,许多学术人员作为专业范畴内的专家,一直将课程和专业的发展及修订视为自己的专属领域。[①] 又如,编制和晋升委员会中,学术人员一般拥有较大的权力,"但为了避免与那些提出晋升申请的教员尴尬相处,结果是,委员会大多会给申请者以正面的评价。而这个时候,行政人员的角色和权力就变得异常关键"[②]。由此可见,行政权力在许多情况下都与学术权力交织在一起,并发挥重要的作用。事实上,任何一个国家和地区的高校中,校长、副校长等高级行政人员都是校内的权威,也必然要在学术和行政事务的决策中发挥重大的作用。同时,"高级行政人员在鼓励学者参与共治上能起到关键的作用,也可以在日益复杂的环境下,有效调解和减少治理主体和学术权威之间的冲突"[③]。所以,现在的问题是:行政人员的界限应定位在哪里?谁应该拥有行政权力?

王莉(音译)在针对内地不同类型高校所做的一次田野调查显示,"即使终审权属于政府,高校对许多学术决策的控制权依然达到70%以上"[④]。然而,内地绝大多数院校的权力并没有倾向学术人员一方,而是主要集中在

[①②] SIMPLICIO J S C. Shared governance: an analysis of power on the modern university campus from the perspective of an administrator [J]. Education, 2006, 126 (4): 763-768.

[③] TAYLOR M. Shared governance in the modern university [J]. Higher Education Quarterly, 2013, 67 (1): 80-94.

[④] WANG L. Higher education governance and university autonomy in China [J]. Globalisation, Societies and Education, 2010, 8 (4): 477-495.

校长、副校长、职能部门的负责人手中。在内地高校的历史惯性下,后者被认为拥有行政权力。王世权等在论及大学行政权力的时候,认为内部行政权力的金字塔结构包括了处室权力。① 换句话说,校长、副校长及行政职能部门的负责人拥有较大的行政和学术领域的决策权。如前所言,美国高校内部也存在行政权力的概念,但那主要是集中在"学术单位院长或者分委员会主席以上高级行政职位的人"所拥有的权力,而行政职能部门更多的是拥有辅助的职能。事实上,对于直线—职能式组织结构的功用范围早有论述,主要涉及线和点的区别。"工作线直接代表了指挥链,即权力流经的路线结构,而诸如人事或财务部门的点,其功用是为首席行政官提供建议,但并不直接对工作线行使权力。"② 而正是这些本应在高校担当"辅助、操作"角色的职能部门,在学术领域却拥有着较大的决策权。打开内地高校的网站链接,可以看到一些职能部门的工作职责范围全部以"负责"两字开头。例如,人事处"负责"高层次人才的引进和管理等;招生就业处"负责"实施招生录取以及"负责"保送生、自主招生、特长生……特殊类招生的录取工作等。另外,一些职能部门如教务处、科研处、研究生院等,其负责人大多是教授,他们可以通过参加各类教授委员会发挥作用,将学术和行政的身份混杂在一起。最后,高校内部的"官员"晋升一般采取 S 形路线:学院办公室科级→部门科长→学院副职→部门副处长→学院正职→部门处长→校领导,由此凸显校内职能部门的重要性。在学科层面本应拥有"决策"权的院长,竟然明显不如职能部门拥有"操作"权的处长。在一些"985"高校中,"党政机构 30 个左右,机关工作人员四五百名,其中处级干部 100 多名"③。一些教授和正、副院长将能够晋升为正、副处长视为光荣的使命和引以为豪的谈资。这些可能恰是内地高校"行政"之所以为"化"的主要症结之一。

澳门高校内部也有不同的职能部门,对比澳门政府的局、厅、处、组的设置,高校内也会有校、部、处、组与之对应。但澳门高校内部的这些部门与内地的相比在内涵上多有不同。首先,澳门公立高校的行政和学术分属不同的系统,人员编制基本上不能相通。部门的负责人和内部职员一般由澳门本地永久居民担任,较少由某学科教员兼任(即内地高校的"双肩挑")。其次,澳门高校内部同样有行政体系的等级秩序,如果硬性跨系统比较的话,学院院长无论在身份和待遇上都可能高过行政或学术辅助机构的主管。

---

① 王世权, 刘桂秋. 大学治理中的行政权力:价值逻辑、中国语境与治理边界 [J]. 清华大学教育研究, 2012, 33 (2): 100 – 106.
② 丹哈特. 公共组织理论 [M]. 项龙, 刘俊生, 译. 北京:华夏出版社, 2002. 61.
③ 熊丙奇. 高校行政化之弊端 [J]. 学习月刊, 2009 (21): 28 – 29.

再次，澳门高校（尤其是公立学校）的治理主体分别是校长、副校长或各类范畴的委员会，部门负责人及其职员一般不作为这些委员会的成员，而仅仅提供会议的材料整理和服务工作，并且承担经委员会决策以后的操作、执行任务。最后，对应内地高校的行政职能部门，澳门高校一般将之划分为两类：学术辅助部门，如学务部、注册处、研究及发展事务办公室、资讯科技部等；行政部门，如人力资源部、财务部、审计办公室等。这些部门的职责基本属于"协助""促进""执行""建议"的范畴。从治理的内涵和外延而言，澳门高校的学术辅助部门和行政部门更多地承担着管理服务的"操作"职能。

六、研究结论

"治理"概念引入内地高等教育领域的时间虽然不长，但已极尽其势。高校内部治理关注利益相关者的相互协作与制衡，同时以决策划定治理结构及主体权责的边界。内地高校的场域存在传统的惯性，虽然"治理"一词已深入人心，但是在制度、参与以及权力等治理范畴内，依然仅仅作为一个抽象的概念而存在。正如内地高校章程制度中体现的那样，分层次的组织结构替代了决策性的治理架构，章程更多只是一种高校的根本制度及对院校的全面概括，而无法充分彰显高校内外自治权利的范围和关系，决策权和自治范围内的操作权混杂在一起，治理主体和权限也不尽清晰。在内地现代大学制度建设上，习惯使用"党委领导、校长负责、教授治学、民主管理"的表述方式，而正是由于其中对于决策机制的含混，使得高校内部的参与和共治的界限也不清晰。以"教授治学"为例，毋庸置疑，每个教授都需要治学，不治学就不是教授；如果此处的"学"指的是学术事务，那么教授治"学"和教授治"校"又有什么区别呢？以"教授治学"为内涵的各个委员会也应该拥有决策权，而不应该仅仅是"前决策"的"学术组织"，更不能只是如教职工代表会那样"听取意见"式的参与。所以，高校内部参与共治的内涵还需要在决策中找到答案。同样，行政权力的归属也要以决策划分边界。行政职能部门在组织学原理上仅仅作为"操作、辅助"部门存在，而在内地高校的场域中，各部门的功能却模糊了行政权力的概念。"大学内部的行政机构把学校教学、科研、财务、职称评定统统掌握在自己手中，按行政管理办法而不遵循教育规律管理教学、科研、学术事宜。剥夺了在教学、学术第一线的教师们的权力，剥夺了学术委员会、教职工代表会等组织应有的权力。"[①] 教授身兼部门的领导，既可以是"教授治学"，也可以发号行政指

---

① 杨德广. 关于高校"去行政化"的思考 [J]. 教育发展研究，2010（9）：19-24.

令,这在一个松散结合、以学科和学术为本的组织中,只能使"行政化"愈演愈烈,也同时混淆了行政权力的原有内涵。

以上在内地高校内部治理过程中所出现的问题已经引起学界足够的重视。然而,场域塑造惯习,看待这些问题需要我们深入不同场域的历史和结构中进行比较和分析。同样以制度、参与和权力的视角审视澳门高校,发现其在章程建设、参与共治以及职能部门的功用方面,与内地高校有着很大的不同。虽然澳门高校治理并无特别强调一种决策机制,但治理模式与西方传统相似,在章程治理架构、各委员会构成、行政设置上,基本上体现出决策和操作上的区别,治理主体亦拥有相应的决策权限和内涵。换个角度说,在内地高校治理中所出现的问题放到澳门高校却并不是问题。正如内地高校需要"去行政化",澳门的高校内部则是"行政本无化"。即使澳门高校内部也在谈论行政权力和学术权力的冲突,其内涵与内地高校也大不相同。由此可见,就事论事固然好,追根溯源方为求解之道。如果能够从高校治理的内涵和外延着手,充分理解和把握治理结构与治理主体的决策边界,相信必然会对高校内部治理过程中出现的各种问题有着更深入的理解。

第三节 英国高等教育治理模式及对澳门的启示

"治理"是一个最初来自政治学领域的概念,后延伸到商业、教育等领域。在维基百科词典中,"治理"被定义为提出期望、授权和监控表现的决策过程,它一般由相对独立的决策和领导过程组成。人们常常将治理分为多中心治理、利益相关者治理、寡头治理等类型。在高等教育领域,容易与"治理"概念相混淆的是"管理"(management)一词,高等教育中的"管理"一般指高校行政管理人员对于人、财、物等资源的合理分配和使用,以实现目标的过程。在某种程度上,"管理"的概念更为宽泛,涵盖了领导、决策以及所有行政事务的处理。为了表述清晰起见,本节界定之下的高等教育治理并不包括政府行政机构关于高等教育各项职能事务的处理过程。此外,本节意指的高等教育治理是大学外部治理或高等教育宏观治理。

一般而言,高等教育治理需要依法处理好高校与政府、社会之间的关系。政府是社会公众利益的代表,政府的公共资源在进入高校的同时,也会提出符合社会利益的价值诉求;高校作为自治的实体,也期望在大学精神的指引下,充分实现育人、研究、服务等价值功能。社会是高等教育的服务对象,所以高等院校必须在保证核心理念不受侵犯的前提下,以合理、合法的方式接受社会参与监督。从世界范围来看,三者之间的互动并无统一的定律,但是却有着可资借鉴的模式。比如,英国就是一个在高等教育方面善于创造典型模式的国家,高等教育基金委员会作为第三方治理机构一直为研究者、管理者所称道。所以,对于英国高等教育治理模式的研究,有助于我们对澳门高等教育治理进行深入思考。

一、英国高等教育治理的组织体系

诞生于中世纪的牛津大学、剑桥大学曾经是社会的"精神乐园",有着很高的自治传统。20世纪60年代以前,英国高等教育在全国和地方层次上一直缺乏强而有力的正规组织体制。随着1992年《持续与高等教育法案》的颁布,政府通过设置高等教育基金委员会(Higher Education Funding Council,HEFC)强化了宏观调控的作用。

在国家层面,英国高等教育的行政管理部门几经变迁,从1964年以前的财政部转变成教育与科学部,后又先后更名为教育部(1992—1995)、教育与职业部(1995—2001)、教育与技能部(2001—2007)。2007年开始,高等教育正式划归创新、大学与技能部管理。2009年6月5日,创新、大学与技能部和商业、企业和管理变革部合并成为现在的商业、创新与技能部(BIS)。其使命就是通过创造商业辉煌的机会,促进创新、进取和科学以及赋予每一个人成功的机会和技能,来实现充满活力的、富有竞争力的英国经济。BIS部的职能非常广泛,最高治理机构是部评议会(Departmental Board),由国务秘书任主席,成员包括常务秘书长以及其他三位来自商业和大学领域的非执行评议会成员。常务秘书长通过执行评议会(Executive Board)总体负责部评议会决议事项的落实和所有日常管理工作的运行,其下负责高等教育方面事务的是知识与创新发展局,包括高等教育政策、高等教育学生基金、创新以及研究基地等范畴。

在地区一级,以英格兰为例,英格兰高等教育基金委员会(Higher Education Funding Council for England,HEFCE)是直接与大学、学院发生联系的非政府公共组织,在BIS部大学、科学与创新国务大臣指导下独立开展工作。基金委员会在其评议会(Board)的领导下,对组织的策略发展负责,而评议会的所有成员全部由BIS部的最高行政长官国务秘书(内阁成员)任命。为了使基金委员会与政府密切联系,BIS部的知识与创新发展局局长担任基金委员会评议会(funding council board)的审核员(assessor),便于政策的沟通和审议事项的上传下达。基金委员会评议会决议的主要事项包括:首席执行官的任免、审计决算的批准、院校资助的分配、向国务秘书建议的高等教育事项等。委员会除了拨款职能外,在高等教育发展和促进方面负有积极的责任,其高等教育策略范畴主要是通过下属的几个策略顾问委员会展开的，具体包括教学、质量与学生经验委员会，增加入学机会和参与委员会，研究与创新委员会、企业与技能委员会，领导、治理与管理委员会。此外，在治理程序上有着较为完善的反馈机制，通过建立审计委员会和申诉小组，查证不当行为和处理纠纷事件。

二、英国高等教育治理模式的特点

（一）在政府与大学的博弈中形成治理的均衡

成立高等教育基金委员会是政府对大学进行干预的一种政治策略，一方面英国政府借助基金委员会，完成了对大学和学院的统一治理；另一方面，基金委员会的性质依然是非政府的公共组织，所以在治理方面，政府有意回避了行政权力的直接介入，但通过资金分配、人员任命、派遣审核员、政策引导等方式达到了调控大学的目的。

伯达尔曾经提出，大学自治分为实质性自治和程序性自治。实质性自治涉及高等教育目的的问题，即大学以什么为理念决定自身行动的权力。程序性自治则指学术运行过程中所涉及的权力，如开设课程、自主研究、财务预算、学位授予等。实际上，在英国政府和大学的博弈中，政府的根本利益诉求在于通过引导大学的发展，服务于公众、社会利益；而大学的利益诉求则是要维护自身的学术自由，同时争取到更多的资源，只有经济上的收支平衡才是实现价值理想的基础。所以，英国政府在大学传统自治的前提下，最想予以引导的是有关大学实质性自治方面的议题：是希望大学对于高深知识的追求保持价值中立态度，还是使大学的知识生产与商业密切配合，更好地适应经济社会发展的需求？而在程序性自治方面，英国政府认为这是大学的特色所在，根本不会也没有想过要去撼动学术的尊严和权力。

当前，英国政府在高等教育方面的显著导向就是希望大学与商业密切配合。政府通过组建商业、创新与技能部统合了商业与高等教育的范畴，其最终目的就是让大学更好地为经济服务，从而带来最直接的效益。英国政府近年来相继出台的报告和白皮书也表明，大学应当成为与经济互动发展的中心地带。此外，基金委员会中设置的企业与技能委员会，就是力图通过人才培养和科学研究，推动知识成果的转化，服务于地区性的第三产业活动。英国政府在日趋紧张的国际竞争面前，积极订立大学与商业密切联系的发展目标，并在整个高等教育治理过程中都体现出明确的导向性。

在具体的治理环节中，高等教育基金委员会充当了政府和大学之间的"缓冲器"。基金委员会对各所大学和学院的拨款效能核定，主要是通过财政备忘录（Financial Memorandum）进行的。委员会在每学年下拨经费之前，都会与各所院校签订财政备忘录，通过一些量化的绩效标准对大学效率进行核定，并针对性地对接受资助的大学进行风险评估，对处于高风险状态的大学提出"警告"。虽然，基金委员会通过拨款、问责的手段传递着政府的意志，但是很多策略的采用还是需要经过不断的协商。基金委员会的决策主体——评议会中依然有着数量众多的大学副校长和资深专家，他们也会代表着大学的利益，传递着大学的意愿和信息。事实上，高等教育界所出现的"商业化"倾向也并不完全是政府导向的结果，拥有程序性自主的大学反而更容易在利益的驱动下，走向一种"趋同"模式——老牌大学效仿新大学的崇尚管理、效能高的特点，新入大学不断追求在大学排行中的学术排名。应该说，英国当前的高等教育治理模式恰恰是政府和大学相互博弈的结果，各自的利益诉求使得治理逐渐趋于均衡，政府通过政策和拨款导向使大学更加密切联系社会经济，大学在自主的理想状态下进行学术漂移。

（二）治理结构是利益相关者持续参与的过程

在英国高等教育的治理结构中，有着形式不同的委员会决策组织。宏观治理方面，BIS 部是内阁官僚部门，但是最高决策委员会——BIS 部评议会也有着来自商业和大学领域的人士参与。而高等教育基金委员会则受评议会的领导，评议会一般由 12~15 个成员组成，他们分别来自大学、基金委员会、商业、银行等领域，评议会的决策也是通过其下属的一些常设委员会行使咨询或者具体的功能。而所有的策略顾问委员会、合作顾问委员会、审计委员会、任命委员会等也都包括了学者专家、产业界人士。在这样的体制下，行政权力相对而言得到了有效控制，同时也体现出利益相关者参与治理的内涵。

在 1992 年高等教育基金委员会成立以前，大学拨款委员会作为英国大学的拨款主体，成员大多是来自大学的校长和学科专家，所以，外界对于高等教育的治理机制、功能、效果很少能形成评价意见，这充分体现了大学内部维护自治的力量。随着政府在高等教育治理上责权的增强，加强外部人士在治理中发挥其作用的呼声也越来越高。与学术团体自治相比，外部人士治理更能够把握国家政策的核心所在，更能从知识经济的角度思考高等教育的发展，同时政府的意志也能够在利益相关者持续的参与中逐渐变为现实。

委员会的治理形式是英国的传统，也形成了英国自身的文化特色，被其他国家争先效仿。但是，形式背后的内涵更加值得关注。从学术团体内部的民主协商走向利益相关群体的参与治理，经过了一个较长的时间，这实际上也是大学的实质性自治从文化价值观向实用价值观转变的过程。其间，政府通过政策调整、拨款、问责，影响着大学的发展走向；新、老大学也必须在政府和高等教育基金委员会所设定的框架内,实施与商业更加密切合作的计划。当然,众多商业人士参与到宏观高等教育治理中,是政府目标得以实现的关键所在。事实上,政府与学校之间的博弈并没有导致大学程序性自治受到压制,而只是着眼于如何在利益相关者治理中更好地执行政府的发展目标。各个决策委员会中的不同利益群体基于各自的利益诉求,在协商中逐渐取得协调一致,从而推动着高等教育哲学观念的变迁。

三、对澳门高等教育治理的一些思考

自回归以来,澳门高等教育发展迅猛,已经拥有 10 所高等院校,形成公私并举、主体多元、层次分明的办学格局。而对于 2017 年以前澳门高等教育的治理,笔者则认为一直在两个端点徘徊。一方面,即"无为而治,各显特色"。澳门是一个开放而多元的社会,这些在高等教育中也必然得到体现。如果承认高等教育的多元特色,那就必须在"如何管""管什么"中认真权衡,而不能简单地施加所谓统一的标准。而在这方面,政府并没有给予高等院校很大的压力,一直鼓励高校自主办学、特色发展。另一方面,则是"制度陈旧,办学受限"。政府的放权,并不一定能保证高校办学无往而不利,这主要因为当前的制度约束着办学过程中学术和行政的发展。所以,在新《高等教育制度》出台以后,借鉴英国高等教育治理中的成熟经验,提出一些陋见,以资参考。

(一)重构政府与高校之间的关系

治理理念自提出之日起,本身就意味着政府的职能和作用会发生很多变化。政府的角色应当从原来的办学者、管理者,转变成协调者和质量控制者。在澳门,高校虽是公共行政自治机构,但在人事、财政、行政等方面仍要遵循澳门公共行政方面的一系列制度、法规。然而,高校学术的本质属性与纯粹公共行政机关的性质有所不同,高校工作具有长效性、不确定性等特点,需要和一般行政单位区别开来。例如,在财务的年度预算上,项目分类很细,当预算不是很准确的时候,所带来的影响很多,无法应对教学、科研过程中的一些紧急状况。又如,高校在公共行政制度的约束下,能够批准资金的上限仅为 50 万,导致财政运作上的困难等。在英国,政府虽然通过基金委员会对高校拨款,但却是整体性拨款,不会影响资金在高校内部的使用,更不会透过预算项目进行管理。此外,英国高校的性质是政府之外的独立法人,所有土地和建筑物归学校所有,在行政、学术、财政、人事等方面具有高度自主权。所以,澳门当前需要从定位高等院校(尤其是公立院校)的法律性质着手,改变现有制度,使政府的角色真正从教育的主控者转变为

调控者，给予高等院校更大的自主权。

（二）建立第三方中介组织，实现政府宏观引导的作用

英国高等教育治理的特色之一，就是通过成立高等教育基金委员会，在政府和高校之间起到"缓冲"和"联结"的作用。在漫长的历史进程中，政府总是不断地更迭或换届，而大学是唯一能与历史比肩的"常青树"，历经近千年，依然屹立不倒。在英国，高等教育基金委员会的作用就是将政府和高校两种不同性质的机构有效联结，又保持着一定的距离。英格兰高等教育基金委员会的前身是大学拨款委员会（UGC），成立于1919年，自诞生之初起，它就承担起维护大学自治、学术自由的历史使命。近20年来，伴随着政府控制力的加强，基金委员会也通过政策发布、拨款、问责等，不断传递着政府的意志和信息。应该说，基金委员会作为英国高等教育治理的第三方中介组织，在维护政府和高校的利益方面，已经起到不可或缺的作用。

目前，澳门高等教育治理主要还是通过政府行政部门进行，高等院校在一定范围内享有自治权。在2017年高教法下属法规中，已经成立了高等教育委员会、高等教育基金等第三方组织或基金分配组织。笔者认为，这是澳门高等教育发展中的一件大事，必须给予充分的关注和思考。

首先，委员会或高等教育基金的人员组成要能够体现出政府的宏观导向。在考虑评议会人员构成的时候，需要利益相关者的参与，但是未必要采取一种"统筹兼顾"的态度，如境外、商业、社团、高等教育、中等教育、宗教、政府、文化等界别都要有人参与，而且要根据澳门的未来发展趋势，考虑如何引导院校的实质性自治来设置席位，从而在政府与大学之间的博弈中，充分实现政府的宏观导向。例如英国就是考虑到高等教育必须与商业联动发展以及对高校程序性自治的维护，其高等教育基金委员会评议会的席位主要由商业和学术界人士组成，政府官员也仅仅以审核者或观察者的身份列席。

其次，参照英国基金委员会的经验，委员会或高等教育基金不能仅仅作为咨询或辅助机构而存在，应该给予相应的决策权。如果说基于澳门的历史和政治，不适宜将其建成决策机构，那可以考虑在部分职能上附以相关的决策权。

最后，委员会或高等教育基金应对澳门高等教育的发展负有相应责任，政府可以通过第三方组织将政策和信息发布出去，并采取相关机制保障高校的程序性自治，促进高等教育质量的提升，同时监督失范行为的发生。

（三）重视社会参与，加强高校与社会的密切合作

以前，政府是社会利益和需求的唯一合理的表达者和合法判断者，所以

高校对于"社会"这个概念的理解是模糊的。现在的社会是一个消费社会，公众有理由相信，他们所购买的教育产品必须保持一定的质量，高等院校也必须和社会加强合作。所以，一方面需要考虑高校自身加强与外界的联系。对于英国而言，"协商""谈判"是高等教育治理的关键词。办成什么性质的学校、课程如何设置、培养什么样的人才等，高校不仅需要和政府，更需要和社会共同协商、探讨。具体而言，澳门高等院校内部可以成立相应的咨询委员会或者反馈机制，保证社会组织对高校治理的参与。另一方面，可以考虑在未来的高等教育基金中，设立相关职能范围和专项经费，支持高等院校与商业、社会公益事业、政府部门的合作，鼓励高等院校从校外各种途径获取经费，不断提升高等教育社会参与的层次和水平。

高等教育治理是一个永恒的命题，需要政府、社会、高校认真思考自身的定位，促进彼此之间的良性互动。澳门高等教育有其特殊性，微型环境和多元社会都会影响教育变革的进程，但只要建立起健全适当的高等教育制度，完善中介组织和运行程序，提升社会的有效参与，就一定能实现澳门高等教育的良治。

第四节　澳门高校内部治理的多视角探析

澳门现代高等教育经历了风风雨雨的 30 余年，迄今为止，已经形成了公立、私营并举的办学格局。澳门大学横琴校区的正式启用给澳门高等教育的发展注入了新的活力，2017 年高教法通过以后，法律制度也日趋完善，每一所高校都在这一关键时刻认真思考内部治理与质量发展的议题。前面一节已经对 2017 年以前澳门高等教育的宏观治理做出过一些总结，可以用 16 个字来形容："自主办学，各显特色；制度陈旧，办学受限。"一个国家或地区的高等教育要想兴旺发达，必须具备三个因素：其一要有合适的办学理念。所谓"合适"指的是既要反映出高等教育发展的一般规律，又能彰显高校自身的办学特色。其二要具备充足的财力。资金来源的充足对于高等教育的学科建设、教学发展、行政服务非常关键，也能为吸引足够优秀的学术人员提供必要条件。其三则是要有良性的运行制度。没有合适的制度，无论是理念还是资源的作用都很难得到发挥，在这个层面上，制度建设显得尤为重要。

高校的内部治理本身就是一种平衡和协调各种利益的制度安排，它强调高校内部决策的结构和过程，从不同的视角加以思考，然后聚焦于某一个关注点，从而为思考高校的整体发展提供借鉴。澳门高校内部的治理体系和运行很大程度上受到东西方文化的共同影响，有自己的特色，但也存在不足之处。本节试从以下三个视角予以分析,提出问题,探讨良好的治理方法。

一、组织分析与澳门高校内部治理

高校内部治理中的组织分析,是指通过分析研究,明确现行治理机构设置和运行中存在的问题和缺点,为高校的良性发展提供建议。对于高校来说,组织分析的问题也是章程设置中必须考虑的问题,因为章程是高校运行的法律依据,章程中的重点则是针对治理结构的形式、内涵以及运行予以明确的阐释。

英国著名学者阿什比曾经说过:"任何类型的大学都是遗传和环境的产物。"澳门现代高等教育的起源是 1981 年建立的东亚大学,当时东亚大学的创始人吸收了英国盎格鲁-撒克逊的传统,大学设有董事会、学术评议会等治理机构。现在的澳门大学就是承继了东亚大学的传统,治理结构没有太大的改变。而 1991 年从东亚大学分离出来的澳门理工学院则是按照葡国(欧洲大陆)理工学院的传统,形成了以理事会为主体的治理架构,一直延续至今,其基本形式也变化不大。当然,澳门其他的公立、私立院校亦有自己的结构特点,新的澳门《高等教育制度》也确立了澳门高校治理的基本形式。应该说,无论是以董事会或基金会的形式,还是行政主导的形式,在当前澳门高校内部的治理中都起到了有效促进院校发展的作用。所以,问题的关键并不在于高校必须采取哪些治理结构形式,而在于现有的治理主体和结构能否秉持应有的内涵。

结合高等教育发展的基本规律和澳门自身的特点,澳门高校治理的结构和运行应具有以下两个内涵:其一,院校自治、学术自由。与澳门地理位置相近的香港高校成功的关键就是独立办学、自主管理,不受政府部门的行政干预或约束,确保大学自治、学术自由。澳门的公立高校虽然被称作自治机构,但却是公共行政意义上的自治,高校依然要遵守一切公共行政的财政、会计、采购以及人事等制度。自治俨然变成了一种形式,无法落实到高校治理的具体运行机制中去。其二,关注利益相关者的诉求。高校是典型的利益相关者组织,是多个利益相关者共同施加影响的场所,高校的决策必须权衡和兼顾各方利益,这是高校治理研究的基本前提。高校的利益相关者很多,政府、教师、行政人员、在校学生、毕业生、雇主、专业组织等都是高校的利益相关者。长期以来,澳门的高校治理比较关注的是部分利益关系人的利益诉求,如政府、教师和行政人员的利益,而忽视了另一些相关群体的诉求。澳门高校在未来的发展中,要重点关注学生和社会各界的利益表达。例如建立一定的渠道和机会,使他们可以参与到决策机构和学术管理中,并具有相关的话语权。这样不仅能够使得学生和社会的意愿得到充分反映,而且能够在利益相关者的利益平衡中有效监督高校行政和学术的运行。

二、权力分析与澳门高校内部治理

在高校内部权力表达的语境中，制度是不同权力相互博弈后程序化的安排。所以，高校内部治理同样可以看成是不同权力配置、协调与运行的制度安排。一般而言，高校内部的相关利益主体可能都拥有一定的权力，但最为瞩目的依然是行政权力和学术权力的关系问题。

澳门高校行政权力和学术权力的冲突并不似内地高校那样突出，原因在于内地高校的一些学者专家大都在行政职能部门充当要职，而几乎所有的行政职能部门又都在高校决策中拥有相当的话语权。换句话说，内地高校内部治理与行政管理是密切相连的，行政职能部门在很多学术、行政事务上拥有很大的权力，并且每一层级对应政府部门都有相应的行政级别。所以，内地在改革路线图"383"方案中提出的"大学去行政化"应着眼于此。澳门则恰恰相反，行政职能部门在澳门被称为学术辅助部门，这些部门的主管和职员一般按照公务员的模式管理，性质上与高校的学术人员泾渭分明，较少出现某一教授或者副教授在这些辅助部门担当主管的现象。而澳门高校内部的决策大多由形式各样的委员会做出，当然澳门所有高校存在的共性是：校一级领导层拥有很高的决策权力。在这样的治理模式下，学术辅助部门一般仅具有操作和执行的权力，而不具备决策权，所以在这个层面上行政权力和学术权力的矛盾并不十分突出。尽管如此，澳门高校内部权力分配、运行的过程也有一些问题需要我们认真思考。

其一是行政权力和学术权力的协调问题。澳门高校的行政权力和学术权力之间的关系与内地呈现出的冲突状态有所不同，澳门高校的学术人员在治学方面拥有较大的自主权和发言权，而在学术和行政决策中更多只是起到咨询、参谋的作用，没有担任任何职位的教师一般很少出现在高校的主要决策机构。在欧美高等教育的历史上，教授治校的含义指的是纯粹的学术人员掌管学校的一切事务，而并非参与部分事务。尽管随着高校规模的发展，结合澳门自身的特点，学术人员并不一定要达到原有教授治校的形式和内涵，但起码应该明白高等教育哲学上的一个基本道理："由于教师最清楚高深学问的内容，因此他们最有资格决定应该开设哪些科目，还应决定谁最有资格学习高深学问（招生）、谁已经掌握了知识（考试）并应该获得学位（毕业要求）。"[①] 其二是集权与分权的协调问题。澳门地域狭小，人口总量不多，澳门高校的规模相应较小，这决定了澳门高校内部的权力较为集中在高层，偏

---

① 布鲁贝克. 高等教育哲学 [M]. 杭州：浙江教育出版社，2002：31-32.

向于集权治理的模式。而伯顿·克拉克教授的研究结果表明，分权方式是一种"合法的无序"（legitimize disorder），这种无序的状态更有助于自由理念和创造性思想的发挥，能实现集权控制所不能达到的效果。此外，高校的人才培养、科学研究和社会服务三大职能基本上都是在院系基层组织中完成的，所以，高校需要合理地分配权力，在集权和分权模式中达到一种平衡。

三、资源分析与澳门高校内部治理

经费资源既是高校治理研究的对象，也是一个重要的分析角度，因为资源具有较强的利益引导作用，所以治理决策的方式和成效与经费资源有密切的联系。在宏观高等教育治理方面，我们一般都较为推崇英国高等教育基金委员会的模式，它正是通过经费拨款而有效传递政府宏观治理的信息，从而引导高等教育向宏观发展。澳门高等教育在宏观范畴也会逐步完善高等教育基金体制，而在当前，澳门高校内部存在的一些问题也正说明了资源管控的作用和所产生的影响。

其一，澳门高校的经费来源渠道比较单一。公立高校主要靠政府拨款，私立高校比较复杂，但也主要由学生所交的学费和政府补贴组成。资源依赖理论强调，B 能帮助 A 达成的目标越多，A 对 B 就越依赖；能不经由 B 而达成相同目标的方法越多，A 对 B 的依赖就越少。布尔迪厄进而认为：资本是一种权力的形式，拥有资本的数量和类型决定了其在社会空间的位置，也就决定了权力。以澳门公立高校为例，单一的经费来源渠道决定了高校很难脱离政府的行政管理制度，反过来说，高校越依赖政府，在公共行政制度的框架下，越难形成经费来源渠道的多样化。所以，澳门高校必须争取多吸纳市场资源，才能获得更多的自治力，在保障公共经费的前提下，加强与校外团体的联系，争取到更多的市场资源。高校同时应引入市场机制，从而提升学校的竞争力和决策力，使院校自治和学术自由的特性得以实现。

其二，澳门高校的办学成本意识需要加强。在此提出澳门高校的办学成本，并不是为了说明成本越低越好，而是要用得其所。例如，最受美国高中毕业生青睐的大学，不是哈佛、哥伦比亚、纽约大学等巨型学校，而是类似美国的威廉姆斯学院、巴布森学院、韦斯利学院等自由教育的文理学院（LAC），这些学院学生人数少，生师比低、成本高，但是以培养学生心智为主，课程精致且师生关系非常融洽，这可以成为澳门一些高校学习的典范。办这样的高校，更需要我们有成本意识，要看我们的成本是否用在提高院校治理的成效上，是否用在促进学生学习质量的提升上以及是否有助于加强师生之间的紧密联系。这些不仅需要高校自律、自强，而且需要将高校内部的信息透明化，定期对外发布，接受来自社会各界的监督。

综上所述，高校内部治理可以通过不同的视角予以审视，其最终目的是为了提升高校的办学水平。澳门高等教育经历了近40年的发展，每所高校已初步形成了自己的特色。在未来的发展中，澳门高校应更好地定位自身的发展，内部治理应树立院校自主、学术自由的理念，关注利益相关者的诉求；建立起一种以学术权力为基础，能够有效响应"冲突和多元利益"要求、适当分权的内部决策权力结构；尽可能拓展经费来源渠道，加强成本意识，最大限度地释放高校的人才培养生产力与学术创造力。

第五节　对澳门高等教育经费投入的思考与展望

高校的发展与提升，除了依赖自身的发展目标和愿景以外，更主要还需依靠人、财、物等资源的有效支撑。自回归以来，由于澳门经济的快速发展，澳门政府的财政储备充盈，这也为高等教育的发展带来勃勃生机。然而，经费来源有了保障，但不代表经费投入能够"投其所好"并且有效运作。所以，本节试图结合澳门高等教育经费投入的实际状况，探讨当前仍然存在的一些问题和解决途径。

一、对澳门高等教育经费投入现状的分析

（一）财权与事权的分离导致高等教育缺乏宏观调控的机制

澳门高等院校分为公立和私立两种类型，公立院校依据法令设置，私立院校则依据行政命令批准成立（回归以前的私立院校依据训令设置）。从批准的依据和内容上看，私立院校具有较大的自主性，在财政上的裁量权接受其所属的董事会或者办学主体的约束。而公立院校的财政预算要通过社会文化司司长的批准，经财政部门审核下发（公立保安高校则隶属于保安司）。不同的财政来源渠道使得管控高等院校的财政权力分散，同时导致澳门高等教育财权和事权的分离。

澳门高等教育的行政事务是由高等教育辅助办公室负责统筹管理。高等教育辅助办公室隶属于社会文化司，与各高等院校是平等而非上下属的关系，负责统筹全澳高等教育信息的收集以及高等教育行政事务的处理。从学术的角度而言，高校应属于自治、自主的实体，高等教育辅助办公室的权力范围不会干涉高校的学术自治。但是，任何国家或者地区都应该拥有对高等教育发展进行宏观调控的责任，如在地区高等教育招生规模的把握，对公立、私立院校学费范围的调控以及对高等院校为社会培养人才的市场引导

等。这些方面不是单一院校能够自行控制、宏观把握的,更何况许多公立、私立院校从政府获取大量的公共经费,政府当然有责任保证公共经费得到有效的利用,保证高等院校的社会功能得到更好的发挥。然而,由于院校从政府获取经费的渠道广泛,并没有通过高等教育辅助办公室,导致全澳的高等教育经费数据无法准确获得,即使是统计暨普查局,也仅仅记录了部分公立高等院校所获取的高等教育津贴。缺少了高等教育经费数据的准确统计,使得政府对于澳门高等教育的整体投入状况缺乏了解,也无法与世界上其他国家和地区进行比较。更为关键的是,因为财与事的分离,高等教育辅助办公室甚至无权获得院校的全部信息资料,更不用谈及对澳门高等教育的宏观调控以及为高等教育发展拟定长远可行的发展规划。

(二) 高等教育经费缺少可控的投入模式

澳门公立、私立院校的经费投入方式不同。公立院校以政府拨款为主,学费与其他收入为辅;私立院校的经费来源则多种多样,一些非营利性私立高校可以通过本地生学费配额、固定投入、项目拨款等渠道获得较多的公共经费;还有一些私立院校依靠办学主体的盈利性收入或者主要以学费作为经费来源。正如前面所言,经费投入渠道的多样化,使得全澳高等教育缺乏统一的协调机制,政府也无法全面了解各院校的经费投入状况。

从形式上看,公立院校的经费投入比较规范,尤其是政府拨款,已经形成按年度、有计划的拨款方式。但是,高校的财政预算是按照财政年度上报并获得批准的,而高等院校的活动却是按照学年度进行的,如果院校在每一学年下学期有与上学期密切相关的活动,而在上一财政年度的经费预算中没有体现出来,工作就很难开展。此外,由于财政年度的结算行为,许多学术活动在每年的 12 月份变得很难实施,导致工作效率低下。所以,从整体上看,上述公立、私立院校在经费投入上还缺少可控的机制,无法应对未来高等教育财政管理的需要。

(三) 政府的经费投入缺少标准和依据

在澳门公立、私立院校的经费组成中,政府投入占据了很大部分,对于许多院校而言,政府的支持力度虽然在不断加强,但在拨款方式上还缺少相应的标准和依据。由于澳门公立院校被认为是公共行政机构,所以在财政上一直追随政府的公共预算方式。院校每年根据上一年的财政预算批准情况,按照政府的公共财务项目分类,提出新的预算,报经社会文化司批准后,由财政部门下发财政经费。这样的经费拨款方式始终存在一个前提假设,即前一年度的财政支出状况(具体到每一个项目分类)都是合理的。实际上,这样的假设可以说合情,但并非一定合理。况且,政府在批准的过程中所持的依据是什么呢？又凭借什么断定某一项目的经费预算合理与否呢？最关键的是，这样的政府拨款方式并不适应高等教育的发展需要。高校的发展具有学术性和长效性的特点，而当前的拨款项目分类很细，当预算不是很准确的时候，所带来的影响非常大，无法较好地保障学术发展的需要。

私立院校中的政府经费投入更是五花八门，一些非营利性私立院校可以获得较多的公共经费，而另一些则主要依靠高额学费支持办学，如个别院校学费所占比例已经高达92%以上。作为私立院校而言，虽然办学主体并非政府，但是它们同样具有公共属性，私立院校培养的人才也会为社会做出贡献，其科研成果也会对社会产生辐射作用，所以，政府也同样应该认真思考私立院校的公费投入问题，努力争取建立较为统一的拨款机制。

二、澳门未来高等教育经费投入的发展方向

随着高等教育规模的扩大，世界各国普遍感到高等教育经费来源紧张，很多国家将如何扩大高等教育经费筹措渠道作为共同面临的问题。然而，澳门高等教育似乎在经费投入的数额上并没有受到太多困扰，可是在保证高等教育经费投入的有效性和科学性上，还需要深入地思考。

（一）设立高等教育基金，加强高等教育行政部门的协调作用

从英国和中国香港的经验来看，政府对于高等教育经费的投入，都是通过类似高等教育拨款委员会的中介组织进行。第三方拨款委员会的成立，可以充当政府和高校之间的"缓冲器"，并且能够保证经费分配的公平与公正。澳门新的高等教育制度已经出台，立法会网站上公布的法律制度中特别提到："澳门特别行政区政府负责确保设立高等教育资助机制，尤其透过设立高等教育基金为之。"据此，特区政府于2018年设立高等教育基金。基金设立后，应当反思其任务、组成、职责以及高等教育行政部门应该担当的角色。

第一，高等教育基金的主要任务是为高等院校的教学和科研分配资金，促进公共资金使用的有效性以及确保公共资金的合理使用；充分利用资金分配的调节作用，支持澳门高等教育发展的公平、多元与创新，从而有效提升澳门高等院校教学和科研的质量。

第二，高等教育基金应充分考虑澳门高等教育未来发展方向，并依据政府宏观调控的策略考虑委员构成，具体组成可包括政府主要官员、学术界人士、各业界人士等。

第三，政府和高等教育基金需要建立可行的运作机制，保证经费拨款的时间周期与高等院校的学年周期保持一致，并将年度预算改为多年预算，充分配合高等教育发展的学术性和长效性特点。

第四，高等教育行政部门（高等教育辅助办公室）应作为高等教育基金分配方案的执行机关，负责基金委员会拨款决定以及高等教育发展策略的具体执行，同时负责收集高等院校学术与财政方面的信息，协调院校学术活动的开展，为科学、有效地拟定高等教育发展规划提供保障。

（二）改变经费投入方式，建立统一、可控的拨款机制

未来的高等教育基金应该充分考虑公立、私立院校的不同性质，分别采取适当的经费投入方式，建立较为统一的拨款机制。

对于公立院校而言，可以考虑两种经费投入模式。第一种是进一步完善项目分类预算的拨款方式；第二种则是采取公式计算，整体拨款的方式。两种方式在理念上有所不同，但目标都是为了使拨款更有依据和标准。

第一种需要在方法上引入绩效预算。明确拨款所要达到的目标，为实现这些目标而设定的计划需要花费多少钱，以及用哪些量化指标，衡量其在实施每项计划的过程中取得的成绩和完成工作情况。高校绩效预算管理模式主要是为了构建一个效益分析框架，院校按照项目管理要求进行预算控制和调整，并根据项目绩效评估和部门预算执行情况考核、奖惩，可以实现"目标—投入—产出—效果—新目标"的良性循环。

第二种则要采用相应的拨款计算公式。通常以投入基准（input-related criteria）来计算出一定的基本价格（base price），即生均经费（拨款）额。欧洲国家常常以上一学年的注册学生人数为计算基础，同时参考院校的租金成本、学校的地理位置、教职员人数、土地面积、学生所属学科的成本权重等因素，计算出每所院校的经费额，并以整体形式拨出。整体拨款（block grant）可以加强政府对高校的信任，从而保证高校的财政和学术自主。

私立院校的办学主体是非政府机构，所以应考虑对非营利性的私立院校给以相应的公费资助。具体方法可以参照公立院校的生均拨款额，按照一定的百分比乘以本地生人数，拨付给私立院校，同时，政府有权控制私立院校的招生额以及收取学费的标准。一般来说，拨付给私立院校本地生的生均经费应该补足私立院校学费与公立院校平均学费的差额。

（三）优化资源配置，树立"以产出为导向"的经费筹措观念

要通过提高效率和优化资源配置来提高经费投入的效能。首先，要有"低投入，高产出"的成本节约思想，如可以鼓励优秀学生缩短学习时间，提前取得学位。其次，从澳门政府到高校都要注重资源的合理配置。从政府层面上，要合理控制课程的设置，避免盲目重复；此外，政府可以利用澳门土地面积小的特点，通过公共资源机构的设置，使之独立于院校之外，如设置公共电子图书馆、公共远程教育中心，高校划分区块享有这部分资源，从

而有效达到资源共享、优化配置的目的。

在优化资源配置的同时，还要建立以"产出为导向"的经费筹措观念。这种观念并非是把高等教育当作产业来运作，而是要有这样的一种意识，以防止社会需求、个人需求和高校需求的错位。基金委员会可以借鉴国外的做法，在财政拨款中划出一小部分，采取绩效拨款的方式以有效促进院校的效率和质量提升。为了保证教育公平和鼓励先进，使培养人才更好地为社会服务，高等教育基金应该负责统筹全澳公立、私立高等院校奖学金和助学金的发放，并进一步健全学生贷款机制。此外，要以市场为导向，鼓励院校从业界获取经费，从而拓展高等院校的融资渠道。如高校介入资本市场，帮助业界解决项目难题，促使院校的科研成果转化等方法来有效实现多渠道投资的新思路。

高等教育的经费投入没有灵丹妙药，也并非某一种投入方法绝对优于另一种方法，因此政府和高校必须认真思考如何在特定资源的条件下，以公平、科学、适当以及有效的方式完善经费投入的机制，使澳门高等院校在日益激烈的竞争环境中，更好地实现发展蓝图。

第六节　澳门高等教育生均成本的理论分析

自回归以后，澳门高等教育在量与质方面都有了很大的发展。由于高等教育的准公共性特征，澳门政府向高等院校投放了较多的公共资源，这已经成为澳门高等教育快速发展的重要支撑。10所高校在各自的使命、愿景的指引下，通过开设形式多样、内涵丰富的专业课程，为社会培养了大量的专业人才。然而，政府的高等教育投资来自于税收，高等教育能否有效利用公共资源，提高办学效益成为社会所关注的焦点。

此外，数年前炒得沸沸扬扬的学费提高的问题，又一次让目光聚焦在高等教育的经济议题上。而所有这些，似乎都和"生均成本"这一关键词相关，好像成本问题解决了，上面的问题也就迎刃而解，甚至有建议将政府现行的高等教育拨款制度也与生均成本挂起钩来。有鉴于此，本节主要从理论的角度，阐述高等教育生均成本的几个基本问题，以便理清现存的一些模糊认识。

一、两种高等教育生均成本

高等教育生均成本，是教育经济学中的重要概念之一，指在一段时期内政府投入或院校培养一个学生所产生的平均教育成本。西奥多·舒尔茨阐述的"人力资本"理论认为,教育投资绝不是消费性支出,而是使劳动者获得一种具有生产能力的潜力,会在将来成为生产性投资,而且比物的资本投资能取得更大经济效益。所以,教育在提高个体和社会经济效益方面,具有非同小可的作用。人力资本理论除去解释教育的增值功能之外,还为研究者提供另外一种视野,即高等教育成本的概念既存在于政府的公费支出中,也存在于高校的培养支出中,而由此产生的两种生均成本并非统一的概念,根据不同的目的所计算出来的高等教育生均成本也会截然不同。

如果我们认同社会经济效益增加的原因,有一部分来自高等教育人才培养的作用,那么政府一段时期投入高等教育的经费本身就应看成是一种成本,而由此计算出来的高等教育生均成本实际上就是"生均拨款额"或"生均预算额",以下我们简称为Ⅰ类生均成本。同理,院校在一段时期内实际发生的,平均用于每个学生的直接支出和应计费用的总和,我们称作"高校生均成本"或"高校生均培养成本",也就是Ⅱ类生均成本。应该说,这两类成本的计算都非常重要,前者应当成为政府财政拨款的基本标准和学费制定的参考,后者无疑将是高校财务统计、高等教育机构办学效益考核的重要依据。

澳门一些高校的生均成本计算结果,无论理据和方法如何,都应该归入Ⅱ类生均成本。在核算过程中,Ⅱ类生均成本应注意两个问题:第一,Ⅱ类生均成本应该由高等教育管理部门根据严格的财务方法,定下统一的计算口径,而不是由各高校自行根据需要算出,因为院校自行计算的生均成本可变性很大,往往会根据需要压缩或者增加一些教育支出,导致计算缺乏客观性。第二,Ⅱ类生均成本不能成为学费制定和政府拨款的理据。原因很简单,每一所高校都会在这个理据下存有过度消耗公共资源的动因,有意使生均成本变高,从而争取增加拨款或增收学费。同样,Ⅰ类生均成本只是表明政府应该投入多少,而无法用来衡量一所院校的办学效益究竟如何。当前澳门的Ⅰ类生均成本,由于政府投入缺少完整或者准确的数据,而无法清晰获得。

二、澳门高等教育生均成本的应用范围

计算澳门高等教育生均成本关乎高等教育财政政策的制定、高校可持续发展、社会监督、学生成长、家长负担等多个层面的问题,必须给以足够的重视。本节重点考虑与生均成本相关的三个方面的问题。

(一)生均成本与政府拨款

从前面的分析来看,政府拨款应该与Ⅰ类生均成本密切相关。但在当

前，澳门公立高等院校的拨款是按照公共财务项目分类，直接上报下一财政年度预算额，经由政府批准而下发。这种分类预算拨款模式基本与生均成本计算无关，院校可以根据自身下一年度的实际需要，直接获取拨款。这种模式简单而且方便操作，长期以来澳门已经习惯了应用这套公共财政制度。可是，如果下一年度有一些突发情况，而预算内又没有涉及，那么院校的学术活动就会受到影响。另外，这样的财政拨款还容易造成院校到财政年临近结束的时候，出现突击花钱或者行政效率低下的状况。私立高等院校的情况则较为复杂一些，一些私立院校可以通过基金会或者项目获取较多的公共资源，整体经费的构成情况不甚清晰。

应该说，当前澳门高等教育的拨款状况还没有形成统一的Ⅰ类生均成本的核算制度。公立院校的拨款虽然比较成熟和规范，但仍然是较为传统的项目分类预算加固定资金投入的拨款形式，无法在政府投入中树立成本意识；私立院校培养的学生也同样具有公益性，这应该成为政府向私立高等院校拨款的依据。然而，政府在向私立院校拨款的同时，同样要明晰、规范拨款的途径和方法，以确保公众的监督。总而言之，政府是公共资源的提供者，投入高等院校的每一分钱都应该对社会有所交代。所以，政府首先应该明晰和决定高等教育整体拨款的预算额，从而计算出Ⅰ类生均成本，并以此为依据，最终核定每所高等院校的拨款额。

（二）生均成本与学费

从理论上说，高等教育不仅使社会受益，而且使受教育者获得预期收益，包括：受教育者在变化的职场环境中资源分配能力的提高，预期福利和收入的增加，升职机会的增多等。因此，按照"谁受益，谁负担"的原则，受教育者应该承担一部分高等教育成本。

然而学费一直是一个敏感的话题，在许多国家，学费标准的制定甚至是一项政治决策，而非经济议题。一般而言，学费制定需要考虑三个方面的因素：第一要考虑到教育公平。在世界任何一个国家，高等教育都属于非义务教育，在高等教育学龄人口中，只有或多或少的一部分人可以享受高等教育，如果高等教育的经费全部由政府财政负担，等于所有纳税人支付高等教育成本，只有部分人受益，这样有失高等教育的公平。当然，收取学费的时候，也要考虑教育公平，保证任何一个在资历和能力上达到一定标准的学生，不会因为贫困而放弃受教育的机会。目前来说，这个影响因素可以通过提供学优奖学金、助学金以及贫困学生助学贷款予以解决。

第二是考虑本国或本地区经济发展的状况。正如澳门近年来经济发展快速，财政储备雄厚，政府也相应成为公立高等院校的主要经费来源，这也是高福利地区所共有的特点。但是，一旦经济上出现危机，这样的低学费、高拨款的模式将不可持续，所以高福利地区也需要有风险意识，提前做好相应的准备。

第三则是以高等教育生均成本为依据。严格来讲，学费要依据的成本不应该是Ⅱ类生均成本（建立在高校实际支出基础上的成本核算，有可能助长高等教育机构的浪费和成本核算的模糊性），而应该是一种标杆化的"高校生均成本"，也称"标准生均成本"，它所依据的是高校"应该"支出多少，而不是"实际"支出多少。但标准生均成本是一种理想状态，很难准确获得。由于标准化的要求来自于管治高等教育的政府，那么可以考虑以Ⅰ类生均成本代替"标准生均成本"，即以Ⅰ类生均成本的固定比例，综合公平因素和经济状况，核定公立、私立高等院校的学费标准。

（三）生均成本与高校内部管理

Ⅱ类生均成本的核算也相当重要，它有利于强化高等院校内部管理，合理分配高等教育资源，以及帮助高等院校树立成本意识。由于澳门高校没有成本机制的约束，造成一些高校在规模急剧扩张的同时，出现资源的浪费和短缺并存、规模效益不够经济的现象，而且内部一些专业设置重复、不合理，规模过小，人力资源使用效益低，生师比不合标准，教职工工作效率不高。又由于澳门高校经费相对充盈，使得高校投入不计成本，产出不计效益的现象时有发生。然而，随着市场竞争不断加剧，学术发展日新月异，澳门高校必须努力树立低成本、高效益的发展价值观。高校通过核定Ⅱ类生均成本，就容易发现高校内部资源分配中存在的问题，从而建立成本意识，进而达到科学地配置高等教育资源，进一步优化人员结构、调整学科布局、强化内部管理、提高办学效益。

三、怎样计算高等教育生均成本

无论是Ⅰ类还是Ⅱ类生均成本，都会涉及当量学生的计算问题。本节以全日制学士学位生作为一个标准当量生，其他类型学生参照给出权重，并且按照学科区分出不同的权重比例。具体计算公式不再赘述。

（一）关于第Ⅰ类生均成本的核算

Ⅰ类生均成本与政府拨款的预算额紧密相连，所以核算Ⅰ类生均成本的关键就是确定高等教育拨款的预算总额。参考国际经验，以英格兰为例，高等院校的财政拨款预算总额是由政府确定的，报经议会批准，通过中介组织——高等教育基金委员会下发。预算总额一般根据政府的财政收入、通货膨胀以及相应高等教育政策的调整直接给出，用预算总额加上为该地区设定的学费总收入之和除以英格兰地区全部当量学生数，即得到该地区拨款的基本价格，这个基本价格包含了我们所说的第Ⅰ类生均成本。所以，澳门也可以结合自身的实际情况，采取与英格兰相似的模式，同样由政府确定拨款预算总额，其确定依据可以考虑以下几种方法。

第一，根据政府上一年度公共财政总收入，参照世界高等教育先进国家的标杆，乘以固定比例，得出高等教育预算拨款总额，其下再考虑公立、私立院校以及专项投资的分配比例。以公共财政总收入作为依据的原因是：公共财政来自政府税收，和社会经济发展的形势密切相关，所以高等教育预算拨款要和公共财政收入挂钩。这种方法的缺陷是没有充分考虑高等教育投入成本在经济社会增长中的贡献。

第二，总结前几年拨款的趋势，利用统计外推法，计算出新的拨款预算。此种拨款有利于避免利益的冲突，能体现政府对于高等教育的重视。缺点在于，这种拨款预设了原先拨款的合理，而没有深入考究先前拨款的科学性。

第三，通过建立数学模型，每年统计出高等教育投入对经济社会贡献的增长率，并依据增长率得出政府下一年度的高等教育投入预算额。其缺点是方法过于复杂，而且在澳门经济产业发展不够多元的前提下，数学模型的有效性尚待论证。

在确定预算总额以后，除以澳门地区高等院校的总当量学生数，计算出Ⅰ类生均成本，每所院校的当量学生数与此Ⅰ类生均成本的乘积即为院校应接受的拨款额（如果私立院校不加入严格的公式拨款方法，上述拨款公式同样可以在公立院校范围内使用）。

（二）关于第Ⅱ类生均成本的核算

Ⅱ类生均成本的核算相对比较复杂，其中有两个决定性因素制约着成本的核算。第一，澳门高校遵循的公共财政制度是以现金收付制为基础的，而Ⅱ类生均成本的核算应建立在权责发生制的会计计量基础上。所以，当前澳门高校的Ⅱ类生均成本不过是年度学校财务决算给出的学生平均培养费支出，它不包括固定资产折旧的分摊，却包括了高校支出中与培养学生无关的费用。第二，如何准确核定出院校用于人才培养教育职能的支出费用范围。例如，院校为实现人才培养职能以外的其他职能所支出的费用，包括为实现研究职能发生的科研成本、从事市场经营和社会服务等产生的经营成本则不能计入生均成本。

考虑上述两个因素，结合澳门公共开支的经济分类，本节将Ⅱ类生均成本界定为以下项目。

（1）人员。人才培养是一种智者的活动，人员工资、报酬、津贴、差旅等无疑是Ⅱ类生均成本的最重要内容，比重也最大。人员仅指与教学、教学管理有直接关系的人员，包括教学、教学辅助人员、实验室人员、行政管理人员等，不包括专职科研人员（如科研人员承担学位生教学，应计入）、社会化管理的勤务人员以及在人才培养职能以外发生的差旅费、津贴等。

（2）资产与劳务。这里应着重指出的是，已经存在的固定资产应按照一定的折旧年限进行计算，其中包括建筑、设备、图书、场地等。同样，人才培养职能之外的招待费、劳务费不能计算在内。

（3）奖、助学金支出。指用于学生的各种奖学金、勤工俭学等支出。理论上，这部分支出不能计入第Ⅱ类生均成本，是高校收入的转移支付，是对学费的一种冲抵或学生家庭教育成本的抵消，相当于学生学费减免了一部分。但这部分支出已经约定俗成，因此，从实际出发，要计入成本核算。

（4）新入土地及基础设施。土地是一种稀缺的经济资源，高校占用土地就必须计算其成本，所以在此单独列出。而作为Ⅱ类生均成本，则只应计算院校有偿征购的土地，却无法在实际中统计政府划拨的土地（如澳门大学横琴用地），而后者应该记入第Ⅰ类政府拨出成本，并按照土地价值摊销年份进行分摊。

高等教育生均成本的定义、范围及计算，虽然具有一定的依据和解决路径，但其中有部分问题依然值得讨论和商榷。特别是高校标准生均成本的计算问题，尤其值得我们深入思考，这也许是整合本节所述的两种高等教育生均成本的有效方式。

第五章 | 文化制度篇

第一节 澳门东亚大学转型与变迁考述：利益博弈与文化传承

一、东亚大学创立的早期文化影响与历史背景

16世纪中叶，葡萄牙人进驻"海镜"半岛——澳门取得居住权，在珠江口沿海一带从事贸易活动。开埠后一段相当长的时间，尽管澳门市内房屋设施十分简陋，但是仍然获得"上帝圣名之港"的美誉。这显示出葡萄牙已将澳门作为东亚贸易的枢纽地带，也意味着葡人将耶稣会传统带到澳门，力图使澳门具有欧洲天主教国家中世纪城市的色彩。[①] 为了便于传教，信徒们出资购买了毗邻一座古老教堂的房舍，于1594年创建了澳门历史上第一所西式高等学府——圣保禄学院。

历史上的圣保禄学院存在一个半世纪之久，于1762年因葡国王唐约瑟的命令而关闭。[②] 由于学院承担着传教的职能，来往澳门的传教士都会在此寄宿，并在所开设的神学教席中担任教职，许多年轻的葡籍居民在学院接受教育。文化的传承与交融是一个漫长的过程。"不同民族和不同文化之间的相互影响最易在物质生活不可缺少的领域中进行，其中涉及贸易、技术、科学和艺术"[③]，而后者无疑要依托于教育。所以，圣保禄学院一直以来在东学西传、西学东渐的过程中扮演着重要角色，并将这一文化传统保留和延续下去。然而，葡人和澳门当地华人在文化的接触中最终未必能走到一起，这其中有着许多利益上的纠纷，直到19世纪末，双方由排斥走向区域上的划分，形成了风格迥异的两个城区——"基督教洋人区"和"华人区"，表现出中华文明对西方文明的传入保持着理性的思索和过滤性的接受[④]。由此可见，在澳门这样的跨文化地区，文化和利益总是相互交织在一起，并由此深入社会生活的各个领域。

---

① 龙思泰. 早期澳门史：在华葡萄牙居留地史[M]. 吴义雄，等译. 北京：东方出版社，1997：29.
② 桑托斯. 澳门：远东第一所西方大学[M]. 孙成敖，译. 澳门：澳门基金会，1994：56.
③ 潘日明. 殊途同归：澳门的文化交融[M]. 苏勤，译. 澳门：澳门文化司署，1992：81.
④ 刘然玲. 文明的博弈：16至19世纪澳门文化长波段的历史考察[M]. 广州：广东人民出版社，2008：366.

尽管澳门在 16 世纪就拥有了高等学府，但建立学院的主要目的在于传教，而不是履行高校传统意义上的三大职能。长期以来，澳葡政府的目光并不长远，经济发展的手段相对单一，对教育并没有给予足够的重视，更加忽视了以高等教育引领社会发展的功能。所以，自圣保禄学院关闭以后，澳门在两个多世纪的时间里都没有一所真正属于自己的高等院校。20 世纪 70 年代，中葡两国发生的剧变，彻底改变了两国之间的关系及澳门发展的命运。1974 年葡萄牙"康乃馨革命"发生以后，新政府实施非殖民地化政策，宣布放弃海外殖民地，承认澳门是中国的领土，只是暂由葡萄牙管理。而 1978 年我国实施改革开放政策以后，国家的发展更加注重与海外国家的经贸关系，香港、澳门的外部环境也相对宽松。在 1979 年中葡两国建交以后，里斯本为了回应北京释放的善意，特别设立了澳门官方内阁，直接推动澳门经济社会的发展。时任澳门总督的李安道在经济上实行开放政策，吸引外商资本，鼓励澳人投资，采纳都市化发展计划，实行工业多元化及提高旅游质素。[①]

为配合澳门开放型城市的发展规划，三位来自香港的商人吴毓璘、胡百熙和黄景强看到了澳门未来发展的契机，希望通过注册一个西岛发展有限公司来创办一所现代化的私立高等院校。在三位合伙人的提议下，澳葡政府很快做出答复，同意在澳门设立一所私立大学，并认为"一所真正意义上的国际院校应从更大的范围招生以达到规模效益，既能惠及澳门学生，也能服务于公共利益，政府还应该提供奖学金"[②]。鉴于此，经多方咨询，新创建的高校被命名为"东亚大学"，并于 1981 年 3 月 28 日举行隆重的落成典礼。毋庸置疑，东亚大学的成立是澳门教育史上的重要事件，也由此揭开了澳门现代高等教育崭新的一页。

二、东亚大学学院联合体：从文化旨趣到利益平衡

东亚大学的创立并不遵循世界高等教育史上任何一所院校的模式，从某种程度上说，它有点类似于盎格鲁 - 撒克逊传统的学院制教育，但又不尽然，其下属的五个学院学术层次、教育手段和办学目标各有不同。它是一个由多种高等教育形式汇聚而成的联合体，除了本科教育和研究生教育之外，预科、远程及持续教育也是其中的重要组成部分。

---

① 黄鸿钊. 澳门史 [M]. 香港：商务印书馆香港分馆，1987：198.
② MELLOR B. The University of East Asia: origin and outlook [M]. Hong Kong: UEA Press Ltd., 1988: 5 – 6.

（一）东亚大学初创期：兼容并包的文化信念

澳门是一个微型地区，每年的出生人口仅有数千人，如果要在澳门建立大学，就必须容纳来自东亚地区，甚至世界其他国家与地区的学生。所以，东亚大学从建校之初就保持着鲜明的国际化特点，也同时被国际大学联盟接纳为成员。[1] 创校校长薛寿生博士在建校献词中谈及："本大学的目的之一，是要在文化方面担任一个积极的角色。四百年来，澳门是东西方的交汇点。大学可以利用这种历史、地理上的位置，在国际的平面上促进文化交流。"[2]

作为一所国际性的高等教育机构，本身就应该体现出微型澳门开放、多元及多种语言的特征。[3] 于是，大学创建时期的筹备工作基本上由来自英国、美国、马来西亚、中国香港等国家或地区的专家承担，其后又借助澳门生活休闲、无退休限制及南半球国家夏季长假等便利因素招募了大量来自海内外的专职、兼职教师，充实了国际化的师资力量。"东亚大学无疑要具备一所大学应有的学术品格。虽然澳门地域狭小，但却拥有全球化的视野，在不久的将来，当大学回首往事之时，能够骄傲地发现我们在很短的时间内，实现了大学所应该拥有的品格——特色与文化。"[4]

创校校长薛寿生博士在1980年7月规划院校发展的时候，就已经为东亚大学筹划了三个学院：以培养全日制寄宿学生为主的本科学院、承担中学后两年制预科课程的预科学院及提供兼读学习及成人教育课程的持续教育学院。[5] 正如创校典礼时媒体宣传的那样，"仿佛置身于学术的殿堂之中"[6]。东亚大学在初创时期，一直有着兼容并包的信念，一方面履行大学的基本职能，另外还要形成微型地域的文化特色。下属的三个学院既是针对澳门经济社会发展状况及教育水平的现实考虑，也是使大学学术水平得以保证、学术标准相对统一的合理安排。

1. 促进入学标准一致的预科学院

大学的创办者将教学语言定为英语，除了招收澳门本地学生以外，还招

---

[1] ANON. University of East Asia comes into being [N]. South China Morning Post, 1981-03-28.
[2] 薛寿生. 校长献词 [N]. 华侨报, 1981-03-28.
[3] MELLOR B. The University of East Asia: origin and outlook [M]. Hong Kong: UEA Press Ltd., 1988: 117.
[4] 出自2011年7月6日笔者于加拿大温哥华吴毓璘工作室对原东亚大学创办人之一吴毓璘的访谈整理。
[5] 出自2011年7月7日笔者于加拿大温哥华吴毓璘工作室对原东亚大学校长薛寿生教授的访谈整理。
[6] 佚名. 东亚大学成立 盛况空前 [N]. 澳门日报, 1981-03-29.

收大量中国香港地区、东南亚国家的学生。东亚大学完全采用英文大学的学制,即三年制本科课程,这意味着本科学院的招生标准将定位在等同于英制国家中等教育七年学制的基础上。① 然而,澳门公立、私立中学大多为五年或六年学制,学生于毕业前仅能提供少于六年的学习成绩,与英制大学的入学标准有较大的差距,尤其是澳门很多中文学校学生的英文程度尚显不足,东亚大学需要考虑到这些实际情况。于是,大学专门成立了预科学院筹备委员会,经召集澳门中学校长商讨以后,上报澳葡政府,于1981年秋季之前开办了预科学院。课程包括两年制的普通文凭课程、副学士课程及英语特别班,学生毕业后可以升读本科学院或其他大学本科一年级。

2. 追求适应性及多元化的本科学院

与世界上其他综合性大学相比,初建的东亚大学主要考虑学科设立的适应性及多元文化的特点。所以,本科学院开始重点开设了文学院、工商管理学院及社会科学院,而工科及基础学科则有待于大学得到进一步发展以后再适时建立。正如其英文名字体现的那样,本科学院是东亚大学的核心,是为社会提供福祉、为学生提供广博知识和信仰的地方。可是,由于澳门长期缺乏教育雨露的滋润,社会迫切需要一些实用性的课程。报考学生中大多数人选择了入读工商管理学院,截至1986年,这一比例增加到4/5,因为很多香港和澳门的学生在获得工商管理的本科学位之后,很容易进入当地公司的管理中层。② 作为多元文化的交汇地,英语、中文、葡语、法语、日语等逐渐成为学习的重点。而在20世纪80年代最受学生欢迎的当属本科学院开办的英语培训课程,尤其是中小学教师的英文培训。从1983年开始,每年暑期都有50组政府指定和支持的教师接受英文培训课程。同时,大学回应社会的即时利益诉求,与澳门管理专业协会合作设计了商务英语课程,吸引大量当地工商企业界人士参与其中。③

3. 回馈社群诉求的持续教育学院

在大学初办期间,持续教育学院就已经率先开始招生。由于澳葡政府开展培训教育的不足,东亚大学持续教育学院无疑能提供相对丰富的培训课程,而其中大部分的成人学员主要是来进修语言技巧的。随着政府和其他私

---

① 出自2010年12月16日笔者于香港中环对东亚大学创办人之一黄景强博士的访谈整理。
② MELLOR B. The University of East Asia: origin and outlook [M]. Hong Kong: UEA Press Ltd., 1988: 74 - 75.
③ 出自2016年5月26日笔者于广州番禺对原亚洲(澳门)国际公开大学常务副校长许毓彬教授的访谈整理。

立机构开办培训课程的增加，学院又开始将重心集中在为特定群体提供特定目标的培训课程，包括为当地媒体人士举办的高级记者证书课程、为面向珠海经济特区的 3 个月的市场课程以及为澳门葡京酒店员工、中学教师和银行职员等提供的有关计算机培训课程。① 正如院长汤姆士博士所言，"学院活动已经成为澳门日常生活轨迹中不可或缺的一部分"②。

（二）东亚大学发展期：利益与价值的权衡

东亚大学注定是一个由多个学院组成的联合体。从 1981 年创立开始，大学内部的本科学院、预科学院和持续教育学院逐渐走向了正轨，也基本实现了预期的学术价值。1983—1984 年，中英关于香港问题的联合声明筹备签署，一些香港的投资人开始从东亚大学撤资，导致学校面临严重的财务危机，仅仅依靠董事会主席何贤先生提供应急的 300 万元用作发放教师薪酬③。从课程财务运行上来看，东亚大学初创期的三个学院则入不敷出，几近亏损状态。所以，大学创办者急需找准市场发展的前景，开办一些既能维持财政状况使大学得利，又能造福社会的课程。④

澳门是一个微型地区，微型的优势在于其可以作为文化或教育的枢纽之地，利用信息手段使本地和周边地区的学生，无论何时何地何等身份的人都可以接受优质的教育。1983 年 3 月，东亚大学在借鉴英国公开大学（The Open University）成功经验的基础上开办了第四所学院——公开学院。该学院属于高等远程教育院校中的第三代。第一代，如英国公开大学，创立了开放入学的模式，学制 3~7 年，利用视听媒体手段和编制的教材，以及相应的函授教育颁授学位。第二代，如美国和东南亚国家后期开办的一些公开大学，基本上拷贝英国开放大学的模式，或者根据当地需要，略加改编提供学习课程。第三代的东亚大学公开学院则是从第一代和第二代教育机构中已经列出的课程和教材菜单中进行选购，经过本地化改编以满足当地教育和专业培训的需求。⑤ 至为关键的是，这种点餐式的课程资源选购计划为新学院节

---

① 出自 2011 年 4 月 7 日笔者于香港上环信德中心对原东亚大学校务主任张仲明的访谈整理。
② MELLOR B. The University of East Asia: origin and outlook [M]. Hong Kong: UEA Press Ltd., 1988: 54.
③ 出自 2010 年 12 月 21 日笔者于香港胡百熙工作室对东亚大学创办人之一胡百熙博士的访谈整理。
④ 出自 2011 年 4 月 7 日笔者于香港上环信德中心对东亚大学创办人之一黄景强博士的访谈整理。
⑤ MELLOR B. The University of East Asia: origin and outlook [M]. Hong Kong: UEA Press Ltd., 1988: 41.

约了成本,开放及函授的学习方式也深受香港和澳门地区学生的喜爱。

由于看到本科学院中工商管理学位课程的热门程度,大学管理层决定将世界范围开始盛行起来的工商管理硕士课程(MBA)引入大学中,1983 年成立了研究生管理中心负责推广。短短的几个月间,就有超过 345 名学生注册,其中大部分为香港地区学生。在 MBA 试点成功的基础上,1984 年 3 月,大学正式开办了研究院,对应本科学院的文学、社会科学及工商管理的体系,研究院也建立了相应的三大学习系列。然而,开办以来,相比 MBA 的火爆程度,其他学科的生源数量明显逊色。公开学院和研究院收取的巨额学费使大学整体财政状况好转起来,很多收入盈余可以用来支出从国外短期聘用合同教师的花费。为了给东亚大学提供合适的生源,也为澳门及香港地区工商管理界人士提供各种机会,研究院还同澳门管理专业协会合办了工商管理文凭课程,毕业生可以继续就读研究院的 MBA 课程。①

三、东亚大学转型:利益博弈与学术自治的张力

1987 年,《中葡联合声明》签署,过渡期的澳门急需培养大批"澳人治澳"的人才,这一重担无疑需要高等教育机构的支持。而东亚大学在 20 世纪 80 年代主要以招收香港地区学生为主,澳督文礼治在就职东亚大学校监的典礼上亦表示:"东亚大学作为私人机构的专有财产,在发展方面将受到限制。为应付在这个历史性期间给大学带来的挑战及资源不足,我们认为使大学隶属于一个主办事处设在澳门、公用及非牟利的基金会,将是最为恰当及适宜运作的解决办法。"② 1987 年 12 月 19 日,澳督文礼治与三位创办人签署了一份协议书,决定收购东亚大学。③ 1988 年 2 月,政府通过重组以后的澳门基金会全面接管东亚大学的本科学院、预科学院及理工学院,而原西岛发展有限公司则保留了公开学院和研究院。

(一)转型期东亚大学的目标及举措

澳门基金会收购东亚大学以后,主要有两个明确及公开的目标:一个是要让澳门拥有一所属于自己的公立高等院校,从而可以顺利承担自 1987 年《中葡联合声明》签署以后的回归过渡期间的各项任务,令东亚大学更适合

---

① 出自 2016 年 5 月 26 日笔者于广州番禺对原亚洲(澳门)国际公开大学常务副校长许毓彬教授的访谈整理。
② 佚名. 政府有意设非牟利基金会,俾东亚大学获得资源发展 [N]. 澳门日报,1987 - 10 - 07.
③ 佚名. 澳督昨与创办者签协议书 澳门基金会正式收购东大 [N]. 华侨报,1987 - 12 - 20.

澳门本身的发展，成为培养治澳人才的基地；另一个则是要改变原来私立东亚大学主要以培养香港地区学生为主的状况，增加招收澳门本地学生的名额。①

上述两个目标在后来公立东亚大学的发展中得到了验证。据时任澳门基金会主席的黎祖智博士称，在1988—1989年度东亚大学全校1 300名学生中，澳门学生占了700名，本地化的过程正陆续加快。② 为了刺激这一进程，澳葡政府及大学采取了一些颇具成效的措施。

第一，一些切合澳门发展需要的课程及学院逐渐开办，如法律及公共行政课程、法律学院、教育学院及工程学院等，此外，为了在过渡期提升葡国文化的地位和重要性，一个葡国文化研究中心亦在东亚大学内部建立。

第二，本来的学院体系在1989—1990学年改为以学科为分类标准的院系制（Faculty System），学制也从三年变成四年，预科也在新的学制下逐渐退出历史舞台。

第三，澳督文礼治于1989年秋季宣布，就读澳门东亚大学部分具资格（中学阶段最后四年在澳门中学注册就读）的本地学生可以减收四成学费，其中已经申请到澳门政府教育司助学金的同学，一年之内甚至可以最多只交1 000~3 000元的学费。

为了让东亚大学能够更有理有据地开展各项工作，校董会于1988年7月通过了新的章程。章程中明确了校董会和评议会的职权，并决定将收购留下来的公开学院和研究院并入一个新的学院，命名为东亚公开学院（East Asia Open Institute），在学术上附属于东亚大学，专责远程教育。③ 东亚公开学院也与东亚大学签署了附属协议（东亚大学校董会第二号法案），因为前者没有权力颁授学位，所以仍然需要东亚大学为东亚公开学院毕业生颁授学位，而东亚公开学院则以资源使用的方式拨款支持东亚大学。于是，新的公立大学及东亚公开学院继续以共存的方式运行下去，而原有私立东亚大学的课程（图11）亦分在两个机构之下。

---

① 黎祖智. 东亚大学新纪元［N］. 大众报，1988-01-01.
② 东亚大学学生资料室. 属于转型期的东亚大学［J］. 东大学生报，1990（4）：7.
③ 何伟雄，林显键. 收购后的东大校政大事年表［J］. 东大学生报，1990（4）：4.

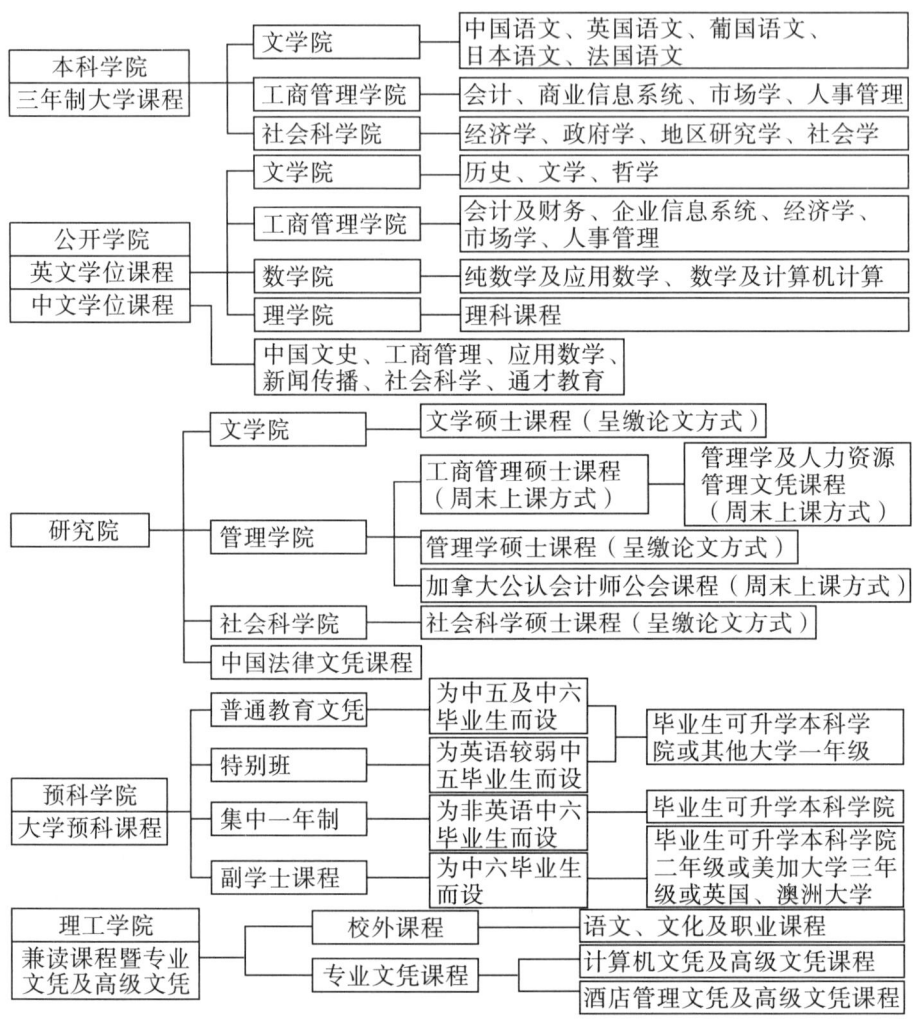

图 11　被收购前东亚大学课程一览①

（二）澳葡政府在过渡时期的利益

东亚大学的公立化转型后在培养治澳人才的过程中起到了重要作用，但澳葡政府之所以收购东亚大学，亦是想使之成为传播葡萄牙语言、文化和思想的基地。葡国人在澳门 400 多年的历史中，较少重视教育对于管治和文化传播的影响，临近回归，在培养治澳人才之际，竟然发现澳门唯一的一所大学是英制的学校，这对回归以后的政府施行中文和葡文两种官方语言有潜在

---

① 佚名. 东亚大学课程一览 [N]. 澳门论坛周报，1987-09-21.

的不利影响。

自《中葡联合声明》签署以后,澳门进入了过渡期,但葡萄牙对回归过渡的敏感度明显不够。澳督在澳门的任期一般较短,历任澳督都只重视任内的几年,很少对澳门的发展有长远规划。所以,借此东亚大学转型之际,澳葡政府唯一可以做的,就是希望在语言文化上,今后对澳门以至对中国能够发生影响。①

实际上,早在葡萄牙总统夫人玛利亚女士访澳期间,也为熟知葡语的澳门人如此之少深感惊奇。②澳督文礼治就任东亚大学授予校监时强调:"东亚大学作为澳门唯一一所高等学府,必然在未来承担重要的角色。由于东亚大学当前的教学语言是英文,有必要增加用葡文和中文进行教学的课程。"③ 当然,除了在教学语言上有所改变以外,更重要的则是文化上的渗透。"葡萄牙人在一个世纪以前(1865年)有能力在华南沿岸兴建第一座灯塔,为沿岸的航行服务,他们必然有能力在20世纪将东亚大学转变为一座21世纪的文化灯塔。"④ 文礼治的演讲辞代表了澳葡政府在回归过渡期的利益诉求,即培养澳门人对葡国文化感情上的依附,将澳门建成一个受葡国文化、经济及政治影响的基地。⑤

(三)转型期大学学术自治的张力

在校长林达光看来,东亚大学在《中葡联合声明》签署以后,已经为澳门顺利回归做了许多努力。第一,创办了澳门研究所,组织部分专家教授开展研究工作,准备系统地研究五个课题:澳门法制、澳门行政管理制度、澳门经济结构与发展方向、澳门教育制度、澳门历史与文化背景以及文化的发展;第二,在师范教育方面,已经与政府达成协议,通过教师专业训练课程及后来的教育学院培训了几百位在职教师,使澳门中小学及学前教育的教师全部专业化,奠定了澳门整个培养人才计划的基础;第三,与葡萄牙里斯本大学(Universidade de Lisboa)合作筹备法律课程,培训一批熟悉以葡国法律为基础的澳门法律的专业人员;第四,开设葡国语言和文化课程,设立葡

---

① 施华. 林达光离任前谈感受 [J]. 九十年代月刊, 1988 (7):60 – 62.
② 佚名. 葡总统夫人盼本地培养更多葡语人才 [N]. 澳门日报, 1987 – 10 – 29.
③ 佚名. 澳督就职东大校监典礼上讲话 确保质素培训人才逐步实行中葡文教学 [N]. 大众报, 1987 – 10 – 07.
④ 文礼治(澳门总督). 在东亚大学七周年校庆暨第十二届颁授学位典礼上的致辞 [R]. 澳门:东亚大学, 1988 – 03 – 26.
⑤ 佚名. 政府收购东大 建立葡国文化经济政治基地 [N]. 信报, 1988 – 01 – 22.

萄牙文化研究所。① 甚至，林达光校长认为，大学必须加强葡语课程，有些专业本身需要用葡语或适应本地化进程发展的，就使用葡语，如法律、公共管理等。② 事实上，东亚大学在被基金会收购之前，一直都在加强与葡萄牙的文化交流与合作，只不过，这些交流更多的是作为一种手段，保证澳门人能够秉承过去的文化传统，更好地发扬多元文化的优势，从而管理自己的事业。

然而，澳葡时期基金会管治下的东亚大学显然并不满足于现状，重组以后的基金会设立了行政委员会，替代大学董事会，成为管治大学的最高权力机构，而东亚大学校长林达光教授仅可以作为特邀代表参与，却并没有投票权。③ 而在东亚大学被收购以前，校长无疑是大学信托委员会的当然委员，对东亚大学的教学方针及行政管理享有完全独立的自主权。④ 基金会直接插手校务，从名义上可以视为使东亚大学脱离商业化运作，更好地为澳门本地服务。而深层含义在于，掌控东亚大学的行政权和财政权，能够削弱中国政府对东亚大学的影响力，并透过东亚大学培训出大批葡式"澳人治澳"的人才。⑤

从学制和课程上看，大学改变了原有英制的体系，换之以葡制四年的院系架构，开设葡语的公共行政课程和法律课程，进而单独设立了葡文学院，认为"葡文学院开设的课程是最高成果、最值得尊敬的工具"⑥。可以说，转型期东亚大学的发展既体现了培养治澳人才的目标，也贯穿着澳葡政府的利益。澳葡政府对大学直接治理的方式保证了大学从私立向公立的平稳转型，同时也带来了对大学学术自治的侵犯。葡萄牙人在长达四个多世纪的时间里一直疏于对澳门教育的关注，想在短短的 12 年过渡期间实现语言文化的根植和渗透，显然无法达到目的。回到葡国总统夫人玛利亚女士所提出的"为什么在澳门说葡语的人如此之少"的问题，答案是显而易见的：在长达几个世纪的时间里，澳门当地华人从未被鼓励学习葡语，这已经被认为是葡

---

① 林达光（东亚大学校长）. 在澳门东亚大学第九届颁授学位典礼上的致辞 [R]. 澳门：东亚大学，1987 – 09 – 12.
② 林达光. 要办好东亚大学 为澳门建设服务 [N]. 大众报，1988 – 01 – 03.
③ LIN E C, LIN P T K, Eileen. In the eye of the China storm: a life between east and west [M]. Montreal & Kingston: McGill-Queen's University Press，2011：244.
④ 佚名. 权力被削 培养人才之志招忌 [N]. 澳门论坛周报，1988 – 02 – 23.
⑤ 林亚林. 澳府控制东大别有原因 [J]. 百姓（半月刊），1988（3）：36 – 38.
⑥ DE OLIVEIRA DIAS L. 澳门高等教育的现实及前景 [J]. 行政，1993，6（4）：977 – 982.

萄牙政府官方的政策。① 所以，澳葡政府在东亚大学内部进行的改制与葡语文化的推广很快就与大学本身的学术发展体系融为一体。以葡文学院为例，由于其与人文社科学院的课程重复交叉，在回归前后作为葡文系的课程被纳入人文学院中。由此可见，一所大学的发展除了外力推动以外，还有学术内涵和规律的作用存在。葡萄牙的管治是历史遗留下来的现状，东亚大学有责任促进中葡文化的长远交流，但这些都应该建立在为澳门的将来而不是为它的过去而努力的基础上。

四、东亚大学变迁：多元发展与文化传承

东亚大学在转型期间，为澳门培养了大量领导岗位、普通公务员及各专业领域的急需人才。这些未雨绸缪的举措经过微型社会快速、便捷的机制得以落实，但也使得功利主义的利益倾向有所抬头。林达光校长在东亚大学被收购前曾经说过，要使我们这所年轻的大学在几个方面都有所发展，尤其是东亚大学在自然科学、人文科学和社会科学的课程中还存在着一些空白点，有必要去弥补。② 有鉴于此，东亚大学将澳门过渡时期的利益摆在首要位置，相继推出法律、公共行政、土木和电力工程、葡文、旅游、翻译、社工、机械和软件工程、教师专业训练等课程，使东亚大学的学科发展逐步向体系化、规范化过渡。

（一）回归前澳葡政府的利益考量与多元化布局

1991年2月4日，澳葡政府颁布了第11/91/M号法令，订定在澳门地区从事高等教育活动的一切公立及私立教育机构的组织和运作规则。1991年高教法为澳门高等教育的发展建立了统一的指导方针，确定了高等教育机构的组织运作、法律性质、教学和学术自主、学位、教师资格、高等教育的入学条件、学籍制度、高等教育机构的财政与评审以及私立高等教育的特别体制。③ 由于《高等教育制度》颁布之时，澳门仅有一所综合性大学④，所以

---

① LIN E C, LIN P T K. In the eye of the China storm: a life between east and west [M]. Montreal & Kingston: McGill-Queen's University Press, 2011: 243.
② 林达光（东亚大学校长）. 在东亚大学七周年校庆暨第十二届颁授学位典礼上的讲话 [R]. 澳门：东亚大学，1988-03-26.
③ 关于订定在澳门地区从事高等教育活动的一切公立及私立教育机构的组织和运作 [EB/OL]. 澳门第11/91/M号法令. http://bo.io.gov.mo/bo/i/91/05/declei11_cn.asp.
④ 除东亚大学以外，澳葡政府还于1988年设立了澳门保安部队高等学校，专职培养澳门本地的警官和消防官。

依据法令内容，特别确立了东亚大学作为公立大学的地位。

实际上，在 1991 年高教法颁布之时，澳葡政府已经在思考澳门高等教育的未来布局。由于葡萄牙高等教育实行的是双轨制——大学和理工（polytechnic），而东亚大学内部的持续教育学院早已于 1986 年 1 月为了区别于外部机构的培训课程，以更加集中于专业领域而更名为理工学院①，并且理工学院在东亚大学内部与院系体制下的各个学院并不一致，所以澳葡政府已经考虑将之独立出来，成为一所培养职业技术人才的高等院校。理工学院最终根据 1991 年的第 49/91/M 号法令成立，这既是澳葡政府将葡萄牙双轨制移植到澳门的一大创举，也是在澳门保留葡萄牙教育文化传统的一个伏笔。尽管理工学院的出现离不开澳葡政府的筹划酝酿，但就事情本身而言也存在着必然性。早年东亚大学持续教育学院是针对社会上普遍文化水准不高的状况而开办，但随着培训机构的增多，持续教育学院也需要通过转型，将单纯的培训转变成较高应用层次的教育范畴，这恰好与以应用型职业人才培养为重点的理工教育不谋而合。所以，教育有其自身发展的规律，外部的主观性和利益抉择也必然要以教育规律及经验发展为依据。

澳门大学则是根据 1991 年的第 50/91/M 号法令设立，除理工课程外的东亚大学所有高等课程都转至澳门大学，同时，以东亚大学为权利人的一切权利在豁免任何手续下转至澳门大学。② 澳门大学成立以后，依然秉承着原东亚大学国际化的发展方向，非常注重文化的多元性，秉持"不同民族、文化和人士之间沟通和容忍的原则以及在学习、研究和进行其他文化活动中思想多元化的原则"③。仅在大学目标中，就有 6 条涉及葡国教育文化的传承与发展，尤其要求"为加深中葡关系和友谊贡献力量，与葡萄牙和中国的机构进行文化、科学和技术交流"④。澳葡政府积极推动葡语及葡国教育文化的发展，而这些过渡时期的利益与大学本身的学术发展并不矛盾，是可以相互融合的。一所大学相对成熟的标志在于：不仅可以适应社会的各种即时利益需求，同样也可以引领社会文化的发展，文化的传承和相互融合本身就是大学存在的应有之义。

原西岛发展有限公司下属的东亚公开学院无疑可以继续发展远程教育，这些在黎祖智的讲话中得到了证实。"（未来）其他可在澳门从事高等教育

---

① MELLOR B. The University of East Asia: origin and outlook [M]. Hong Kong: UEA Press Ltd., 1988: 56.
② 韦奇立（澳门总督）. 设立澳门大学. 澳门第 50/91/M 号法令，1991，第 8 条.
③ 澳门大学. 章程. 澳门第 25/92/M 号训令，1992，第 2 条.
④ 澳门大学. 章程. 澳门第 25/92/M 号训令，1992，第 3 条.

的机构是澳门管理专业协会的管理学院、圣约瑟修院以及一个在现有的并应依高等教育法令重组的遥距教育学院①的基础上而建立的公开大学性质的机构。此外,还有在东亚大学的教学和学术合作下,专门为保安部队培训士官的保安部队高等学校。"② 无疑,在1991年高教法颁布后,东亚公开学院转变为一所公开大学已在澳葡政府的规划之中。1991年6月8日,行政、教育暨青年事务政务司黎祖智会见东亚公开学院校董黄景强,商讨有关东亚公开学院准备于短期内转为一所私立大学的有关事宜,认为东亚公开学院在运作、资源、师资等方面已准备就绪,具备成为大学的条件,只待详细磋商细节后,即可开办运作。③ 东亚公开学院院长韩雅士教授亦致函给所有学生称:"自1991年9月1日起,东亚大学将改名为亚洲国际公开大学。"④ 然而,学院实际的发展并没有和澳门大学、澳门理工学院的成立同步进行。澳葡政府希望东亚公开学院未来的发展能够拓展原有中英文学制的课程,开设葡语公开课程,而东亚公开学院亦想借助葡萄牙公开教育的知名度和认可机制,使开设课程更能为澳门本地所接受。于是,学院的校董及管理层在与澳葡政府沟通后,经由政务司黎祖智联系,多次远赴葡萄牙,与当地的葡萄牙公开大学磋商合作的可能。⑤ 最终双方达成合作协定,于1992年8月17日开办了亚洲(澳门)国际公开大学。

(二)澳门现代高等教育的文化发展与传承

回归前后,澳门现代高等教育的发展基本上就是按照上述布局展开的,将原本的东亚大学一分为三,变成澳门大学、澳门理工学院和亚洲(澳门)国际公开大学,3所高校传承并发展了原东亚大学的学术使命和文化特色。

1. 追求卓越学术文化的澳门大学

澳门大学在20世纪90年代的发展没有停下脚步,继续"在专责推动求知者与教师作学术和科学活动交流的工作上,借观念、知识及信息的交流,使澳门与世界联系,发挥澳门独特的个性,屹立于世界大学之林"⑥。一方

---

① 此处的"遥距教育学院"为原葡文的官方中文译文,实际应译为"东亚公开学院"。
② 黎祖智(澳门基金会主席). 在东亚大学十周年校庆暨第二十届颁授学位典礼上的致辞(译本)[R]. 澳门:东亚大学,1991-03-23.
③ 佚名. 东亚学院拟转为私立大学,黄景强昨晤黎祖智谈计划[N]. 澳门日报,1991-06-09.
④ 叶冬晨. 东亚公开学院前景备受关注[J]. 同心集,1992(2).
⑤ 出自2016年6月2日笔者于香港上环信德中心对原亚洲(澳门)国际公开大学校务主任张仲明的访谈整理。
⑥ 韦奇立(澳门总督). 在澳门大学1994至1995学年开学典礼上的讲辞[R]. 澳门:澳门大学,1994-10-29.

面，澳门大学在学士学位教育的基础上，大力开展研究生教育。1994年，研究生教育法令的颁布，规范了大学取得开办硕士及博士学位课程的方式，这也标志着澳门对大学在更高层次人才培养中承担的责任有了明确的认识。截至大学五周年校庆的时候，澳门大学在公共行政、法学、工商管理、土木工程、电机与电子以及电脑软件等课程领域开设了22个硕士课程①，并研讨了博士课程计划开设的可能性，将1997年定为"博士年"，"率先发展在工程领域的博士课程，这一提议也几乎得到大学评议会（Senate）中所有科技学院教授的鼎力支持"②，随后，在人文社科、工商管理等领域的博士学位课程也陆续开设。另一方面，大学积极推进科学研究，从一般性的应用研究和教学研究转向原创性的科研探索，依托有组织的重点课题开展研究工作。同时组织力量，开展与欧盟（包括葡国）及中国的大学、科研机构合作，拓展研究的深度和广度。毋庸置疑，澳门大学的发展已经基本上履行了一所现代研究型大学应有的使命，体现出大学不断追求卓越学术文化的本质。

2. 承继葡国教育文化的澳门理工学院

与大学相对应，承继葡国传统的理工学院的首要任务是在课程开设及讲授内容上，紧密配合处于世界最大的经济增长区域之一的澳门企业在工商业方面的要求，此外，也应密切配合本地区经济结构的强大动力及演变，尤其关于生产方面的现代化以及在服务范围内新增的各项活动。由此可见，学院本身应与技术和专业范畴保持密切的联系，以使学生取得知识和资格，并获得本地区企业和机构实际的承认。而要做到这一点，学院的首要任务是要让课程获得葡国的认可。1994年10月，葡萄牙高等理工教育学院协调委员会商讨了澳门开设的理工课程在葡萄牙获得认可的准则，并颁布第19/95号法令予以规范。③ 进而，澳门理工学院晋身为葡语大学协会组织成员以及葡萄牙高等理工教育学院协调委员会邀请成员，获得葡萄牙高等教育机构提供的教学和学术援助，也为课程受到葡国认可起到积极的作用。④ 在加强与葡国高等教育委员会合作的同时，理工学院还邀请葡国的校外专家来澳为学院做内部评审，其中一位是原葡萄牙大学评估全国委员会主席，时任国防部部长；另一位是葡萄牙理工学院评估全国委员会主席。评估的研究结论指出，

---

① 费利纳（澳门大学校长）. 在澳门大学五周年校庆暨1996/1997年度开学典礼上的致辞 [R]. 澳门：澳门大学，1996 - 10 - 11.
② 出自2011年6月2日笔者于澳门科技大学对原澳门大学校长周礼果教授的访谈整理。
③ DE ALMEIDA COSTA A. Ensino Superior em Macau [J]. 澳门理工学报，1999（2）：5 - 14.
④ 韦奇立（澳门总督）. 在澳门理工学院1999/2000年度开学典礼上的讲话 [M]. 澳门：高等教育辅助办公室，1999：58.

澳门理工学院是一所贴近于社会发展的院校,"在授予学位或证书的课程方面,学院历来在不同类型其他培训活动的组织方面显示出巨大的活力,其工作目的广泛,从单纯的知识面扩大到各级别的连续培训"①。20 世纪 90 年代,澳门理工学院与葡萄牙一直保持着紧密的联系,相继与里斯本国立行政学院(Instituto Nacional de Administração, de Lisboa)、科英布拉大学(Universidade de Coimbia)、里斯本科技大学(Universidade Técnica de Lisboa)及里斯本理工学院(Instituto Politécnico de Lisboa)在文化、学术、技术和教学方面建立了合作关系,这些都使得澳门理工学院的整体发展更加切合葡萄牙的教育模式,学生修读完葡国认可的课程以后,也更容易达到公职岗位的入职和晋升要求。此外,澳门理工学院与葡国间的广泛合作和联系,亦使葡国公立高等教育的模式在澳门得以延续和发展。

3. 超越地域文化限制的亚洲(澳门)国际公开大学

公开大学如其名字中所含有的意义一样,是"在超越其本身所在地区领域的空间内推广科学、文化及创造专业人才方面的有力工具"②。大学根据葡萄牙、中国及英国的三种学制进行运作,证书、学位的管理制度、修业时间以及证书和学位的命名,分别对应于三种"规则",即与葡萄牙的大学、中国内地的大学及中国香港地区的大学所实行的规则相一致。在授课体系的组织形态方面,公开大学大致遵循国际惯例上的三种模式:第一是在场模式(也称兼读面授),即在本地区有专门化的组织机构,进行在场教学,组织上也会分成部门、中心、学院等。第二是自主模式,配合在场教学,采取根状的发散性的组织形态,主要目的是提供远程教学和培训服务。第三是网络模式,包含与教育界和企业界的各种公共和私人机构建立联盟,共同推进远程教学和培训。而在毕业学位的认定上,葡萄牙学制体系下的学位等级被看作认证的标准,原有东亚公开学院中英文学制下学士和硕士学位被降低一个层次认可。③ 20 世纪 90 年代后期,公开大学在 MBA 课程上采取了灵活多样的模式,"针对工商管理岗位的领导精英,按照经济管理的不同方向,先就读一年研究生层次的文凭课程,写一份管理报告,获得工商管理文凭。然后,学员再进入工商管理硕士课程的第二年,最后拿到公开大学硕士学位"④。作

---

① SIMAO J V, DE ALMEIDA COSTA A. 关于澳门理工学院的评估报告:结论部分[J]. 澳门理工学报, 1998 (2): 20 - 32.
② 亚洲(澳门)国际公开大学组织章程. 澳门第 196/92/M 号训令, 1992, 序言.
③ 佚名. 学历认可依公开大学标准 东亚学院学生将被降低学历[N]. 澳门日报, 1993 - 10 - 19.
④ 出自 2016 年 5 月 26 日笔者于广州番禺对原亚洲(澳门)国际公开大学常务副校长许毓彬教授的访谈整理。

为一所以远程教育为主，同时从事现场教学或者两者兼具的高等教育机构，公开大学卓有成效地将不同文化、不同教育模式整合起来，在微型地域中形成自身的发展特色。

澳门现代高等教育起步较晚，并且处在澳门回归过渡的时期，所以，澳门高等教育既存在着普遍的人才培养和学术研究规律，同时也反映了过渡历史时期的特殊性。澳葡政府接管东亚大学，必然为了葡国自身的利益，这一利益集中体现在葡国语言、文化的传递上，当东亚大学一分为三，变为澳门大学、澳门理工学院和亚洲（澳门）国际公开大学的时候，我们依然能够看到这一利益的渗透和存在。然而，大学之所以存在，并非仅仅是为了适应外部的各种利益需求，大学还拥有自主、引导等基于学术本质的特性，它能有效地将各种利益诉求整合起来，转变成为属于那一历史时期的文化特征。海纳百川，有容乃大。如果放眼未来，在"一国两制"的政治基础上，中葡文化之间的交流和合作势必成为发展趋势，所谓利益也将为文化的传承提供历史基础，澳门无疑也会成为中葡之间文化、经济、教育合作发展的战略平台。

第二节　澳门东亚大学章程的变迁及启示

澳门自古以来都是一个微型地区，大学设立与高等教育的发展也势必存在着自身的特点：一方面，极易受到外在环境的影响。用马克·贝磊教授的话来说，即"推广效应快"[①]。另一方面，则沿袭着多元与自由的特征。回归前的澳葡政府一直以来对于教育的治理处于"放任自流"的状态，所以，东亚大学在创立之初，就有着自治的特征和自由的教育氛围，并且能够较好地体现出内、外部权力之间的分配关系，而这一切皆与其章程的设置密切相关。

一、东亚大学章程设立的背景、内容及特点

历史上的澳门是一个没有矫揉造作的温情城市，它亲临其境地见证了东西方文化长达三个世纪交融汇聚的历史场景。然而，长期以来澳门同时被冠以"赌城"的称谓，也正是因为博彩业在澳门经济产业中处于举足轻重的地位，使澳门的经济结构趋于单一，教育的发展得不到应有的重视。20 世纪 70 年代，美国、加拿大等国家给予澳门以"贸易优惠制"（Generalized

---

① BRAY M et al. 澳门高等教育新纪元策略性发展咨询研究报告 [R/OL]. [2014 – 01 – 07]. http://www.gaes.gov.mo/big5/files/report _cn.doc.

System of Preferences，GSP），澳门工业得以快速发展，美国迅速成为澳门的最大产品出口市场。① 为了符合 GSP 特殊优惠的条件，澳门不得不着眼于改善其劳动条件。澳葡政府在日渐增长的压力下，启动了一大批建设计划，主动应对快速的经济扩张。② 在政治方面，澳门的各个社团组织愈来愈强调共同的利益、目的和价值，公民社会的崛起使人们的眼界也不再仅仅停留在博彩所创造的巨大收益上。加之中国内地于 20 世纪 70 年代末期实施的改革开放，当时的澳门总督李安道能够预见到城市发展的前景，提出了与经济环境相匹配的许多规划，提倡发展现代化的公共服务以及对管理、技术人才的培训。

在这样的文化、政治、经济背景下，发展高等教育正是水到渠成之举。1980 年，澳葡政府曾经尝试建立一所澳门国际大学，但由于长期以来澳门缺乏高等教育的办学经验而中途废止。1981 年 3 月，香港的西岛发展有限公司开创了澳门历史的先河，在澳葡政府同意批租的凼仔土地上，建立了第一所具有现代意义的私立高等学府——东亚大学。

办一所大学很难，办澳门的第一所大学更是难上加难。正如东亚大学创校校长薛寿生教授所言："当时山顶只有一棵枯树，建校舍时，没有水，没有电，亦没有钱，需要每天用车到路环水库一桶桶地把水运回来。"③ 然而，真正令创办者苦思冥想的还不是这些基础设施上的困难，而是如何将东亚大学的学术、治理框架搭建起来。而近现代以来，澳门在教育实践中，政府参与成分较少，办学模式呈现多元化发展，没有统一的教育目标、管理和要求，各自为政，处于自由放任状态。④ 可是，要想使大学办得卓有成效，就必须理清办学的宗旨、界限、办学的基本规范及应有的权利、责任，然而这一切并不能从澳门现有的法律制度中获得。于是，创办者设立了大学筹备委员会，并聘请香港大学的荣休教务长米勒（Mellor）博士担任筹备办公室的主任，其后又招募了英国牛津大学、伯明翰大学、香港大学及香港中文大学的教授担任学科主管和教职。由于主要管理人员所发挥的作用，筹备委员会一开始就将英语确定为大部分课程的教学语言，并按照已经比较成熟的英制模式搭建学术框架，而制度建设方面的重要任务则是拟定东亚大学的章程（以下简称"章程"，后称"原章程"）。

---

① 元邦建，袁桂秀. 澳门史略 [M] 香港：中流出版社有限公司，1988：315.
② 冈恩. 澳门史 [M]. 秦传安，译. 北京：中央编译出版社，2009：47，206.
③ 林玉凤. 从东亚大学到澳门大学的二十年 [EB/OL]. (2009 - 04 - 21) [2014 - 01 - 07]. http://mypaper.pchome.com.tw/agnesmacau/post/1312646576.
④ 郭锋. 澳门教育发展的回顾与展望 [J]. 比较法研究，1999 (1)：125 - 135.

大学的基础工程建设和章程拟定几乎是同步进行的,章程的最终完稿在创校典礼之前,按照不同的范畴可以分成七大部分,如表7所示。

表7 1981年东亚大学章程文本结构与内容概要

文本结构	内容概要
导言	阐述东亚大学的创始人,以及学位授予、课程开设、大学组成的合法性,并作为以下章程条文设立的基础
法律属性和规范	阐述大学的形式、命名、位置、法人印章、信托方式
办学目标	阐述在大学基本职能、国际合作、文化特色、设施供给等方面的目标
财政	阐述收入来源及经费使用方式、限制条款
学术及学位	阐述大学组成各学院及提供课程,学位资格、荣誉学位,荣誉校长,校长、院长任命,新学院的设立要求等
治理结构(决策组织)	详尽阐述董事会、执行委员会的组成、任命、权限、会期等;各组成学院的学术评议会(Senate of College)、院长联席委员会(Committee of Principals)组成、权限等;各学院的具体教学目标;具有咨询建议性质的理事会(Council of University)的组成
修订及执行	阐述章程修改的方式及范围、执行日期、签字确认

第一,由于是创校时的纲领性文件,章程特别能够体现出澳门本身所具有的文化特色。在章程所述的办学目标里,就清晰地表述为"推动澳门的知识与文化发展""在师生内部形成国际的视野和意识"以及"与亚洲和世界其他地区建立广泛而密切的联系"。[①] 正如东亚大学的创始人之一吴毓璘教授所言:"东亚大学的创立就是为了反映出澳门多语言、多文化的社会特征。"[②]

第二,章程是对本校所拥有权利和责任的明确表述。因为澳葡政府的"无为而治",所以章程内并没有涉及大学与外部的权利关系。东亚大学的创

---

① University of East Asia. The charter (1981) [R]. Macau: Ricci Island West Limited, 1981-03-27.
② MELLOR B. The University of East Asia: origin and outlook [M]. Hong Kong: UEA Press Ltd., 1988: 117.

办者认为，大学应该做什么，不应该做什么，是由章程所规定的，这些基本权利的表述是为了体现出大学从出资方那里获得自治权利的合法性。[①] 所以，章程中不会涉及本身已经属于大学自治范围的条款，如行政机构设置、课程形式、教学学制、教师、学生等方面的内容。

第三，章程体现了英制盎格鲁-撒克逊的传统。因为东亚大学本身就是一个学院联盟，由本科学院、预科学院、持续教育学院（后改为"理工学院"）组成，1984年的修改版中又增加了研究生院和公开学院，总共五个学院。章程为每个学院设立了学术评议会，由于学院的分散性，院级的学术评议会的决策权是通过大学的执行委员会授权来获得，没有固定的决策权。而董事会不仅是大学的最高权力机构，而且是大学全部权力的拥有者，并通过向执行委员会和院级学术评议会赋权产生整体决策效应。

第四，作为澳门的第一所私立高等学府，东亚大学需要通过一些盈利的手段维持收支平衡，"大学创建时的投资者也希望通过适当的控制保证资金的安全，从而获得合理的回报"[②]。所以，章程在充分保障"非营利"学院的正常运作之外，也同时允许一些投资行为的存在，并且将学院联盟中后来增补的研究生院及公开学院排除在章程财政限制的条件之外，这也是为预期回报的合法性做好铺垫。

二、政治博弈与东亚大学章程的变迁

私立东亚大学创立以后得以快速地发展，学生注册人数从1981年的47人，迅速增长至1986年的6 308人。[③] 然而，由于东亚大学的学费高昂，加上学制、语言、入学水平等实际情况的限制，学校的生源主要集中在香港地区，以至于当时东亚大学被称为设立在澳门的"香港大学"。1987年4月，《中葡联合声明》正式签署，标志着澳门进入过渡期。在这样一个关键的历史时期，澳门急需大量的本地化人才，时任澳门总督的马俊贤（Joaquim Germano Pinto Machado）对当时这所唯一的大学抱有很大的期望，"如果东亚大学主动满足澳门的需求，并且能够设计适合于担当澳门关键政府职位的

---

① MELLOR B. The University of East Asia: origin and outlook [M]. Hong Kong: UEA Press Ltd., 1988: 21.
② MELLOR B. The University of East Asia: origin and outlook [M]. Hong Kong: UEA Press Ltd., 1988: 22.
③ MELLOR B. The University of East Asia: origin and outlook [M]. Hong Kong: UEA Press Ltd., 1988: 184.

课程体系，政府将继续支持大学的发展"①。为了更好地实现适应澳门未来发展的任务，政府于1987年12月19日以一亿三千万元收购东亚大学，交给重组以后的澳门基金会管理②，完成了东亚大学从私立到公立的转型。

澳葡政府收购东亚大学处在一个关键的历史时期，也为澳门本地人才的培养提供了更大的契机和平台。与此同时，澳葡政府存有的另一个主要目的，是想在过渡期内为葡萄牙的语言和文化留下深刻的痕迹。《中葡联合声明》主体上是仿照《中英联合声明》，定下了现有法律制度不变等条文。现有法律用的是葡文，官方语言也是葡文，而绝大部分居澳的华人都不懂葡文，这正是东亚大学在"澳人治澳"的未来发展取向上所应发挥的作用。澳门基金会行政委员会主席黎祖智就曾说过："东亚大学应专责传播葡萄牙文化价值观，促进东方民族与葡萄牙的文化对话，研究澳门和葡萄牙居民的政治、经济和文化问题。"③ 时任澳门总督、公立东亚大学的校监文礼治更是声称要在回归前的最后12年里将澳门建成"二十一世纪的（葡萄牙）文化灯塔"④。理念和制度总是相辅相成的，为了配合东亚大学的转型，原东亚大学董事会在澳门基金会的授权下，起草了新的东亚大学章程（以下简称"新章程"），并于1988年7月获澳门基金会批准，开启了公立东亚大学新的里程碑。

具体而言，新章程有了一些明显的变化，能够体现出转型期间政治、文化的影响，并且理顺了原私立东亚大学一段时期以来形成的治理结构。

（一）办学目标

新章程与原章程相比，充分体现出过渡期所应有的核心目标。从章程办学目标的条款来看，比原章程特别多出一条"为培养澳门本地具有责任意识的人才提供多样化的课程"⑤。这样一条增加的办学目标不仅能够适应回归过渡期澳门的迫切需求，同样也可以满足澳葡政府、社会、大学的利益需要。正如前面所言，葡人在很长时间以来，放松对教育的管治，在澳门的华人大多不精于葡语，所以通过东亚大学的收购，政府可以借着"为本地培养人

---

① MELLOR B. The University of East Asia: origin and outlook [M]. Hong Kong: UEA Press Ltd., 1988: 97.

② 政府斥资一亿三千万元收购东大交基金会管理 [N]. 澳门日报, 1987-12-08.

③ 黎祖智. 澳门在与东方的文化交流中的角色 [J]. 行政, 1989, 2 (1/2): 201-210.

④ 肇枫. 从航运灯塔到文化灯塔：看澳府如何干预东大的行政学术独立 [J]. 东大学生报, 1988, 2 (1): 30-31.

⑤ University of East Asia. The charter (1988) [R]. Macau: Macau Foundation, 1988: 1.

才"的目标,达到更好地推广葡国语言和文化的目的。从社会的角度而言,迫切需要澳门本地的高等学府完成过渡期的历史重任;大学则是自治的实体,原来的私立东亚大学虽然也为澳门本地服务,但是并没有将此放在一个显要的位置上,甚至招生也以香港地区为主。经过收购以后办学目标的调整,大学适应于社会的目标变得更加具有现实意义。在此目标下,政府与大学在过渡期间的一些敏感话题也能得到有效调和。例如,公立东亚大学期间澳葡政府对大学自治的干涉,与以校长林达光教授为首的学术力量产生明显分歧①,但最终政府和大学的利益诉求统一到"为澳门本地培养急需人才"的目标上来。在办学目标的指引下,大学收入除了学费和捐款外,还增加了澳门基金会的津贴,并对最后四年中学课程在澳门就读的本地学生予以四成学费的补贴。实行这些措施的结果,使1989—1990年度澳门本地学生占总注册学生人数的74%。

(二) 治理模式

尽管政府对于转制后的东亚大学有明确的目标要求,但同时澳葡政府也要将自己的政治利益放在办大学上。卡德威尔就曾经比较过香港地区和英国的高等教育发展,强调政府的政策如何影响高等教育的质量。"无论任何时间和空间,政府和大学的关系总是在两极之间摇摆:总是介于控制与自由、干预与放任、尊重与怀疑之间。但是自从二次世界大战以来,很多国家明显加强了对公私立大学的控制。"②

政府对于大学的控制来自多方面的因素,在特殊的历史时期,政府的政治利益自然会排在首位。澳葡政府通过澳门基金会收购大学,并非一般意义上的宏观调控,而是真正意义上的直接治理,对东亚大学的组织、学术、财政拥有直接决策权。基金会设有信托委员会(董事会),成员21人,全部由澳督委任,不限定任期。由信托委员会再委派出行政委员会、咨询委员会和监事会。而行政委员会成为公立东亚大学实际上的决策机构,校长却并不是决策机构的成员,对于大学的重要决策事务不具有投票权,仅可列席参加。与基金会治理架构同时存在的东亚大学治理主体虽然在新章程规定下拥有决策权,但实际在许多方面受到基金会制约。澳葡政府之所以在东亚大学转型的过程中,将治理权限牢牢地掌握在手中,正是要努力推广葡国的语言和文化,甚至准备改变英语作为主要教学语言的地位,让葡语渗透在每个学科之

---

① 林亚林. 澳府控制东大别有原因 [J]. 百姓, 1988 (163): 36-38.
② 许国辉. 由私营到公营:澳门高等教育的发展 [C] //古鼎仪,马庆堂. 澳门教育:抉择与自由. 澳门:澳门基金会, 1994: 47.

中。① 类似的决定在大学内部掀起波澜，许多师生认为这是对于大学自治和学术自由的干预。而在东亚大学校长林达光看来，葡萄牙语言、文化确实值得推广、研究，可以通过成立研究所和开设相应学科得以持续发展下去，但是不能作为葡式"澳人治澳"的工具。② 府学之间博弈的结果，使得学术自治的话题变得更加敏锐，也被作为单独的附件写入新章程中，并且在新章程的序言中明确提出，"东亚大学是一所综合、自治、可颁授学位的高等教育机构"③。即便如此，新章程序言中也在开篇提出，新章程符合澳门第 9/88/M 法令（澳门基金会重组法律），澳门基金会拥有东亚大学的托管权；大学的治理依据澳门基金会法律、新章程以及新章程内规定的治理主体所形成的规章制度④，三位一体共同治理。新章程在某种程度上是政府与大学博弈以后调和均衡的结果，正是因为政府与大学在策略上根据过渡期核心目标的不断调整，使得双方的利益以某种治理形式体现在具有法律效应的章程文本中，并且逐渐内化成东亚大学本身的秩序规则。

（三）治理架构

原章程限定东亚大学是一个学院的联合体，每个学院所处的教育阶段不同，分别应用三种教学语言，采取不同的教学模式。这一切已经使东亚大学成为复杂而又独特的有机融合体。⑤ 从治理结构看，原章程规定的治理主体主要是董事会，是大学在学术和行政上的最高权力机构，通过授权给执行委员会具体执行，而学术评议会设在每一个学院中，评议会主席（一般是学院院长）要向大学层级的执行委员会负责。随着东亚大学在 20 世纪 80 年代的快速发展，各学院联盟已经在实质上变得四分五裂，学院几乎变成自治的实体，校长和院长、校长和创建者之间的指挥链条几近断裂，在招生、考试、出版、学术规划、教学档案保存等方面的职能交织混杂在一起，几乎破坏了原章程在法理上所赋予大学的灵活性和适应性。

为了使大学更具有凝聚力和效率，新章程必须在治理架构上有所作为。在保证作为政府代表的澳门基金会的托管权之外，新章程着手将大学原有的学院（college）联盟变成院系（faculty）制，仿照现有的英制模式，在大学

---

① 林亚林. 澳府控制东大别有原因 [J]. 百姓，1988（163）：36 – 38.
② LIN E C, LIN P T K. In the eye of the China storm: a life between east and west [M]. Montreal & Kingston: McGill-Queen's University Press, 2011: 242 – 250.
③④ University of East Asia. The charter (1988) [R]. Macau: Macau Foundation, 1988: 1.
⑤ MELLOR B. The University of East Asia: origin and outlook [M]. Hong Kong: UEA Press Ltd., 1988: 87.

层级设立理事会①（council）、学术评议会（senate）、顾问委员会（board of advisers）及荣誉学位委员会（honorary degrees committee）。详见图12。

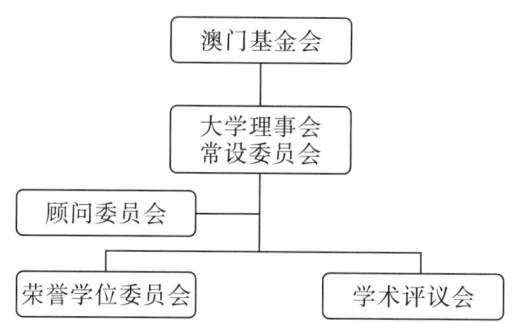

图12　转制后公立东亚大学治理结构

理事会在新章程中规定为大学最高权力机构，与原章程有所不同的是，理事会所拥有的权责在新章程中没有具体表述。由于澳门基金会拥有对公立大学的托管权，所以理事会权责的模糊化是较为可行的选择。一些关于任命上的权力，如大学校长、副校长的任命，新章程明确指出需要咨询澳门基金会，理事会才能行使任命权。学术评议会是大学的最高学术主体，并且较为详细规定了委员会拥有专业设立及批准、教学科研管理、人员准入及考核、证书审核、次级学术委员会组建的权责。然而，学术评议会的主席一般为校长，副主席为副校长，而校长、副校长实际上由基金会控制任命，也就意味着另一大学内部决策主体——学术评议会也受到澳门基金会的管控。顾问委员会及荣誉学位授予委员会的主要成员全部由理事会任命，但新章程在第11章"主要官员"中，直接规定校监（一般为澳督）主持集会与学位授予②，实际上已经间接确定了荣誉学位授予委员会主席的人选。

整体而言，新章程展现出的治理架构是明确而清晰的。在过渡期内，东亚大学新章程确立的组织架构仍是以澳门基金会为最高决策机构，理事会作为理论上的大学内部最高权力机构，其所作出的主要决策依然要受到基金会的辖制。此外，校一级学术评议会确实拥有在学术职责范围的最高权责，改变了原先学院制下几个学术评议会分庭治理的状况，也使得行政和学术的功能有效分离。

---

① 原章程中的理事会实际上是履行顾问、咨询的职能，而新章程中的理事会则是与原章程中的董事会功能相符的决策组织。实际上，在英格兰，1992年以前的大学一般都设立理事会和学术委员（评议）会，理事会有时也被翻译成董事会。
② University of East Asia. The charter (1988) [R]. Macau: Macau Foundation, 1988: 5.

（四）学术体制

新章程关于学术评议会的统合对于东亚大学的发展来说，是一件非常重要的事，也彻底改变了原先四分五裂的状况。强调以学术为本位，亦是大学内生诉求的使然。尤其在转型期内，学术体制的改变有助于培养澳门急需的高级专门人才，比如熟知中葡法律的律师、精通中葡语文的翻译人才、有公共行政学历的公务员、受过专业训练的教师、知晓科学技术的工程师及能肩负沟通中葡文化的人才等。[①]

事实上，在收购东亚大学以后，学术评议会先后批核了下列课程：法律、教师教育、公共行政、土木与电机工程、保安队伍的文化法律和技术课程。经澳门基金会、理事会同意，创立了葡文学院，致力于推广葡国的语言、文化，以及各类专业方面的课程。及至 20 世纪 90 年代初，葡文学院已经开设了硕士课程、三个学位课程以及一个研究中心，肩负着葡国的文化、语言、历史及社会研究和教学。[②] 此外，转制以后的本科学制从三年改为四年，这一变化不仅仅是为了学业的理由，而且是为了使学院获得承认，因为葡萄牙的基本学位课程是按照四年学制的模式。[③] 同时新章程规定下的大学功能、学术结构有着独特的一面，这些都明显受到澳葡政府在政治、文化等方面的显著影响。

三、启示

章程是一所大学设立的合法性前提，也是保障大学自治的法理文本。基于此，教育部于 2012 年出台了《高等学校章程制定暂行办法》，规定高等学校应当以章程为依据实施办学。总体而言，内地高校的章程制定与澳门相比，在背景上有很大不同，内地高校章程制定大致属于后发外生型，虽然也有内在因素使然，但是大部分高校都是由外力推动，这显然是和整个国家的行政体制有关的。而东亚大学则相反，正如前面所言，大学在创办初期就仿照了英制模式，行政系统和学术系统相对分离，通过理事会、学术评议会分别治理，并建立章程来保障大学的自治权以及厘清权利归属，这些体制在老牌的英制大学中已经非常成熟。所以，东亚大学的章程建设属于典型的先发

[①] 许国辉. 由私营到公营：澳门高等教育的发展［A］//古鼎仪，马庆堂. 澳门教育：抉择与自由. 澳门：澳门基金会，1994：55.

[②] BARRETO L F. 澳门大学葡文学院的道路［J］. 行政，1993，6（4）：1 001 - 1 006.

[③] 许国辉，潘丽雯. 高等教育、帝国主义和殖民过渡［A］//贝磊，古鼎仪. 香港与澳门的教育与社会：从比较角度看延续与变化. 香港：比较教育研究中心，2002：99 - 100.

内生型，承袭西方的传统，既认为章程设立是合法建立大学的需要，也并没有将章程的法律属性看得如此神秘，基本属于基于内在需求基础上自然发生的过程。同时，东亚大学经历了澳门的回归过渡时期，章程也在大学性质的变化中发生变迁。正因如此，东亚大学章程中变与不变的深层次原因才能被挖掘出来，内生的和外加的因素方能得到凸显。

（一）章程办学目标应体现出本地区的特色以及高校内外的基本诉求

雅斯贝尔斯在《大学之理念》一书中提及："大学只能作为一个制度化的实体才能存在。在这样一种制度里面，大学的理念变得具体而实在。大学在多大程度上将理念转化成了具体实在的制度，这决定了它的品质。倘若将它的理念剥离出来，大学就一文不值了。"[①] 如果将章程看成高校制度化框架的底层基石，那么办学目标则是最能体现出办学理念的文字表达。所以，高校章程中的办学目标也同时反映了高校理念与制度之间的关系和契合度。

提及高校办学目标，自然和高校的三大功能以及自治、自由的表述联系在一起。然而，如果仅仅围绕以上方面思考办学目标，则容易坠入千篇一律的模式，更为关键的是，高校办学也会失去自我的特色和对办学内涵的把握。澳门是一个微型地区，有着多元文化和反应灵动的特点，东亚大学章程的办学目标必然在国际化、区域化、语言多元、模式多元、易于调整等方面有所体现。当前澳门和内地高校也应该有一个主动、积极、符合自身特色的办学目标，并努力将之贯彻到章程文本和办学实践中，指导高校的具体发展方向。

此外，章程中的办学目标还应体现出高校内外多方利益主体彼此协调后的方向安排。尽管可以发现一些将制度规范和理念诉求结合得非常好的大学，但从根本上讲，制度性要求本质上总是倾向"权宜"多于倾向"理想"，它们必然是被作为实际操作的基础而被制定的，随着世易时移而发生变动。[②] 东亚大学在转型期间，正是为了协调政府、高校以及社会多方的利益诉求，将"为培养澳门本地具有责任意识的人才提供多样化的课程"写入办学目标。这一目标看似平淡，实际上却是政府、高校、社会彼此利益协调的结果，而且是最能反映出公共价值取向的目标，同时在不违反这个目标原则的基础上，高校内外都能积极稳妥地提出各自的利益诉求。而现在很多高校的办学目标一般偏于宏大，较少能体现出"权宜"的内涵，每一个目标似乎都可以解释，但却容易导致理念和制度的脱节。所以，积极、主动地思考

---

① 雅斯贝尔斯. 大学之理念 [M]. 邱立波, 译. 上海：上海人民出版社, 2007：108.
② 林晖. 理想与权宜之间：大学章程中的大学理念 [J]. 复旦教育论坛, 2012, 10 (5)：13-16.

高校内外的基本诉求,并将之整合为办学目标予以表述,可能是高校章程建设需要思考的议题之一。

(二) 章程中应重点体现出"治理",而非"管理"

探讨"治理"与"管理"在外延上的区别,对于高校章程应涉及范围的理解很有裨益。如果说章程确立的主要目的是理清高校内外应有的权责,从而使高校在法律规范上保障自主权,那么章程中重点要表达的则应该是有关决策的权利和结构。东亚大学即使处在澳门过渡时期的敏感时刻,也认为只有决策上的权责归属是办学自主权内外边界划分的重要标志。而对于行政职能机构、课程、教师、学生等本当属于高校自治的范围,应在高校内部制度中予以规定,如在东亚大学内部还有人事通则、学生守则、教学规范等。

目前,我国(内地)大学章程对内部管理体制的表述比较具体且侧重于行政管理。[①] 高桂娟在总结国内大学章程结构时发现,一般都包括"管理体制与运行机制""教职员工""学生"等几个部分,"管理体制"下除去各个委员会之外,职能机构、教学科研机构、附属单位等一应俱全。[②] 真是"不怕不知道,就怕没写到"。笔者认为,以上机构的成立属于何方做出的决策,以及高层决策组织对这些机构主要人事的任命,应是章程规定的范围,而这些机构运行的原则和机制、教工的考核和权利义务、学生的权利义务及资助等则应由内部规章限定。总体而言,大学治理结构是比管理结构更为基础的制度结构,其根本目的是建立大学决策过程与社会权利主体的合理联系。[③] 章程中的治理模式和结构正是为了理清高校办学自主权的边界,通过内外协调,实现社会价值平衡。

(三) 章程应同时体现高校"内生"的诉求与"外生"的结果

章程是确立高校内部制度体系的基础,一般由"内生"规则和"外生"规则组成。内生规则是高校基本纪律的体现,决定了高校的本质,也是高校发展中最稳定的核心部分;而外生规则反映了高校内外相互博弈的均衡结果,并且在每一个发展的关键时期内化为高校内部的制度。

内生规则和外生规则在东亚大学的章程变迁中体现得较为明显。东亚大学创立时,学术结构体制是学院联盟的形式,仿照英制的盎格鲁-撒克逊传统设立(实际在内涵上仍有区别),并在各个学院中设立学术评议会。

---

① 张国有,胡少诚. 中国大学章程建设的历程与形态 [J]. 北京大学教育评论,2012,10 (2):140-153.
② 高桂娟. 大学章程制定的依据分析 [J]. 中国高教研究,2012 (11):27-30.
③ 龚怡祖. 现代大学治理结构:真实命题及中国语境 [J]. 公共管理学报,2008 (4):70-76.

然而，与盎格鲁－撒克逊传统不同的是，原章程的制度体系并非一种分权的体制，这些院级评议会依然要受到校级执行委员会的辖制。而学术性是高校的本质属性，私立东亚大学的发展也不能例外，所以原章程的制度体系在很大程度上阻碍了学院所产生的内在诉求，最终导致制度流于形式，各学院实际上各行其是。转制以后的新章程则将学院制改为院系制，在校级形成一个理事会和一个学术评议会并存的决策体制，并且详细规范了学术评议会的权责，这充分体现出对学术内涵的尊重，最终形成"共有信念的自我维系系统"①。正如前面所述，东亚大学章程的变迁也同时体现了外生规则的影响。政府、社会、高校有着各自的利益诉求，政府与学校之间的博弈尤为明显，而最后的均衡结果总是以办学目标或治理模式的形式凝结在新章程的文字表述中。一般来说，当政府的要求与大学传统的、有特权的、以社团为基础的自由需求之间发生冲突时，大多数情况下都是达成一种可接受的折中方案。②

高校章程建设一方面需要考虑内生与外生规则的影响，应将符合高校内在诉求和发展规律的制度条文凝结在章程中，充分体现出高校的本质内涵，避免出现制度失效的情况发生；另一方面，则要关注高校内外各方的利益诉求，通过章程中组织体制和运行机制的完善，形成符合高校自身特征的外生（内化）的秩序规则。

第三节　澳门高校组织变革中利益博弈的聚点效应分析

高校组织变革是基于高校自身逻辑设定下的一种不断更新的力量，是组织赖以生存的动力。③许多关于高校组织变革的研究致力于大学组织结构的变革和设计，在结构之上彰显特征、文化和管理效率。然而这种古典的组织模型往往是将高校中的人或群体切割、孤立出来，较少考虑人与人之间的利益互动，缺少复杂情境中"亦此亦彼"的思维方式，更没有将与彼此相联系

---

① 青木昌彦. 比较制度分析 [M]. 周黎安, 译. 上海：上海远东出版社, 2001：11-12.
② 西蒙斯. 欧洲大学史：第二卷 [M]. 贺国庆, 等译. 保定：河北大学出版社, 2008：131.
③ PRUNERI F, BIANCHI A. School reforms and university transformations and their function in Italy from the eighteen to the nineteenth centuries [J]. History of Education, 2010, 39 (1)：115-136.

的关系型思维贯彻到高校组织变革的过程中。

组织发展和变革是一个复杂的过程，建立在需求和利益基础之上的高校已经使我们跃出单一的、封闭的视野去重新审视它的存在。当我们解读组织变革的过程时，除了关注变革的成效、阻力以及一些客观的因素之外，还应该重视一些潜在的影响。组织变革过程中许多问题的解决方式并不一定遵循着逻辑的规律，一些看似被普遍认可的行为方式本身也值得我们深思。正如大学中一个新的学科设立一样，有时候考虑院校的定位、学科的发展前景、市场的需求等学术的逻辑也并不能令人信服。当变革者侃侃而谈某门学科设立的必要性和可行性之时，利益的选择同样也会起到至关重要的作用，最后的结果也许并没有想象中那样复杂，它可能仅仅是从一些"标杆"大学中汲取了养分，然后冠冕堂皇地走上组织变革之路，细究起来其背后隐藏着的利益与表现出来的利益并不一致。所以本节力图从几个侧面观察案例高校组织变革中利益因素所起到的作用，从而获得一些启示。

一、研究方法的选择

研究问题的提出需要采取合适的研究方法，如果将问题看作起点的话，那么方法就是一面镜子。[①] 为了使研究所采取的方法与达到一定的结果之间能够适切，帮助研究者对利益这一特殊现象进行动态的描述，从方法论层面比较倾向于采取质性的研究范式。质的研究以现象学、解释学、符号互动论、批判论等作为哲学理论基础[②]，在本体论上假定人类行为是一种有意义的行动，透过人的意识和情感作用来完成一切认知和有关的价值活动；在认识论上，较为强调知识的形成和发展并不只是受知识内在规律的限制或纯由理性推论而来，它是由主体的意识作用在日常生活世界中与他者的接触、协商，来建立可供沟通的知识；[③] 在价值论上，质的研究认为人类价值理性和价值体系必须由主体的意识及兴趣来认知，而在此过程中，则要通过生活世界中更自由、更开放的环境去激发这一认知，进而形成人类普遍认同的规范。本研究的对象主要涉及高校转型过程中的利益层面，较为适合立足组织的生活世界，着眼于意义的描述及诠释，在所编织的意义的网络中，通过思

---

① 周作宇. 问题之源与方法之境：元教育理论探索 [M]. 北京：教育科学出版社，2000：8.
② 中正大学教育学研究所. 质的研究方法 [M]. 高雄：丽文文化事业股份有限公司，2003：26.
③ POPKEWITE T S. Paradigm and ideology in educational research [M]. London：The Falmer Press，1984：78-80.

辨研究与质性研究相结合的方式形成可供参考的知识。

在具体的方法范畴，主要采取参与观察法（辅以访谈法）。观察是人类认识周围世界的一个最基本的方法，它不仅仅是人的感觉器官直接感知事物这么一个过程，而且是人的大脑积极思维的过程。[①] 作为观察法的一种特殊形式，参与观察要求研究者亲自进入现场，且要在其中生活相当长的一段时间，靠观察、倾听、询问、交谈、感受和领悟，从中深刻理解所研究的现象。一般来说，进入现场是此种方法的难点之一。考虑到本项研究所涉及的主题较为敏感，而且大多与利益或者矛盾的现象有关，这些往往被高校组织生活中浮于表面的正式规则、富于技巧的话语表述、形式化的外在秩序所掩盖，所以为了能够得到可靠的研究结果，笔者只能选择隐蔽性的进入方式。天公作美，笔者得到赴澳门一所高等院校进行规划研究以及院校、课程质量评审的机会，这为研究者隐蔽性地进入现场提供了帮助。在工作进程中，笔者访问了澳门各行政机构，高校内部各学术机构、行政机构负责人、教师、学生代表等做访谈。虽然工作的主题似乎和本研究没有直接的相关性，但是这恰恰符合了"隐蔽性"地介入本研究中来的目的。因为整个院校研究的过程正是一个组织变革的过程，其间林林总总的感性体验、对话场景使我无时无刻不在获取直接经验，有些工作会议、访谈内容竟然也无巧不成书地与笔者本人的研究"不谋而合"。这种"无意识"的参与观察过程帮笔者更加深入地研究大学组织变革，此一过程看起来杂乱无序，但事实上它是理性建构与发展的温床。它正如胡塞尔笔下的生活世界，不是平面的生活而是有深度的存在；也不是静态的利益人之间的关系，而是在复杂的主体与研究对象互动过程中所编织的洞察深意的网络。身临场景之中，有时能够着魔式地感受到与主题相关的一切内容。平时也许不经意的一句话、一个动作、一个神态，它们所赋予的思想意蕴都能够成为研究中的点睛之笔。为了"回归事物的本质"，最终以主体的立场去认识客观世界，使其在研究者的意识结构中构成真正的客观知识。

二、高校变革过程中利益博弈的现象解析——以澳门P学院为观测点

高校变革的过程实际上就是一个类似谈判的过程，其间利益的博弈贯穿其中，每一个博弈主体都试图使自己的利益最大化，在彼此互动的关系中寻求解决问题的路径。然而，在变革的过程中，我们很少看到"双输"的局面。因为博弈各方都将谈判视作解决一个共同的问题：他们总是能够组织在

---

① 陈向明. 社会科学质的研究 [M]. 台北：五南图书出版股份有限公司，2002：307.

一起集思广益，共同提出具有创造性的解决办法。① 通过对澳门 P 学院组织发展变革中两个侧面的观察，我们将重点放在工作中个体和群体的行动，群体之间利益关系的相互影响。作为博弈的"局中人"在组织发展变革的工作中所体现出来的各种利益倾向往往更能够说明一些具有实质性的问题。

澳门 P 学院多年以前曾经历一个从"学院"正名为"大学"的阶段，之所以仍然是学院的名称，并非因为 P 学院缺少大学的实质内涵，相反，P 学院在中国校友会网中国大学星级排行榜中以"三星级大学"的身份赫然在列（后又被评为四星级大学）。这是首次将港澳大学纳入排行中来，并且以定量与定性相结合的方式给以评价。② 实际上，P 学院的资源优势、多元文化、对于澳门研究的贡献、人才培养与国际接轨的特色也足以堪当此称号，并且在学科的分布、师资力量、学生表现、市场回馈等各个方面，P 学院实际上已经具备了大学的内涵，只是由于学院的称谓沿用了葡国管治时期的体制被写进了 1991 年高教法中，所以目前一直没有改变。而在拟正名为大学的意见咨询中，全体参与征求意见的教师和管理人员几乎异口同声地支持这一"正名"的决定。

经过近 10 年的努力，P 学院无论在课程设置、师资水平、学术科研以及行政后勤等方面都取得了很大的发展，成绩有目共睹。澳门社会和外地的人对学院的认识程度不断提高，入学门槛提高，毕业就业备受欢迎，具备大学的规模，现只是名称要改为大学而已。其过程有点像当年香港一个学院改名为大学，这亦是学院发展到一定程度的必然。

已经累计培养多届本科毕业生，……澳门需要提高劳动人口的学历和知识及专业层次，配合特区可持续发展。……澳门需要更多应用研究，帮助政府提高施政水平、协助产业提高生产力、提高城市文化品位。……③

从以上代表性的反馈意见中，可以看出 P 学院的教职员工在正名大学的利益取向上是惊人的一致，这种共同利益也是他们在这个目标上组成联盟的基础，几乎没有人认为大学的名称会带给 P 学院负面的影响，无论是显性的"精神"利益，还是隐性的"物质"利益都促使 P 学院中所有的人向着目标大步迈进。

---

① LAX D A, SEBENIUS J K. The manager as negotiator [M]. New York: Free Press, 1986: 30 - 31.
② 2010 北大、清华和港大等荣膺"六星级大学"[R/OL]. (2010 - 01 - 06) [2012 - 02 - 13]. http://edu.sina.com.cn/gaokao/2010 - 01 - 06/1116232397.shtml.
③ 文本见 P 学院订立"十年发展规划"匿名咨询中关于"正名"大学的部分意见反馈。

（一）晋升制度：博弈均衡中的"核心利益"

任何一个新制度的出台都应该看作是一场组织变革的开始，尤其当一所高校未雨绸缪，谱写未来发展前景的时候总是需要以制度为依托。可是在变革的道路上，也并非所有的事情都如正名大学一样存在利益的一致性。在某项规定出台以后，群体利益发生冲突也是习以为常的现象。

针对正名大学以后的学术发展要求，P学院准备重新制定教职员晋升规章，以促进学院教学、科研、服务等方面的发展。一项变革措施的出台背后必然要牵动各利益群体联合起来对自身利益的维护。然而，利益总是在比较中产生的。"利益的一个重要的关注点应该是人际间的比较。因为判断利益得失，不只以实际占有的物质的多少来衡量，更在于与社会利益和他人利益或利益关系的比较上。"① P学院的教职员晋升规章涉及两部分群体：教学人员和科研人员。对这两类群体的晋升规定根据其工作重点的变化而加以区别，规定也是参考了大量澳门内外大学的晋升规章和成为大学以后的导向性要求做出的。即使这样，教学人员和科研人员也分别质疑对彼此的要求。有基层教学单位的教授指出：

> 教学人员是以教学为主，在业余时间做研究、写论文，还有其他种种相关的学生工作；而专职研究人员则无任何教学和学生工作，是全职做研究，故对其研究成果的规定应大大高于教学人员（应高出几倍），而不是现在连一倍都不到。为了在教学与科研人员之间有一个公平的竞争机会，必须能够清晰地比较两类人员基本的工作要求。

以上提到的也是P学院的实际情况，在学院内还存在专职的科研人员。在P学院的组织建制中，教学单位和研究所是截然分开的。虽然教学单位的教师可以从事研究，研究所中的少部分人员也会承担一定的教学工作，但是总体而言两者工作的性质和范畴有着明显的区分。针对教学单位人员提出的意见，研究人员也有着不同的看法：

> 教学人员的时间肯定属于他自己，是可以进行量化的，课时也都是用来计算教学工作量的。而又有什么办法保证科研人员的时间不被占用呢？专门用来写论文呢？科研所中不宜公开发表的成果应该以院内的技术报告作为参考依据来衡量，与教学应该对等，教学工作量是校内认定的，科研报告也可以。……科研量化以后，考勤

---

① 郝云. 利益理论比较研究 [M]. 上海：复旦大学出版社，2007：51.

上也应该需要弹性，搞科研不一定要在校园内待着，成果也不是坐着就能出来的，可能需要查资料、观察、经常出外研讨……

症结好像在于教学和科研的工作量怎么样进行换算？两类人员在所有的工作时间里怎样进行充分比较？P 学院的管理层也准备提出如何将教学和科研的工作进行量化统计的问题。但事实上，任何精确的计算公式都无法完美地给出答案，关键还是应该有一种核心理念的指引。一位研究所的教授在座谈会上不无感慨地谈道：

P 学院现在强调科研，本身是一个很大的进步，至少现在科研气氛越来越浓了。问题是制度上很束缚人。我们的章程要改，中国的大学只有像社科院有全职的研究员，其他很少有这样专职的研究机构，所以在内地基本上做到院所合一，集中优势资源的时候就以科研所的形式，实际上研究人员还是要上课的。如果制度上还是将教学、科研截然地分开，对学校的发展很不利，而且科研所里有很多专家、学者，这样的资源不用在教学上是一种极大的浪费。我觉得首先要从制度上让两方面流动起来，科研人员要上课，教学人员手头有项目也要去做点研究。现在的情况是，很多教学人员还不是能够体会到做研究的好处，不光是写文章，还有对他的教学、思考、对整个世界的认识都是很大的影响。说实话，现在没有一个真正像样的研究文化，以发表论文、拿到好的项目为荣的意识还很缺乏。一旦对教学人员科研要求加大，就会主动地减少课时量，这样良性循环下来，研究所人员自然也能够上课了。

这位教授的话很有道理。眼光要放在如何将教学和科研打通上，而不是一些分值的比较上，应该聚焦在树立一种"研究文化"的核心利益上，双方才能拥有共同的话语。若非如此，一篇 SCI 究竟等于多少课时呢？个别研究能力较差的教学人员也许宁愿一学期上 4 门课程也不愿意去写一篇像样的论文，反过来说，研究人员不去上课，研究也就成了无源之水，在人才培养上也是巨大的资源浪费。双方利益博弈的均衡点可能还需要经过先行制度的调整，然后彼此根据需要按研究系列或者教学系列进行选择，才能从根本上避免这种无谓的比较。

（二）学科设置："理性"背后的利益

P 学院在大学的发展蓝图中也订立了学科设置的框架，基层的学校也将更名为学院。长远规划在学院以及下属系、所的设置上煞费苦心，单单设立的依据就提出了以下四条：

(1) 澳门及其周边地区经济和社会发展的需要。作为应用型大学，P学院需要紧密联系澳门未来产业发展的趋势，透过"机遇"部分对产业的分析，其中博彩业的管理、商贸、金融、会计、会展业、文化产业、计算机信息技术以及在环境保护、治理等方面需要重点考虑。

(2) P学院原有的传统特色和发展的可能性。P学院原来所属的学校已经形成了自己的特色或者具备了较强的实力，师资配备和课程开设也存在较好的基础，新学院的设置要考虑到对原有学科的保留和进一步发展，还要从整体出发考虑进一步发展的可能性，成立大学要开设许多通识教育的科目，如何通过学院的构架进行分配、调整，要从全局出发统一安排。

(3) 大学学科发展的规律和学科建设的规范。学院的设立是以学科为基础的，学科发展有一定的规律和规范，需要借鉴其他大学通用的做法，在学院名称和下属系科设置上要考虑到学科本身的内涵以及人、财、物资源的整合利用。

(4) 突出重点，错位发展。从澳门作为微型社会的角度出发，学科的发展不仅要适应经济发展的需求，而且要从整体考虑避免与澳门其他大学学院、学科设置上明显的重复，在可能的情形下走差异化的发展路径，突出P学院自身的特色。[①]

尽管如此，在各原有的学校（相当于二级学院）、所、中心还是引起了不小的反响，大部分的教职员都是支持P学院的发展变革，并且对未来的发展充满了憧憬和信心。一位课程主任这样说道：

> 我来到P学院已经7年了，7年的时间中，这里没有太大的变化，一直就是这个样子。再有7年很快就过去了，十几年、二十几年就这样不是白白地虚度光阴吗？应该有突破，每一个在这里的人都应该去做一点事情。时间在我们身边慢慢地流逝，如果什么都不改，什么都不变，我们现在也已经不错了，但是为什么要这样呢？我们已经浪费很多时间了，做规划、求变革就是在描绘一个蓝图，一旦能够改名为大学，发展的空间将会更大，我觉得好多事情都能够解决，我们不是脑子笨，真的是很有头脑，大家在一起，很快一些思路就出来了，只是我们现在就像画画一样，这个画能不能见得人，能不能变真实，就要看我们的决心和毅力了。

---

① 文本摘自《P学院十年发展规划》。

一方面是信心百倍，另一方面也有人存有顾虑，而且许多顾虑也是基于利益上的考虑。一位研究所的负责人针对变革中拟将所和中心放入新成立学院的问题时，不无忧虑地谈道：

> 变革是什么？变革就是要从多种因素、背景进行考虑。每一次变革都会存在存量变革和增量变革，增量变革相当于将蛋糕做大，大家在增加的利益上进行重新分配，一般不存在什么问题；而存量变革就不一样了，现有利益的调整需要格外的小心。一是从操作层面上谈，二是为了少造成麻烦，现有的方案都应该重新考虑……

实际上，类似将所、中心放入学院的思路也正是考虑了整体的利益和每一个研究所、中心的发展利益。由于 P 学院中的一些所、中心与教学单位组织在学科类型上基本相同，这种做法正是为了保持学科统一性和发展的生命力，整合现有的学术资源，同时也为以后科研所、中心承担本科教学任务做好铺垫。但是，这样的方案，在行政隶属、资源分配、人员去向等方面需要较大的变动，如果将研究所、中心当中个体或群体的全部利益考虑在内，回答就不那么简单了。

同样，在二级学院内系科的设置上，也存在着类似的情况，能够具有话语权的群体都在可能的范围内为自身的利益据理力争：法学的要设立法学系、文学的要设立文学系，等等。然而，每一个群体所提出的论证依据都看起来和自身的利益无关，并且掷地有声。学院的全体中文教师在申请设立中国语言文学系的时候一直追溯到久远的历史和大的环境：

> 澳门曾经是西方人最早学习中文的地方，对外汉语教学历史悠久。在澳门的传教士罗明坚、利玛窦等成为明末最早学习汉语的外国人，并进而成为西方最早的汉学家。据了解，当时就有了较为稳定的教学机构和汉语教材，"圣玛尔定经言学校"应是中国历史上第一所外国人学习汉语的学校。而 1594 年在澳门成立的圣保禄学院，则标志着耶稣会在远东的教育事业进入了一个新的阶段。……
> 随着中国综合国力的逐步提高和对外开放的不断扩大，汉语在国际生活中的重要性日益显现，全球范围内学习汉语的人数迅速增加，对外汉语教学规模也在迅速扩大，孔子学院如雨后春笋般在世界各地建立，国家对外汉语办公室及孔子学院总部对对外汉语教学也给予了极大的支持，这些都将有力地推动汉语作为第二语言教育的不断深入发展。

有的教师竟然将民族感情和政治立场的问题也作为了论证的依据，认为在"一国"的前提下,如果没有中文的立足之地,简直就是背弃了民族文化,弱化了母语的影响力。就这样,"合理化"的建议往往取代了"理性"的思考,合理化模糊了理性,因为合理化总是可以从不同的角度加以解释的,而理性代表着政治学意义上的"合法性"。"只有那些被客观所公认的权威和秩序才是合法的"[1],这里的理性可能仅仅在于对学系设立可行性的论证(比如是否具备设立该学系生源和就业的条件)。正是因为如此,学科设置的方案被暂时搁置了起来。经过一段时间的相互沟通之后,每一个群体似乎都明白了需要做些什么,他们共同提出国际上或者中国内地一些"标杆"大学的经验和做法,非常微妙地将一些能够引起矛盾的话题回避。于是,"理性"变得更加"合理","标杆"也变成了解决问题的依据。

三、研究结论

以笔者长期的观察来看,大多数利益表达者的真实利益需求都是隐藏的,是不愿意为人所知的,这也正是"合理化"论证振振有词的理由。所以说在利益冲突的状态下,解决问题的方式还是需要寻找博弈的"聚点"[2]。在谈判主体能够有效沟通的时候,提示符号的偶然出现,不仅能够帮助主体进行协作,而且能够影响在缺乏有效沟通条件下取得的谈判结果,还可以还原附带的各种具体因素的原有特征。或者说先例的影响也许远远大于逻辑的重要性和法律效力。[3] 这也是不同利益群体不断寻求"标杆""核心利益"的根源所在,正如在晋升制度、中心与所的安排以及学系设立等问题上都结合了其他地方或大学的通用做法。尽管罗伯特·波恩鲍姆总结了标杆的种种"劣迹":

> 它只能带来边际改进,不可能对所有的大学流程都适用;它只是拷贝的做法,所以会窒息创新,其揭示的是组织的劣势……标杆管理也可能会阻碍组织的多样性,消弱由"不是最佳"实践所带来的独特性,当某个领域的最佳实践所要求的流程与另外的领域所要求最佳实践的流程不一致的时候,会使组织处于不利境地……最成问题的是,只有可测量的东西才是真实的和有价值的,而"真正受

---

[1] 俞可平. 权利政治与公益政治 [M]. 北京:社会科学文献出版社,2000:146-147.
[2] 博弈聚点:在外在或者内在因素的影响下,博弈方对于策略的默契选择所形成的均衡。这种选择往往无法用理论给以解释,也不容易发现其中的规律,但在现实中却存在着。
[3] 谢林. 冲突的战略 [M]. 赵华,等译. 北京:华夏出版社,2006:59-60.

过教育的人的价值和一首十四行诗或一个微笑一样是不可测量的"。①

在不同的文化、政治、社会环境下，即使是最让人叹服的"标杆"都有着其误导的作用，但是仍然没有人信服诸如"学术的逻辑"之类的话语，"标杆"本身的逻辑生命力也远不如其在博弈论解读中的生命力。从现实中看，"标杆"的使用确实也不是一件"坏事"，组织之间的相互学习、借鉴总是没有错的，实施已经作为先例存在的做法也可以作为可靠的依据。虽然管理的实践者们从来没有看到哪个标杆在高等教育领域中获得成功（没有证据表明成功），可是出于利益博弈的思考，我们依然可以将其作为有力的指引。

在澳门P学院的组织变革实践中，利益主体的诉求各不相同，如果仅仅在各自的利益范围内做出选择，可能并不能达到一种稳定的均衡状态。一般来说，利益群体都会在高校组织的实践过程中采取一种"摸索"的选择方式，每一次的"摸索"都会附加上一种"合理"的解释，然而这样的"摸索"往往在最后是失去效果的，不光是因为利益冲突双方各执一词，其根本原因在于，这样的显式谈判在逻辑推理、理论探索中是无解的。虽然在动态的博弈过程中以诸如"标杆"或者关注"核心利益"作为此类问题的最终结果也未必一定能够实现，但是它却可以成为较多已经为实践所证明的"聚点"均衡。

第四节　澳门升大制度：困境与对策

澳门在 2017 年以前没有针对本地生的统一升大考试，各高校一般根据自己的需要制定考核的形式、标准和日期。即使是同一所高校，其内部的各门课程所采取的入学标准和形式亦可能有所不同。自 20 世纪 90 年代以来，这种多样化的入学方式就已经在澳门约定俗成。随着澳门教育的不断发展，公众对多样化的升大考试形式也提出了许多疑问，认为应该建立统一的升大考试制度，以减少学生的考试负担，提升澳门的教育质量。然而，反对这一建议的声音也此起彼伏、不绝于耳。由此形成了辩论的正、反双方，一方支持统一考试制度，另一方则坚信统一考试机制必然弊大于利。孰是孰非？本

---

① 波恩鲍姆. 高等教育的管理时尚 [M]. 毛亚庆，等译. 北京：北京师范大学出版社，2008：67.

节认为，问题的关键并不在我们易于看到的一些表象和简单的国际比较，而要重点关注澳门自身的特点以及未来的发展取向上。

一、升大制度的两难之境

在澳门支持建立升大统一考试制度的声音并非空穴来风，事实上，长期以来澳门高校各行其是的升大考试方式确实带来许多弊端。各所学校的考试时间、形式、内容均不相同，澳门考生为了能够在本地升学上有所保障，经常是在每年上半年就疲于奔命，应对不同学校的不同考试，耗费了许多精力、时间和金钱。更为关键的是，现时澳门非高等教育的教学质量良莠不齐，好的中学能够一直保持较高的水平，高三毕业生无论在何处升学都游刃有余。而还有一些学校的表现却不尽如人意，政府投入大量公共经费在15年免费教育上，却没有在这些学校身上得到回报。从这个角度而言，升大缺少统一的检视机制，似乎也就是少了对于非高等教育教学质量的监督。

从世界范围来看，统一考试肯定是有诸多益处的，否则那么多国家和地区也就不会实行统考或者联考制度了。总结一下，统一考试一般具有以下公认的几点优势：第一，维护考生的利益，实现教育公平。主要是让每个考生能够面对同样的考试标准以及拥有平等的入学机会。第二，加强教育行政部门对于非高等教育的宏观调控。统一考试就是一根指挥棒，如果指挥得好，通过教育基本标准的确立，能促进整体教育质量的提升。第三，有助于预防高校招生中的腐败现象。统一的形式利于监督机制的建立，能够较好地避免一些徇私舞弊、暗箱操作等不端现象发生。当然，统一考试并不是完美无缺的，针对统一考试所带来的一些问题，如学生缺少创造性、死读书等现象，许多国家也都致力于从形式和考试内容上对统考或者联考加以改进。

既然统一考试不失为一种可行的升大制度，那么澳门也要从以上的统一考试优势中思考问题吗？笔者以为不然。我们首先看看，实行统一考试的国家地区都有什么特征。美国、英国、俄罗斯、日本、韩国、新加坡、中国等国家都有统一的考试，但如果我们细心一点就可以发现，这些国家或地区的统一考试主要是为本国或者本地学生升学做准备的（英语系国家在国外也会设置考点），到外地就学的学生人数占据同龄人升大的比例很少。即使是同属多元文化、地域面积也不算大的香港地区，报读本地大学的学生亦远远多于外地的学生，更何况，英联邦还有针对香港大学联招（JUPAS）的认可机制。现在来看看澳门，据教育暨青年局提供的数据显示，每年大约有5成的高三毕业生赴外地升读大学。再以澳门一所知名中学为例，该校2010年高三毕业生共176人，全数升读大专院校，留澳升学54人，占30%，外地升学则达到70%。近几年，随着我国内地教育部给予澳门中学升大的保送名额增加，外地升学比例趋高。在此，笔者并不是要说明考上外地的学生越多越好，而是想指出升学流向的多样性同澳门的多元文化一样源远流长。

众所周知，澳门的教育语言多元、学制多元，在此背后则是教育观念的不同、教学大纲的不同及教材的不同。为什么会有这么多人反对升大统一考试呢？那是因为，许多人认为统一考试的背后必然是大纲的统一和教材的统一，进而导致澳门多元特色的丧失，并且这样的统一过程似易实难。在此前提下，"统考制度对于准确而全面地检视各校的教学成果其实没有帮助。澳门各学校根据其所属的学制和未来目标大学的取向，教学成果很难有统一的标准"①。如果深入澳门作为微型地域的特点之中，联合统一考试确实很难解释。正是因为上述正、反两个方面的原因，升大是否需要考试也变得扑朔迷离。

二、升大制度的期望目标

诺斯的制度变迁理论认为，任何一种新制度的产生都是不同利益主体通过利益权衡，以实现预期收益的结果。所以，政府、社会以及公众必须认清，澳门升大制度的期望目标究竟是什么？

实际上，我们不能轻易地以一方观点压倒另一方，草率地决定统一还是不统一，而是要深入分析一下，一方的观点到底能否影响到另一方，如果可以兼容，岂非天佑之举！首先，关于统一说。政府参照香港等地的做法，提出了升大联合招生的做法，拟以几门基础课为试点，尝试改进现有的升大形式。联招的倡议认为，联招是各高校自愿加入的招生考试方式，每所高校原本也要进行招生考试，联合考试的主要目的就是减轻学生的考试负担。这确实是一个很有意思的话题，一些高校自愿将分散的考试集中起来，这与政府下令全部高校统一考试有区别吗？笔者认为，联招和统招在出发意愿上是有区别的，而在最后的归宿上，如果控制不当，将是殊途同归。因为指挥棒的效力是巨大的，只要针对中学教育的详细考试大纲确定了，很多学校都会趋之若鹜或者分散精力，各个学校必然会权衡采取什么样的教材、采取什么样的教学方法能够"应对"联招的考试，结果则是无法兼顾原先具有的学制和特色，最终可能造成负笈求学的比例大幅下降。当然，澳门高校联合招生考试还会带来另外的问题。澳门 2002 年前后的出生人口仅有 3 000 余人，这就意味着在 18 年以后的 2020 年前后，澳门升大的学生人数会降至低谷。按当前澳门高三学生在本地内外升学的比例计算，在 2017 年实行联合升大考试制度以后的数年间，澳门本地学生参加升大考试的人数将不足 2 000 人，澳

---

① 周惠葵. 澳门设立统考制度之我见 [N]. 澳门日报，2011 - 11 - 28.

门高校将面临本地生源严重不足的局面。对升大考试制度而言，这样的局面只能是学生选择学校，而不是学校选择学生。2017年已经实行的第一次联合升大考试的现实也恰恰说明了这一点，许多学生虽然在联考中成绩很不理想（部分学生甚至很差），但仍然可以握有所有招考院校的录取通知书。以上事实表明，联招在促进多元和提升中学教育质量的关键问题上似乎并不能做得更好。

换个角度来看，如果坚持现行的分散考试制度，对于中学来讲，确实可以保持原有的很多特色，但是对于高三学生来说，每到春季将会变成一个忙碌而又缺乏效率的季节。这也许正是有调查显示，高三以下的学生大多不同意统一考试，而高三学生赞成比例较高的原因所在。

问题似乎已经变成两者是否可以兼顾的问题。如果我们转换一个视角，或许会有耳目一新的感觉。笔者认为，澳门的文化多元性是经过数百年的风雨洗礼，中西文化不断磨合的产物，并已经形成了自己的特色，应该为每一个澳门人所尊重和坚持。多元和统一是恒久的矛盾，任何地区在多元的同时都会在统一性上出现问题，而我们要做的是，如何更好地呵护多元、发展多元，保证多元的优势发挥得淋漓尽致，而不致丧失它应有的活力，同时，也要尽可能地减少多元所带来的弊端。所以，升大制度的期望取向应当是：以维护澳门多元化的非高等教育制度为基准，稳步推进升大的联合招生考试制度。目标实现的关键则在于如何紧密配合维护多元和联合考试的关系。在实际操作过程中，问题则变成如何组织联招考试，才能有效维护澳门基础教育制度的多元化。

三、升大制度的现实举措

升大联考的关键在于"升大"，在内地称为"高考"，顾名思义，是"高等学校招生考试"的简称。无论是"升大"还是"高考"，都应该是为学生升入高校服务的，而现在许多国家和地区升大考试的内容却基本都是"向下"，而非"向上"的，其实质区别在于，向下的升大考试在于检视中学阶段的学习是否符合标准和要求，所以考试科目都会对应高中阶段的知识内容；而向上的升大考试则关注是否具备升读大学的基本能力和从事大学专业学习的水平。如果澳门的升大联考依然坚持向下而非向上的考试思路，那么升大考试必然在实现"引导、评价、检验中学教育的功能"的同时，也变成扼杀中学教育制度多元取向的一把利刃。

正如前面所述，世界上许多国家和地区都存在统一考试的形式，但是在内涵上又有所不同。美国的教育制度也是多元取向的，各州在教学方法和课程安排上有很大区别，向下的统一升大考试无法满足这种多元需求。所以，美国的 SAT 考试（Scholastic Assessment Test）采取一种向上取向的学术评估测试方法，也可以称之为美国的"升大"考试，与中国大陆和台湾、香港地区等地的统考或联考比起来，SAT 有着以下几个不同点：第一，SAT 考试与高中教材没有直接关系，不需要根据某一个"考试大纲"进行针对性复习。考试分为：写作、数学和阅读，内容重点考察学生的逻辑、推理、分析和理性思考等方面的能力，属于一种能力考试。第二，SAT 考试对于美国学生升大而言，起到比较重要的作用，但并不是绝对作用。美国高校一般根据 SAT 成绩、高中学业成绩平均绩点（GPA）、课外活动表现、获奖情况、名人推荐等综合考察、录取。第三，SAT 考试每年可以考七次，每次成绩的有效期为两年。另外一个值得借鉴的考试是由经济合作与发展组织（OECD）举办的学生能力国际评估计划（PISA）测试。虽然 PISA 只是针对各个参与国 15 岁学生的测试，但它同样是一种校外的引导性学生评核机制，并且以能力、反思和体验为考核取向。由此可见，所谓向上的升大考试有两个优势：一方面能够考察来自中学阶段，而在大学阶段仍需使用的能力；另一方面则避免起到对中学教育的"导向和评价"作用，各种学制体系也不会因为应对"考试大纲"而丢掉自己的特色。

澳门拟实行的联考制度可以参照 SAT、PISA 的有益经验，命名为"联合升大基础能力测试"计划，不设针对中学教育的考试知识大纲。通过在高校和中学中广泛调研和汲取意见，开设外国语言、数学、阅读及写作等考试科目，重点考核学生在大学阶段所必须具备的语言、分析、逻辑和推理等能力。考试可以由政府组建专门的考试委员会进行，考试次数为每年 2~3 次。澳门参加联考的各高校（鼓励所有高校参加）参考测试结果，结合学生高中阶段的学业成绩单、课外活动参与及面试情况综合考察和录取。此外，针对未来几年澳门本地高三升学人数减少的情况，能力测试需要更加灵活，适当降低测试的难度，增加利于学生有所发挥的测试点，保证学生能够将自己的优势充分展示出来，尽可能不出现"无论考多少分都可以上大学"的局面。

澳门政府在完善能力测试计划的同时，还要加强与本地以外国家和地区的联系，争取首先在中国大陆、香港和台湾地区建立升大考试互认机制。澳门学生通过参加本地的联考就可以凭借互认制度升读外地的大学，这一方面为澳门学生负笈求学打下坚实的基础，同时促进基础教育的多元发展；另一方面又能扩大联考的适用范围，提升联考的美誉，使澳门真正做到小地区、大视野。

当然，以考核能力为基础的联考制度仍然需要两个方面的配合。其一，不断提升澳门高等教育的质量。香港地区正是因为有着许多世界知名的高等教育学府，其联考制度才更加完善，才能按部就班，高校才能吸引无数海内外学子纷至沓来。澳门高等教育起步虽然晚，但如能在经济繁荣的带动下，以澳门大学横琴校区的建设及粤港澳大湾区发展为契机，充分发挥文化语言优势，不断提升教学和科研的质量，则必能形成自己的教育特色。届时，澳门的学生无论是留在本地求学，还是负笈海外，澳门联考都会起到重要的作用，其影响也会更加深远。其二，配合联考制度，逐步建立澳门非高等教育的教学质量评鉴机制。统一的升大考试未必能带来基础教育的质量提升，但是教育行政部门应该针对目前各校教育质量良莠不齐的现象，推行教学评鉴计划，重点检视中小学在自身学制和教育目标的指引下，是否形成了良性的教学运行机制和考核机制。非高等教育的各校也会在能力要求的指引下，逐渐从"知识取向"转到"能力取向"上来，促进澳门教育系统的整体变革。

福斯特曾经说过，人们不能依赖于固定的规则决定他们应该做什么和不应该做什么。澳门的升大制度也是如此，彼亦一是非，此亦一是非。从事物双方构成对立面的观点来看，升大统一考试有统一考试的不足，不统一也有不统一的缺点。如果我们能够跳出矛盾的范围来看问题，绝对的是和绝对的非也就可能不存在了，这样才能更好地实现以保障澳门教育多元化为前提的联合考试制度。

参 考 文 献

[1] 张红峰. 英国高等教育外部质量评价的转型与发展研究 [J]. 中国高教研究, 2014（2）.

[2] 吴建伟, 等. ISO 9000：2000 认证通用教程 [M]. 北京：机械工业出版社, 2004.

[3] 郭为藩. 转变中的大学：传统、议题与前景 [M]. 北京：北京大学出版社, 2006.

[4] 刘羡冰. 澳门教育史 [M]. 北京：人民教育出版社, 1999.

[5] 澳门理工学院. 澳门理工学院品质手册 [R]. 澳门：澳门理工学院, 2009.

[6] 澳门经济学会. 澳门产业结构优化与适度多元化研究 [M]. 澳门：澳门经济学会, 2006.

[7] PREEDY M. 教育管理：策略、品质与资源 [M]. 陈垄, 等译. 香港：香港公开大学出版社, 2002.

[8] 冯增俊. 粤澳教育交流与合作的回顾及世纪展望 [J]. 现代教育论丛, 1997（6）.

[9] 卢晓中. 面向 21 世纪粤澳教育合作和交流的思考 [J]. 现代教育论丛, 1999（3）.

[10] 冯增俊. 论澳门教育的交流与合作 [J]. 华南师范大学学报（社会科学版）, 1999（6）.

[11] 总课题组. 长三角地区教育联动发展战略研究 [J]. 教育发展研究, 2009（13 - 14）.

[12] 林金辉, 翁海霞. 我国大陆与香港地区高等教育合作办学的历史发展与趋势展望 [J]. 中国高教研究, 2009（6）.

[13] 暨南大学新闻网. 澳门回归五周年：粤澳教育交流空前升温 [EB/OL]. http://jnnews.jnu.edu.cn/html/2004/12/1831.htm.

[14] 张红峰. 大学组织变革中的博弈分析：利益、选择与均衡 [M]. 北京：教育科学出版社, 2015.

[15] 蔡新华. 珠江三角洲地区改革发展规划纲要（2008—2020 年）学习丛

书：珠海篇［M］. 广州：广东经济出版社，2009.
［16］陈秀山，张可云. 区域经济理论［M］. 北京：商务印书馆，2003.
［17］广东省统计局. 广东统计年鉴2015［M］. 北京：中国统计出版社，2016.
［18］张红峰. 从建构到一致：学习理论在高等教育领域的发展与实践［J］. 中国高教研究，2012（3）.
［19］张红峰. 英国宏观高等教育治理模式的思考［J］. 中国高教研究，2013（3）.
［20］张红峰，刘懿德. 坚守与调适：美国文理学院发展趋势研究［J］. 澳门理工学报，2016（3）.
［21］克龙曼. 教育的终结：大学何以放弃了对人生意义的追求［M］. 诸惠芳，译. 北京：北京大学出版社，2014.
［22］博克. 回归大学之道：对美国大学本科教育的反思与展望［M］. 侯定凯，等译. 上海：华东师范大学出版社，2014.
［23］怀特海. 教育的目的［M］. 庄莲平，王立中，译. 上海：文汇出版社，2014.
［24］克鲁格. 美国文理学院的兴衰：凯尼恩学院纪实［M］. 胡森森，译. 北京：北京大学出版社，2013.
［25］QAA. Higher education review：a handbook for providers［R］. 2013.
［26］MCCLARAN A. A more risk-based approach to quality assurance［EB/OL］. http://www.slideshare.net/AcademicRegistrarsCouncil/anthony-mc-claran.
［27］BRENEMAN D W. Are we losing our liberal arts colleges?［J］. AAHE Bulletin, 1990, 43（2）.
［28］MORISON S E. The founding of Harvard College［M］. Cambridge, Mass：Harvard University Press, 1995.
［29］MCCLELLAND C E. State, society, and university in Germany, 1700-1914［M］. Cambridge：Cambridge University Press, 1980.
［30］RUDOLPH F. The American college and university：a history［M］. Athens：University of Georgia Press, 1990.
［31］VEYSEY L R. The emergence of the American university［M］. Chicago：University of Chicago Press, 1974.
［32］RUDOLPH F. Curriculum：a history of the American undergraduate course of study since 1636［M］. San Francisco：Jossey-Bass, 1977.
［33］PASCARELLA E T, et al. Liberal arts colleges and liberal arts education：new

evidence on impacts [C]. Ashe Higher Education Report, 2005, 31 (3).

[34] ASTIN A W. How the liberal arts college affects students [J]. Daedalus, 1999, 128 (1).

[35] MENAND L. College: the end of the golden age [J]. New York Review of Books, 2001 (18).

[36] ELIOT C W. Educational reform: essays and addresses [M]. New York: Century Company, 1898.

[37] FREELAND R M. Liberal education and effective practice: the necessary revolution in undergraduate education [J]. Liberal Education, 2009, 95 (1).

[38] BAKER V L. Where are they now? revisiting breneman's study of liberal arts colleges [J]. Liberal Education, 2012, 98 (3).

[39] NEELY P. The threats to liberal arts colleges [J]. Daedalus, 1999, 128 (1).

[40] DIMARIA F. The morphing of America's liberal arts colleges: from the hispanic outlook in higher education [J]. Education Digest Essential Readings Condensed for Quick Review, 2010, 75 (9).

[41] MORPHEW C C, HARTLEY M. Mission statements: a thematic analysis of rhetoric across institutional type [J]. Journal of Higher Education, 2006, 77 (3).

[42] HERSH R H. Generating ideals and transforming lives: a contemporary case for the residential liberal arts college [J]. Daedalus, 1999, 128 (1).

[43] LAGEMANN E C. The challenge of liberal education: past, present, and future [J]. Liberal Education, 2003, 89 (2).

[44] MARSTON S H, BRUNETTI G J. Job satisfaction of experienced professors at a liberal arts college [J]. Education, 2009, 130 (2).

[45] MCCAUGHEY R A. Scholars and teachers: the faculties of select liberal arts colleges and their place in American higher learning [M]. New York: Columbia University Press, 1994.

[46] RUSCIO K P. The distinctive scholarship of the selective liberal arts colleges [J]. Journal of Higher Education, 1987, 58 (2).

后　记

　　自 2008 年起在澳门理工学院从事高等教育研究以来，我就一直对澳门微型社会的特点非常感兴趣。回归以后，最早且较为系统的澳门高等教育研究当属马克·贝磊教授为澳门特区政府所作的《澳门高等教育新纪元策略性发展咨询研究报告》。这一报告中特别提到了微型社会的特征，我读完后感触颇深，也经常会在自己的研究论文中引用贝磊教授关于微型社会特征的观点，并以此为基础，将贝磊教授的总结更加拓展了一些。在此，我不再赘述自己关于微型社会特征的见解，只是想重申一个观点：有关微型社会特征的描述并非雕文刻镂的点缀之词，而是深入澳门政治、经济、社会、文化和教育方方面面的沁心之语。基于这样的认识，分析和探讨澳门高等教育，必然无法脱离微型社会的特征。又由于特征带来的是一种植根深处、潜移默化的影响，所以，无论是对策研究、历史分析、质性访谈及理论佐证都势必要结合这种影响做出深度阐释，而非一种"大而全"的三段论。当然，微型社会特征会带来优势，也容易存有一些问题，这些都值得我们每一位研究者予以认真对待和审慎探究。

　　在近年来的澳门高等教育研究过程中，我尝试着这样的思路：在规划、培养、质量、财政、治理及文化制度等多个高等教育研究领域进行探索，虽然未尽如人意，但也积累了许多心得，取得了一些符合本人出发意愿的收获。在书稿付梓之际，我要衷心感谢澳门基金会、广东高等教育出版社对陋作的支持和鼓励，也感谢澳门理工学院谢安邦教授、华东师范大学高等教育研究所所长阎光才教授、北京师范大学博士后发展研究与评估中心主任姚云教授在百忙中抽出时间为本书作序及推荐，同时还要感谢澳门理工学院院长李向玉教授、澳门理工学院前副院长殷磊教授、澳门科技大学刘懿德副教授、澳门基金会刘志英小姐的关心和支持。本书责任编辑周景芳老师及澳门基金委员会资助处的人员为本书做了大量的工作，在此一并致以衷心的感谢。由于编辑时间紧迫和作者水平有限，书中疏漏之处在所难免，恳请各位读者和同仁不吝赐教。

张红峰
2018 年 5 月 16 日